André Jeromin

Erfolg im Reli-Abi

EINFÜHRUNGEN
– Theologie –

Band 16

LIT

André Jeromin

Erfolg im Reli-Abi

Grundwissen zur
Abiturprüfung im Fach Evangelische Religion
aus praktisch-theologischer Perspektive

LIT

∞

Gedruckt auf alterungsbeständigem Werkdruckpapier entsprechend
ANSI Z3948 DIN ISO 9706

Bibliografische Information der Deutschen Nationalbibliothek
Die Deutsche Nationalbibliothek verzeichnet diese Publikation in der Deutschen Nationalbibliografie; detaillierte bibliografische Daten sind im Internet über https://dnb.dnb.de abrufbar.

ISBN 978-3-643-15551-1 (br.)
ISBN 978-3-643-35551-5 (PDF)

Verlagskontakt:
Fresnostr. 2 D-48159 Münster
Tel. +49 (0) 2 51-62 03 20
E-Mail: lit@lit-verlag.de https://www.lit-verlag.de

Auslieferung:
Deutschland: LIT Verlag, Fresnostr. 2, D-48159 Münster
Tel. +49 (0) 2 51-620 32 22, E-Mail: vertrieb@lit-verlag.de

Inhaltsverzeichnis

Vorwort

Die Idee, diesen Band zu verfassen, entstand in der unterrichtlichen Praxis. Inzwischen darf ich seit einigen Jahren sowohl Oberstufenkurse auf grundlegendem wie auch auf erhöhtem Anforderungsniveau auf das Abitur im Fach Evangelische Religion vorbereiten. Dabei begegnete mir von meinen Schüler*innen wiederholt die Frage nach zusätzlichen Buchempfehlungen für eine über den Unterricht hinausgehende Vorbereitung auf die Abiturprüfung. Meine Empfehlungen fielen meist auf die Werke „Glauben ist menschlich. Argumente für die Torheit vom gekreuzigten Gott“ von Peter Kliemann und „Konfession: evangelisch. Basiswissen“ von Matthias Hülsmann, die ich weiterhin jedem Lesenden empfehlen möchte, der sich praktisch-theologische Einführungen in Kernthemen des christlichen Glaubens wünscht. Seitens der Schüler*innen, denen ich Exemplare dieser beiden Werke zur Ansicht zeigte, wurde jedoch einmal die Rückfrage gestellt, ob es nicht auch Bücher gebe, die sich in einem ähnlich knappen Stil konkreter auf die im niedersächsischen Kerncurriculum geforderten inhaltsbezogenen Kompetenzen konzentrieren. Diesbezüglich verwies ich auf Schulbuchreihen und Themenhefte, die im Unterricht natürlich primär verwendet werden, aber mit anschaulichen Darstellungen, strukturierenden Schaubildern und der Präsentation ansprechender Aufgaben einen anderen Schwerpunkt setzen als wissenschaftliche Untersuchungen. Letztere sind jedoch meines Erachtens insbesondere für Lehrer*innen bereichernd, um bei der Unterrichtsvorbereitung die Inhalte auf einer fachwissenschaftlich fundierten Basis gebündelt vorliegen zu haben. Die Frage der Schüler*innen inspirierte mich so dazu, selbst ein Werk aus einer praktisch-theologischen Perspektive zu entwerfen.

Einen besonders herzlichen Dank möchte ich an meine Eltern Ingrid und Norbert Jeromin aussprechen, die mich, während ich diese Untersuchung angefertigt habe, in so vielen Lebensbereichen unterstützt haben, dass mir die Zeit blieb, diesem Vorhaben neben dem Unterrichten nachzugehen. Mein Dank gilt auch der Evangelisch-lutherischen Landeskirche Hannovers für die Unterstützung dieser Veröffentlichung mit einem Druckkostenzuschuss.

Hannover, im Februar 2024 André Jeromin

1. Einleitung

Mein Ziel dieser Untersuchung lag mit dem im Vorwort geschilderten Ausgangspunkt zunächst darin, die in der Qualifikationsphase zu behandelnden Inhalte mit präzisen Quellenangaben zu allen Themenkomplexen für Lehrer*innen und Referendar*innen zu präsentieren, um die fachwissenschaftlichen Inhalte für sie zu komprimieren und ihnen mit Literaturangaben einen Weg zu Quellen zu weisen, auf deren Basis Unterrichtsmaterialien erstellt werden können. Da ich selbst erst 2016 begonnen habe zu unterrichten, ist mir die Schwierigkeit nur allzu bekannt, passende Quellen zur Erstellung von Arbeitsblättern, Klausuren und mündlichen Prüfungen zu finden. Die in diesem Werk genutzten Quellen kann ich dazu empfehlen. Gleichzeitig wurde mir aber während der Ausarbeitung dieses Bandes auch deutlich, dass er so ebenfalls Schüler*innen in der Vorbereitung auf die Abiturprüfung unterstützen kann, indem die in der Qualifikationsphase zu behandelnden Themen in ihm in Kürze skizziert werden. Die Untersuchung kann so zweifelsfrei kein Schulbuch ersetzen, meines Erachtens aber eine bereichernde Ergänzung zu diesen bieten.

Um die oben genannten Ziele dieser Untersuchung zu erreichen, gehe ich methodisch vor, indem ich im zweiten bis siebten Kapitel jeweils einen inhaltsbezogenen Kompetenzbereich des niedersächsischen Kerncurriculums[1] betrachte und in den jeweiligen Unterkapiteln skizziere, welches Wissen ich zu diesem von meinen Schüler*innen in einer Abiturprüfung erwarten würde. Dabei sind einige Kapitel in der Überschrift mit den Buchstaben „LK“ gekennzeichnet, die darauf hinweisen, dass die Inhalte des jeweiligen Unterkapitels nur in einem Kurs auf erhöhtem Anforderungsniveau (im umgangssprachlichen schulischen Sprachgebrauch: „Leistungskurs“) zu behandeln und damit in der Abiturprüfung zu erwarten sind. In Kapitel 4.3.1 findet sich darüber hinaus ein Exkurs zur Entstehung der neutestamentlichen Texte. Das Wissen über diese Entstehung wird zwar nicht explizit als inhaltsbezogene Kompetenz in der Qualifikationsphase gefordert, liegt den behandelten Inhalten aber zugrunde. Ich erachte es insbesondere als notwendig, um die Zeugnisse der in Kapitel 4.3 behandelten Botschaft Jesu vom Reich Gottes zu verstehen (wie auch die Inhalte diverser weiterer Kapitel). Anschließend präsentiere ich im achten Kapitel drei exemplarische mündliche Prüfungen. Lehrer*innen müssen bereits in ihrem Referendariat im eigenverantwortlichen Unter-

---

[1] Vgl. NDS. KULTUSMINISTERIUM (Hg.), Kerncurriculum.

richt erste Klassenarbeiten schreiben lassen, sodass die Erstellung von Klassenarbeiten beziehungsweise Klausuren ihnen bekannt ist, doch die ersten mündlichen Prüfungen zu konzipieren, stellt gewiss für alle Lehrer*innen eine neue Herausforderung dar. Schüler*innen kennen hingegen das Konstrukt schriftlicher Klausuren aus ihrer Schulzeit zur Genüge und ihnen begegnen zwar bereits in den vorangegangenen Schuljahren den mündlichen Abiturprüfungen ähnliche Prüfungsformate wie Sprechprüfungen in den Fremdsprachen, doch die mündlichen Abiturprüfungen sind dennoch etwas Ungewohntes und Neues für sie. Die vorgestellten Entwürfe, die sowohl mögliche Prüfungsaufgaben wie auch Erwartungshorizonte enthalten, mögen so einerseits insbesondere jungen Lehrer*innen, die erstmalig derartige Prüfungen erstellen, als Beispiel dafür dienen, wie Entwürfe formal und inhaltlich gestaltet werden können. Darüber hinaus mögen die Entwürfe andererseits auch Schüler*innen eine Orientierung darüber geben, was von ihnen erwartet wird, wenn sie sich entscheiden, Evangelische Religion als das Fach zu wählen, in dem sie ihre mündliche Abiturprüfung ablegen, oder sich bei der Wahl von Evangelischer Religion als schriftlichem Prüfungsfach entscheiden, eine mündliche Nachprüfung anzutreten. Den Abschluss des vorliegenden Bandes bildet ein Stichwortverzeichnis, das diesen auch als Nachschlagewerk nutzbar macht. Ich hoffe, dass diese Untersuchung so Lehrer*innen und Referendar*innen eine Hilfe bei der Vorbereitung und Durchführung des Evangelischen Religionsunterrichts in der Qualifikationsphase der gymnasialen Oberstufe sowie Schüler*innen eine Hilfe bei der Vorbereitung auf die Abiturprüfung in diesem schönen Unterrichtsfach sein kann.

2. Mensch

2.1 Der Mensch als Geschöpf und Ebenbild Gottes

Als erste inhaltsbezogene Kompetenz innerhalb des Kompetenzbereiches Mensch fordert das niedersächsische Kerncurriculum, die Schüler*innen „erläutern die biblische Auszeichnung des Menschen als Geschöpf und Ebenbild Gottes".[2] Der Begriff des Geschöpfes verweist unmittelbar auf die biblischen Schöpfungsmythen. Diese finden sich im ersten Buch der Bibel: Genesis, dem ersten Buch Mose.

Der **erste Schöpfungsmythos** in **Gen 1,1–2,4a** beschreibt, dass Gott die Welt in sieben Tagen geschaffen hat. Angefangen bei der Schöpfung von Himmel und Erde (vgl. Gen 1,1) über die Ausdifferenzierung von Elementen wie Licht und Finsternis (vgl. Gen 1,4) oder Himmel, Meer und Land (vgl. Gen 1,6–10), um eine gewisse Ordnung in das anfängliche Chaos (vgl. Gen 1,2) zu bringen, wird Gott zugeschrieben, die Pflanzen (vgl. Gen 1,11–12) und Tiere (vgl. Gen 1,20–25) zu erschaffen. Wichtig ist dabei der wiederkehrende Satz: „Und Gott sah, dass es gut war" (Gen 1,18.21.25), der viele der einzelnen Schöpfungsschritte abschließt. Die Schöpfung gipfelt schließlich in der Erschaffung des Menschen, dem zugeschrieben wird, dass Gott ihn „zu seinem Bilde" (Gen 1,27) geschaffen hat. Im folgenden Vers erhält er eine Aufgabe: Er soll die Welt bevölkern, sie sich „untertan" (Gen 1,28) machen und über sie „herrschen" (Gen 1,28). Auffällig ist, dass Gott vor seinem abschließenden Ruhetag (vgl. Gen 2,2) zugeschrieben wird, dass er die Welt nun als „sehr gut" (Gen 1,31) ansieht.

Bei dieser Erzählung handelt es sich um einen **Mythos** und nicht etwa um einen Tatsachenbericht. Wilfried Härle schreibt in diesem Sinne: „Schon die Tatsache, dass die Bibel mit zwei deutlich voneinander abweichenden Schöpfungserzählungen beginnt, weist darauf hin, dass es offenbar nicht ihre Absicht ist, eine naturwissenschaftlich zutreffende Darstellung von der Entstehung der Welt und des Menschen zu geben, sondern dass sie Welt und Mensch in ihrem konstitutiven Bezogensein auf Gott zur Darstellung bringen will."[3] Die hier erwähnte zweite Schöpfungserzählung werde ich weiter unten in diesem Kapitel betrachten. Es wird also Härle zufolge in den Schöpfungsmythen die Beziehung des Menschen zu Gott

---

[2] A.a.O., 20.

[3] W. HÄRLE, Ethik, 144.

thematisiert. Den Anspruch, historische Tatsachen darzulegen, erheben die Erzählungen folglich nicht. Dennoch beinhalten sie Wahrheiten, es ist also danach zu fragen, welche theologischen Wahrheiten in ihnen verborgen liegen. Die Beschreibung des ersten Schöpfungsmythos impliziert, dass Gott die Welt geschaffen hat. Er wünscht ihre Existenz also, womit sie folglich kein Zufallsprodukt, sondern gewollt ist. In schulischen Notenstufen gedacht, ist die Auszeichnung „sehr gut" nicht mehr zu überbieten, laut Gen 1,31 kann der Welt also zugesprochen werden, grundsätzlich in einem Optimalzustand bestanden zu haben. Auch dem Menschen wird so zugeschrieben, von Gott gewollt zu sein. Hülsmann hebt hervor, dass Gottes „Bewertung […] mit der Bestnote ‚sehr gut' besser […] als die Bewertung aller Schöpfungswerke bisher"[4] ausfällt. In Notenstufen gedacht: Ohne den Menschen war die Welt nur gut, mit ihm ist sie sehr gut. Im Umkehrschluss bedeutet das, dass die Welt ohne uns an Qualität verlieren würde. Diese Aussage darf als sehr ermutigend angesehen werden. Härle summiert, dass der Mensch „nicht als Zufallsprodukt […], sondern als bejahtes, gewolltes Wesen"[5] zu verstehen ist.

Ein zentraler theologischer Begriff, der uns innerhalb des ersten Schöpfungsmythos begegnet, ist jener der **Gottesebenbildlichkeit**. Entgegen einer an die kindliche Vorstellung von Gott als auf einer Wolke sitzender, alter Mann mit Bart anknüpfenden Vermutung soll die Umschreibung, Gott habe den Menschen „zu seinem Bilde" (Gen 1,27) geschaffen, nicht etwa bedeuten, dass wir aussehen würden wie er. Wie Gott aussieht, entzieht sich unserem Wissen, wie es auch das Bilderverbot oder Luthers Rede vom *Deus absconditus*[6] ausdrücken. Stattdessen kann die Ebenbildlichkeit als eine Erweiterung der „ägyptischen Königsideologie",[7] der zufolge der König ein Abbild und damit einen Repräsentanten Gottes darstellte, gedeutet werden. Indem alle Menschen als Gottes Ebenbilder bezeichnet werden, wird in jedem „Gottes Repräsentant, Stellvertreter, Statthalter, vielleicht auch Zeuge der Schöpfung"[8] gesehen. Die Funktion des Menschen als Statthalter Gottes impliziert auch eine Herrschaft über die restliche Natur.[9] Entscheidend ist jedoch, dass hier allgemein vom

---

[4] M. HÜLSMANN, Moment mal! Grundbegriffe und biblische Basistexte, 6.
[5] W. HÄRLE, Ethik, 145.
[6] Zum Bilderverbot und *Deus absconditus* vgl. Kapitel 3.1.
[7] R.G. KRATZ/H. SPIECKERMANN, Schöpfer/Schöpfung II. Altes Testament, 271.
[8] W.H. SCHMIDT, Was ist der Mensch, 119.
[9] Vgl. U. VOLP, Die Würde des Menschen, 70.

Menschen gesprochen wird. Die Gottesebenbildlichkeit besitzen folglich „alle Menschen, jenseits aller sonst bestehenden Unterschiede zwischen ihnen. Nach Gottes Bild geschaffen sind die Menschen aller Völker, [...] aller Religionen, aller Weltanschauungen."[10] Es ist also jeder Mensch Gottes Ebenbild. Die Folgen dieser Feststellung sind bedeutsam: „In diesem Geschaffensein nach dem Bilde Gottes ist die Menschenwürde begründet, die jedem Menschen als Gottes Geschöpf eignet. Diese dem Menschen verliehene Würde wiederum ist es, die die Menschenrechte begründet."[11] Folglich ist jeder Mensch ein Ebenbild Gottes und dies gilt unabhängig davon, welches Geschlecht er besitzt oder wie er aussieht. Damit werden ihm eine Würde und auch Menschenrechte zugesprochen. Als Ebenbild sieht Härle die Menschen „zu Gottes Gegenüber und Beauftragten auf der Erde bestimmt. Das verleiht dem Menschen eine unverlierbare und unantastbare Würde."[12] Wird die **Menschenwürde** an äußeren Kriterien festgemacht, wie etwa der Vorstellung, ein Mensch würde durch seine gedanklichen Fähigkeiten zum Menschen werden und daraus Würde gewinnen, bestünde das Problem, dass sich oftmals Einschränkungen finden lassen. Wie würde in einem solchem Fall etwa mit einem Komapatienten umzugehen sein – müssten diesem sein Menschsein und seine Menschenwürde abgesprochen werden, wenn er durch einen Unfall temporär oder dauerhaft keine gedanklichen Leistungen mehr aufbringen kann? Das darf gewiss nicht getan werden. Eine christliche Antwort auf die Frage nach der Menschenwürde lautet demgegenüber: Der Mensch ist Gottes Ebenbild, weil Gott ihn als solches geschaffen hat. Damit wird ihm eine Würde zugesprochen, weil Gott ihn zu seinem Ebenbild geschaffen hat. Ihm seine Menschenrechte zuzugestehen, ist somit die logische Konsequenz. Gegenüber einer Reduktion der Gottesebenbildlichkeit auf deren Bedeutung für das Verhältnis des Menschen zu seiner Umwelt hebt Rainer Albertz hervor, dass der erste Schöpfungsmythos das Verhältnis des Menschen zu Gott thematisiert.[13] Er stellt zu diesem Verhältnis fest: „Dieses ist es, das ihm [dem Menschen] Schutz und Würde verleiht."[14] Der Begriff der Gottesebenbildlichkeit lässt sich somit nicht von der Menschenwürde trennen, die durch die Ebenbildlichkeit jedem Men-

[10] C. WESTERMANN, Theologie des Alten Testaments in Grundzügen, 83.
[11] Ebd.
[12] W. HÄRLE, Ethik, 149f.
[13] Vgl. R. ALBERTZ, Mensch II. Altes Testament, 469.
[14] Ebd.

schen zuteilwird – was unabhängig davon gilt, wer dieser ist und welche äußeren oder inneren Merkmale ihn auszeichnen.

Auf die Feststellung der Gottesebenbildlichkeit des Menschen folgt im 28. Vers des ersten Kapitels des Buches Genesis der sogenannte **Herrschaftsauftrag**. Wir lesen hier im Hinblick auf die von Gott geschaffenen Menschen: „Und Gott segnete sie und sprach zu ihnen: Seid fruchtbar und mehret euch und füllet die Erde und machet sie euch untertan und herrschet über die Fische im Meer und über die Vögel unter dem Himmel und über das Vieh und über alles Getier, das auf Erden kriecht" (Gen 1,28). Reinhard G. Kratz und Hermann Spieckermann stellen unter anderem im Hinblick auf den Herrschaftsauftrag fest, dass dieser zunächst „den objektiven Gegebenheiten der vorfindlichen Welt, der Zerstörung von Leben durch Blutvergießen, Rechnung trägt".[15] Wir leben offensichtlich sowohl jetzt als auch zur Zeit der Entstehung der Schöpfungsmythen des Alten Testaments in einer Welt, die vom Menschen beherrscht wird. Im Hinblick auf den Herrschaftsauftrag findet sich jedoch heutzutage die 1985 in einer gemeinsamen Erklärung der EKD und Deutschen Bischofskonferenz herausgegebene Positionierung: „Die beiden Schlüsselworte ‚untertanmachen/unterwerfen' und ‚herrschen' müssen weit behutsamer gedeutet werden, als dies vielfach geschah. Sie dürfen nicht im Sinne von ‚Unterdrückung' und ‚Ausbeutung' verstanden werden."[16] Es wird somit eindeutig ein schonender Umgang mit der Umwelt gefordert. Zentral ist die Verbindung des Herrschaftsauftrages mit der Gottesebenbildlichkeit:

> „Der Herrschaftsauftrag des Menschen und seine sachgemäße Ausübung stehen und fallen mit der Gottebenbildlichkeit. Sie gilt dem Menschen innerhalb und außerhalb des Gottesvolkes; sie ist unabhängig von Geschlechtzugehörigkeit, Rassen und Klassen. Nur wenn und solange der Mensch in seiner einzigartigen, unmittelbaren Gottesbeziehung lebt – genau dies ist mit Gottesebenbildlichkeit gemeint – und wenn er nach der Weise Gottes, als Beauftragter Gottes seine Herrschaft ausübt, entspricht diese dem Willen Gottes."[17]

Der Mensch soll folglich über die Welt herrschen, dies aber nicht tyrannisch tun, sondern als Ebenbild Gottes – also in Form einer Herrschaft, die sich Gottes Umgang mit uns zu ihrem Vorbild nimmt. Gott beherrscht

---

[15] R.G. KRATZ/H. SPIECKERMANN, Schöpfer/Schöpfung II. Altes Testament, 271.

[16] KIRCHENAMT DER EVANGELISCHEN KIRCHE/SEKRETARIAT DER DEUTSCHEN BISCHOFSKONFERENZ (Hg.), Verantwortung wahrnehmen für die Schöpfung, 33f.

[17] A.a.O., 35.

uns nicht tyrannisch, sondern als liebender Vater.[18] Als sein Ebenbild über die Welt zu „herrschen“, bedeutet im oben wiedergegebenen Verständnis folglich, die Welt zu bewahren. Auch Härle stellt in diesem Sinne und unter Einbeziehung des zweiten Schöpfungsmythos fest: „Sie [die Welt] ist ihm [dem Menschen] gegeben, um sie zu beherrschen (Gen 1,28), zu bebauen und zu bewahren (Gen 2,15) – nicht um sie zu zerstören.“[19] Der Begriff der Herrschaft darf also als nicht mehr ganz zeitgemäß angesehen werden, da er eher im Sinne eines bewahrenden Regierens zu verstehen ist.

Auf den ersten Schöpfungsmythos folgt in **Gen 2,4b–25** der **zweite Schöpfungsmythos**. Es handelt sich dabei um eine Erzählung, die älter ist als der ihr im Buch Genesis vorangestellte erste Mythos.[20] Der zweite Mythos dreht die Reihenfolge der Schöpfung im Vergleich zum ersten um: In Gen 2,7 wird der Mensch zuerst geschaffen (vgl. Gen 2,7). In dem diesem vorangehenden Vers wird eindeutig ausgesagt, dass etwa die Pflanzen noch nicht existierten (vgl. Gen 2,6). Erst nachdem der Mensch geschaffen wird, legt Gott mit dem Garten Eden gewissermaßen einen Lebensraum für ihn an (vgl. Gen 2,8–17). Nachdem Gott diesen Lebensraum vollendet hat, stellt er fest, dass der Mensch nicht einsam in ihm leben soll, sodass er zuerst die Tiere erschafft (vgl. Gen 2,19). Anschließend wird festgestellt, dass diese Gesellschaft für den Menschen offenbar nicht ausreichend ist (vgl. Gen 2,20), woraufhin Gott aus dem ursprünglich einzeln vorhandenen Menschen nun einen zweiten erschafft, womit die Geschlechter Mann und Frau entstehen (vgl. Gen 2,21f.).

Die offensichtlichen Widersprüche zwischen den beiden Schöpfungsmythen verdeutlichen, dass diese keineswegs den tatsächlichen Ablauf der Entstehung unserer Welt beschreiben wollen. Stattdessen versuchen sie als Mythen, Grundfragen der Menschen zu beantworten. Aus dem zweiten Schöpfungsmythos drängt sich so die Aussage auf, dass der Mensch ein Beziehungswesen ist, welches nicht allein leben kann, sondern auf Beziehungen angewiesen ist. Die Beziehungen, die die Schöpfungsmythen präsentieren, sind die Beziehung der Menschen zu Gott, ihren Mitmenschen (in Gen 2 dargestellt durch Mann und Frau) und den Tieren.[21]

---

[18] Vgl. K. Barth, KD III/3, 175.

[19] W. Härle, Ethik, 145.

[20] Vgl. F. Johannsen, Alttestamentliches Arbeitsbuch für Religionspädagogen, 40.

[21] Vgl. J. dos Santos da Silva, Füllet die Erde und macht sie euch untertan, 236.

Jorgiano dos Santos da Silva ergänzt, dass auch die Beziehungen des Menschen „zur Erde und zur Arbeit" einen Teil der Geschichte darstellen, und folgert, dass sie für „ein glückliches und erfülltes Leben"[22] neben den zuvor bereits benannten Beziehungen unerlässlich sind. Der Beziehungsbegriff kann hier also noch weiter gefasst werden.

2.2 Das biblische Menschenbild und andere anthropologische Entwürfe

Die Schüler*innen „vergleichen das biblische Menschenbild mit anderen anthropologischen Entwürfen."[23] Die Bibel beschreibt den Menschen als ein **Beziehungswesen**.[24] Härle bemerkt so, „dass diese Relationalität für sein Dasein konstitutiv ist".[25] Er beschreibt, dass der Mensch in drei Beziehungen steht: zu sich selbst, seinen Mitgeschöpfen und Gott. Der Begriff der Mitgeschöpfe drückt aus, dass wir nicht nur in Beziehung zu anderen Menschen, sondern zu allen Tieren und Pflanzen stehen. Die Beziehung zu uns selbst mag zunächst überraschen, Härle denkt bei dieser an Elemente wie die Reflexion über das eigene Verhalten, die eigenen Wünsche oder Hoffnungen.[26] Das Nachdenken über religiöse Fragestellungen sowie ethische Entscheidungen sieht Härle als Unterschied zu anderen Lebewesen, wobei er präzise formuliert, dass wir davon mit unserem heutigen Wissensstand ausgehen.[27] Es kann nicht ausgeschlossen werden, dass wir in Zukunft auch entdecken, dass es andere Lebewesen gibt, die eine dieser Fähigkeiten besitzen.

Ein zweiter Aspekt, der das Menschenbild auszeichnet, ist unsere **Endlichkeit**.[28] Offensichtlich ist in diesem Kontext unsere zeitliche Begrenzung durch unsere Geburt und unseren Tod.[29] Härle ergänzt eine räumliche Begrenzung sowie eine Begrenzung des Menschen „in seinem Wissen und seinen Fähigkeiten".[30] Wir sind offensichtlich nicht allmächtig

[22] Ebd.
[23] NDS. KULTUSMINISTERIUM (Hg.), Kerncurriculum, 20.
[24] Vgl. W. HÄRLE, Ethik, 141.
[25] Ebd.
[26] Vgl. a.a.O., 142.
[27] Vgl. a.a.O., 142f.
[28] Vgl. a.a.O., 143.
[29] Vgl. a.a.O., 145.
[30] Ebd.

und allwissend, diese Attribute werden allein Gott zugeschrieben. Die räumliche Begrenzung wird offensichtlich, wenn wir bedenken, dass es uns ohne Hilfsmittel ebenso wenig möglich ist, durch die Luft zu fliegen oder in der Tiefsee zu tauchen, wie andere Planeten zu erreichen. Eine Besonderheit sieht Härle darin, dass wir um diese Begrenzungen unseres Lebens wissen, wie auch um unseren Tod,[31] den wir sogar selbst herbeiführen können.[32]

Ein dritter Aspekt der Menschlichkeit liegt bei Härle in der bereits oben betrachteten[33] **Gottesebenbildlichkeit** vor.[34] Sie schafft für ihn als Gemeinsamkeit eine Verbindung zwischen allen Geschöpfen[35] und verleiht uns zugleich „eine unverlierbare und unantastbare Würde."[36] Härle erkennt aber zugleich auch realistisch, dass es uns nicht gelingt, uns stets der Ebenbildlichkeit entsprechend zu verhalten, sondern dass es zu uns gehört, dass wir fehlbar sind. Dennoch können wir trotz all unserer Verfehlungen unsere Ebenbildlichkeit und damit auch die uns zugesprochene Würde nicht verlieren.[37] Mit dieser Voraussetzung wird ausgeschlossen, dass Menschen anderen Menschen ihre Menschenwürde absprechen.[38]

Im Sinne der vorgestellten drei Aspekte summiert Härle über die „spezifische Gestalt"[39] des christlichen Menschenbildes: „Zu ihr gehört das Wissen um die menschliche Verfehlung, aber auch um die Möglichkeit der Versöhnung und um die Hoffnung auf Erlösung und Vollendung des Menschen durch Gott und im ewigen Leben."[40] Diese Kernaspekte sollten jedem Vergleich des christlichen Menschenbildes mit anderen anthropologischen Entwürfen zugrunde liegen und inhaltlich gefüllt werden.

Einen anderen anthropologischen Entwurf finden wir bei **Plato**, der 427–387 v. Chr. lebte.[41] Für ihn stellt der Mensch ein „Mängelwesen"[42] dar,

---

[31] Vgl. ebd.
[32] Vgl. a.a.O., 146.
[33] Vgl. Kapitel 2.1.
[34] Vgl. W. HÄRLE, Ethik, 149.
[35] Vgl. ebd.
[36] A.a.O., 150. Vgl. dazu auch Kapitel 2.1.
[37] Vgl. W. HÄRLE, Ethik, 150.
[38] Vgl. ebd.
[39] A.a.O., 151.
[40] Ebd.
[41] Vgl. E.A. WYLLER, Plato, 677.
[42] M. HAMPE, Anthropologie, 522.

das in seinen natürlichen Fähigkeiten den Tieren unterlegen ist.[43] Ein zentrales Motiv bei Plato ist die Seele, welche er als unsterblich ansieht.[44] Plato spricht dem Menschen gute und schlechte Triebkräfte zu.[45] Um das Heil der Seele zu erreichen, ist ihm zufolge eine gute Lebensführung anzustreben.[46] Die Seele besteht für Plato aus drei Teilen: dem Begehrenden, dem Muthaften und dem Nachdenkenden.[47] Ein Bild, das Plato prägte, ist der Seelenwagen:

> „In *Phaidros* (246a–247c) vergleicht Platon in seinem berühmten Seelenwagen die Seele insgesamt mit einem geflügelten Pferdegespann, dessen eines Roß edel und wohlgesonnen Richtung Himmel strebt (*Thymos*), das andere unbändig, ja schlecht, mit seiner ganzen Schwere zur Erde hin drückt oder gar sich hinunterbäumt (*Epithymia*). Für den Wagenlenker (*Nous*) ist es sonach schwierig und mühsam, das Gefährt sicher zu führen, ja aus dieser Schieflange des Gespanns entspringt ein ‚äußerer Kampf der Seele' um die gute Balance."[48]

Das Nachdenkende, das auch als Vernunft verstanden werden kann, versucht also die positiv bewerteten, muthaften Triebe und die negativ bewerteten Begierden des Menschen so zusammenzuführen, dass es für die eigene Seele zuträglich ist. Das Heil der eigenen Seele wird dabei als Ziel angesehen,[49] welches nach Plato erreicht werden kann, wenn die Seele selbst Tugend ausbildet und so von Gott geliebt wird.[50] Im Vergleich zum biblischen Menschenbild ist somit zu erkennen, dass der Mensch sich bei Plato sein Heil selbst erarbeiten kann und muss, während es ihm im christlichen Menschenbild von Gott ohne Bedingungen wie die Ausbildung von Tugend geschenkt wird.

Immanuel Kants (1724–1804)[51] Verständnis des Menschen ist unmittelbar mit dem Begriff des „kategorischen Imperativs"[52] verknüpft. Kant formuliert: „Handle nur nach derjenigen Maxime, durch die du zugleich wollen kannst, dass sie ein allgemeines Gesetz werde."[53] Der einzelne

---

[43] Vgl. ebd.
[44] Vgl. E.A. WYLLER, Plato, 683.
[45] Vgl. a.a.O., 684.
[46] Vgl. ebd.
[47] Vgl. E. DÜSING, Problemskizze zu Geist und Psyche in der Antike, 12.
[48] Ebd.
[49] Vgl. a.a.O., 13.
[50] Vgl. ebd.
[51] Vgl. R. MALTER, Kant/Neukantianismus, 570.
[52] I. KANT, Grundlegung zur Metaphysik der Sitten, 81.
[53] A.a.O., 68.

Mensch soll sich also so verhalten, wie er sich wünscht, dass es auch alle anderen Menschen tun. Im Gegensatz zum christlichen Verständnis benötigt es keinen Gott, der den Menschen Gesetze gibt, sondern der Mensch ist in der Lage, sich selbst Gesetze zu geben. Entscheidend ist für Kant die Vernunft, die eine Unterscheidung zwischen den Lebewesen einführt:

> „Die Wesen, deren Dasein zwar nicht auf unserm Willen, sondern der Natur beruht, haben dennoch, wenn sie vernunftlose Wesen sind, nur einen relativen Wert, als Mittel, und heißen Sachen, dagegen vernünftige Wesen Personen genannt werden, weil ihre Natur sie schon als Zwecke an sich selbst, d.i. als etwas, das nicht bloß als Mittel gebraucht werden darf, auszeichnet, mithin sofern alle Willkür einschränkt (und ein Gegenstand der Achtung ist).“[54]

Die Vernunft hebt den Menschen also von anderen Lebewesen ab und legitimiert zugleich den Anspruch, dass der Mensch selbst Gesetze aufstellen darf. Die Würde kommt den Menschen dann nach Kant zu, weil wir zu moralischem Handeln fähig sind.[55] Im Gegensatz zum christlichen Verständnis, in dem die Würde dem Menschen von Gott von außen zugesprochen wird, ist für Kant die Würde also an eine Bedingung geknüpft, die die Menschheit als Ganzes erfüllen kann.

Thomas Hobbes‘ (1588–1679)[56] Menschenbild ist geprägt von den Erfahrungen seiner Zeit, in der Europa von Kriegen gebeutelt war, sich aber zugleich die Naturwissenschaften losgelöst von der Theologie entwickelten.[57] Hobbes sieht den Menschen als grundsätzlich böse an, als „von Natur aus ein egoistisches, machtgieriges, allein vom Trieb der Selbsterhaltung bestimmtes Tier, das alle anderen Menschen zunächst einmal instinktiv als seine natürlichen Feinde betrachtet“.[58] Den Unterschied zwischen Menschen und Tieren sieht Hobbes wie Kant in der Vernunftbegabung des Menschen.[59] Sie ermöglicht ihm, das „räuberischste, klügste, gefährlichste, mächtigste Tier“[60] zu sein. Die Menschen stehen einander so nach Hobbes als Wölfe[61] in dem Sinne gegenüber, dass sie jeweils die Existenz der anderen Menschen bedrohen. Zugleich ist der einzelne

---

[54] A.a.O., 81.
[55] Vgl. a.a.O., 87f.
[56] Vgl. A. SCHWAN, Hobbes, 404.
[57] Vgl. a.a.O., 404f.; P. KLIEMANN, Glauben ist menschlich, 158.
[58] Ebd.
[59] Vgl. A. SCHWAN, Hobbes, 407.
[60] Ebd.
[61] Vgl. a.a.O., 408.

Mensch für ihn ein „Hase“,[62] da er sich vor allen anderen Menschen fürchten muss.[63] Vergegenwärtigt man sich, dass Hobbes in einem Umfeld voller Kriege aufgewachsen ist, ist diese Einschätzung nachvollziehbar, sie steht jedoch im Gegensatz zum biblischen Menschenbild, das zwar auch beinhaltet, dass der Mensch Sünden begeht,[64] zugleich aber betont, dass die Schöpfung inklusive des Menschen „sehr gut“ (Gen 1,31) ist.[65] Dass Menschen sich in Staaten zusammenschließen, hat nach Hobbes die Funktion, dem ewigen Krieg jedes Menschen gegen jeden anderen zu entkommen, der Staat soll uns Menschen also vor unserer eigenen schlechten Natur bewahren.[66] Damit der Staat dies optimal vermag, muss er „so stark wie nur irgend möglich gemacht werden.“[67] Frieden ist für Hobbes damit gewissermaßen eine so starke Einschränkung der eigenen Möglichkeiten, dass kein Krieg mehr gegen andere Menschen geführt werden kann.[68] Damit liegt ein anderes Verständnis vor, als es die Bibel von Frieden besitzt,[69] was insbesondere darin deutlich wird, dass im christlichen Menschenbild Freiheit eine zentrale Rolle spielt.[70] Das biblische Verständnis von Frieden impliziert eine friedliche Grundhaltung, nicht wie bei Hobbes eine starke Einschränkung, sodass im biblischen Verständnis „ungehinderte Selbstentfaltung“[71] ermöglicht wird. Während Hobbes in den Menschen Wölfe sieht, die einander bekämpfen wollen,[72] und den Staat als noch mächtigeres Gebilde, das die Wölfe gewissermaßen unter sich kleinhält, beinhaltet die Bibel Visionen einer Welt, in der „die Wölfe bei den Lämmern wohnen“ (Jes 11,6).[73] Hobbes Grundannahme eines bösen Menschen wird so von der Bibel keineswegs geteilt, sondern diese sieht uns als grundsätzlich gut an, auch wenn wir Verfehlungen begehen.[74]

---

[62] Ebd.
[63] Vgl. ebd.
[64] Vgl. Kapitel 2.3.
[65] Vgl. Kapitel 2.1.
[66] Vgl. P. KLIEMANN, Glauben ist menschlich, 159; A. SCHWAN, Hobbes, 409.
[67] Ebd.
[68] Vgl. P. KLIEMANN, Glauben ist menschlich, 159.
[69] Vgl. ebd.
[70] Vgl. Kapitel 2.4.
[71] P. KLIEMANN, Glauben ist menschlich, 160.
[72] Vgl. a.a.O., 158; A. SCHWAN, Hobbes, 408.
[73] Vgl. P. KLIEMANN, Glauben ist menschlich, 159f.
[74] Vgl. a.a.O., 161.

Als gut sieht auch **Jean-Jacques Rousseau** (1712–1778)[75] den Menschen an.[76] Schlechte Eigenschaften schreibt Rousseau dem Einfluss von „Kultur und Zivilisation“[77] zu, die den Menschen „verdorben hätten“.[78] Rousseau zufolge lebten die Menschen zuerst in einem friedlichen Urzustand,[79] das Aufkommen von Privatbesitz habe den Menschen dann aber aus diesem herausfallen lassen.[80] Das Landleben wird in diesem Sinne von Rousseau als positiver als das Stadtleben angesehen, da es noch eher an den Urzustand erinnert.[81] Der Staat benötigt entsprechend für ihn weniger Macht, sodass Rousseau eher an eine Demokratie denkt und davon ausgeht, dass der einzelne Mensch seine Bedürfnisse dem Allgemeinwohl unterordnet.[82] Heute wird an Rousseau kritisiert, dass er zu naiv davon ausgeht, dass sich der Einzelne in jedem Fall dem Wohl der Allgemeinheit unterordnen würde oder dieses gar mit seinen Wünschen identisch wäre.[83] Rousseau betrachtet keine Interessenkonflikte, die wir heute als Normalzustand ansehen, der das Schließen von Kompromissen notwendig macht.[84] Mit einem Verweis auf die Französische Revolution – die gewiss mit guten Zielen begann, aber auch viele Opfer forderte – stellt Kliemann fest, dass der Mensch nicht ausschließlich gut ist, wie Rousseau es annimmt.[85] Die theologischen Begriffe von Sünde und Rechtfertigung greifen den Gedanken auf, dass der Mensch zwar grundsätzlich gut ist, Verfehlungen aber zu seinem Wesen gehören.[86]

In einer **biologischen Sichtweise** gehört der Mensch als Mitglied der Spezies *Homo sapiens* zu den Primaten.[87] Unser Gehirn ist als Ergebnis unserer Evolution anzusehen.[88] Das biologische Menschenbild unterstreicht also, dass der Mensch eine Art unter vielen anderen Lebewesen

---

[75] Vgl. G.R. SCHMIDT, Rousseau, 441.
[76] Vgl. P. KLIEMANN, Glauben ist menschlich, 164.
[77] Ebd.
[78] Ebd.
[79] Vgl. ebd.; G.R. SCHMIDT, Rousseau, 443f.
[80] Vgl. P. KLIEMANN, Glauben ist menschlich, 165.
[81] Vgl. ebd.
[82] Vgl. a.a.O., 166.
[83] Vgl. a.a.O., 167.
[84] Vgl. ebd.
[85] Vgl. a.a.O., 168.
[86] Vgl. ebd.; Kapitel 2.3.
[87] Vgl. W. HIRSCH, Mensch, 568f.
[88] Vgl. ebd.

darstellt, die sich als Ergebnis der Evolution zufällig ergeben hat. Als besonderes Merkmal, das den Menschen von anderen Tieren unterscheidet, wird oft die Vernunftbegabung des Menschen angegeben: „Aus der Natur hervorgegangen, ist er über sie hinausgewachsen; er ist das metaphysische Wesen."[89] Der Mensch sieht sich mit Hilfe seiner Intelligenz als in der Natur handelndes Subjekt.[90] Die Abstraktionsfähigkeit ergibt sich daraus, was es dem Menschen ermöglicht, Prognosen zu erstellen und zu planen.[91] Der Mensch ist sich selbst so seiner Endlichkeit und Fehlbarkeit bewusst.[92] Auch, dass er sich Gedanken über seine eigene Religiosität macht, „ist ein anthropologisches Urphänomen",[93] es scheint also zum Menschsein von Anfang an dazuzugehören. Die Evolution wird vom weit überwiegenden Teil der heutigen Theologie anerkannt, Einspruch wird nur bezüglich der These erhoben, der Mensch solle ein zufälliges Produkt der Evolution sein. Diesbezüglich erzählen die biblischen Schöpfungsmythen die Glaubenswahrheit, dass der Mensch ein von Gott gewolltes Wesen, seine Entstehung also kein Zufall ist.[94]

2.3 Sünde und Rechtfertigung

Die dritte inhaltsbezogene Kompetenz fordert, die Schüler*innen „setzen sich mit Deutungen der Begriffe ‚Sünde' und ‚Rechtfertigung' auseinander."[95] Im Anschluss an die in Kapitel 2.1 betrachteten Schöpfungsmythen folgt in **Gen 3** die sogenannte Erzählung vom **Sündenfall**. Nachdem die Menschen in Gen 2 im Garten Eden ein auf den ersten Blick paradiesisches Leben von Gott geschenkt bekommen haben, wird ihnen nur eine Grenze gesetzt: Vom „Baum der Erkenntnis des Guten und Bösen sollst du nicht essen; denn an dem Tage, da du von ihm isst, musst du des Todes sterben" (Gen 2,17), soll Gott im Rahmen der zweiten Schöpfungserzählung zum Menschen gesagt haben. An diese klare Anweisung knüpft das dritte Kapitel des Buches Genesis an: Eine Schlange macht das Essen der Früchte im wahrsten Sinne des Wortes für die Menschen schmack-

---

89 A.a.O., 569.
90 Vgl. ebd.
91 Vgl. ebd.
92 Vgl. a.a.O., 570.
93 Ebd.
94 Vgl. Kapitel 2.1.
95 NDS. KULTUSMINISTERIUM (Hg.), Kerncurriculum, 20.

haft, indem sie verspricht, dass der Genuss der Frucht keineswegs den Tod nach sich ziehen, sondern dafür sorgen würde, dass die Menschen wie Gott wären und zwischen Gut und Böse unterscheiden könnten (vgl. Gen 3,5). Die überzeugten Menschen essen daraufhin Früchte vom verbotenen Baum, wobei die Frau noch vor dem Mann zugreift (vgl. Gen 3,6). Die erste Folge dieser Tat besteht darin, dass sich bei beiden ein Schamgefühl entwickelt und sie nicht mehr nackt im Garten sein möchten (vgl. Gen 3,7). Es folgt ein Versteckspiel vor Gott (vgl. Gen 3,8) inklusive einiger Schuldzuweisungen: der Mann beschuldigt die Frau, die Frau die Schlange (vgl. Gen 3,12f.). Schließlich werden Strafen benannt: Die Schlange wird verstoßen und dazu verdammt, über den Boden zu kriechen (vgl. Gen 3,14), sowie eine Feindschaft zwischen Schlange und Mensch begründet (vgl. Gen 3,15). Die Frau wird mit den Mühen der Schwangerschaft bestraft und dem Mann untergeordnet (vgl. Gen 3,16). Die Strafe des Mannes besteht darin, dass er harte Feldarbeit ausführen muss, um zu überleben (vgl. Gen 3,17f.). Auch die Sterblichkeit der Menschen wird in diesem Rahmen eingeführt (vgl. Gen 3,19), sie werden aus dem Garten Eden verwiesen (vgl. Gen 3,23) und ihnen wird der Zugang zu diesem versperrt (vgl. Gen 3,24).

Auch diese Erzählung ist ein Mythos und kein Tatsachenbericht, entsprechend versucht sie, Fragen der Menschen im Weltbild ihrer Entstehungszeit zu erklären. Nicht weit gedacht wäre die Schlussfolgerung, dass Gott nicht gewollt hätte, dass die Menschen die Erkenntnis erlangen, die ihnen der entsprechende Baum gegeben hat: Einem allwissenden Gott darf durchaus zugetraut werden, dass er, falls er nicht gewollt hätte, dass der Mensch vom Baum der Erkenntnis isst, diesen außerhalb eines den Menschen zugänglichen Bereiches gepflanzt oder einen Wächter abgestellt hätte, der ihn bewacht, wie er es auch am Ende der Erzählung tut (vgl. Gen 3,24). Stattdessen greift die Erzählung zunächst ganz weltliche Fragen der Menschen auf: „Wieso bekleiden wir Menschen uns und empfinden bei Nacktheit Scham, aber kein anderes Tier tut dies?“, wird damit beantwortet, dass in der Erzählung nur der Mensch in den Genuss der Erkenntnis kommt. „Wieso kriechen Schlangen?“, nutzen also eine auf den ersten Blick sehr unkomfortable Fortbewegungsmöglichkeit, wird mit einer Strafe Gottes erklärt. „Wieso hat Gott für uns giftige und nicht nur zahme Tiere geschaffen?“, wird mit dem Präzedenzfall der Schlange, die einen schlechten Einfluss auf die Menschen nahm, erklärt. „Wieso ist die Geburt, eigentlich ein positives Ereignis im Leben von Eltern, die sich Nachwuchs wünschen, für die Frau so beschwerlich?“, wird ebenso auf eine Strafe Gottes zurückgeführt wie die Frage: „Wieso gestaltet sich die Feldarbeit so schwierig?" Auch Claus Westermann stellt über die Erzählung vom Sündenfall fest: „Sie erklärt das Menschsein in seinen wesentlichen Elementen als urzeitliches Gewordensein, und zwar das Geschaffensein im Kontrast zum Begrenztsein des Menschen in Tod, Leid und Sünde."[96] Der Mensch ist offensichtlich ein Geschöpf, das nicht wie Gott allmächtig ist, sondern in Grenzen lebt. Das ist nicht nur negativ zu werten. Westermann stellt im Hinblick auf die Bibel fest: „Sie kennt keinen ‚vorsündlichen Menschen'".[97] Es wird bereits deutlich, dass die Aussage der Erzählung vom Sündenfall keineswegs sein kann, dass es dem Menschen ohne die Sünde besser gegangen wäre. Die zentrale Frage der Erzählung, die vermutlich jeden Menschen an einem Punkt in seinem Leben beschäftigt, ist: „Wieso sind wir Menschen sterblich?" Eine ehrliche Antwort auf diese Frage muss lauten, dass sie nur Gott beantworten kann, sich dieses Wissen uns jedoch entzieht.[98] Im Weltbild der Zeit, in der die Erzählung vom Sündenfall entstanden ist, wussten die Verfasser sich dies allerdings nur zu erklären, indem sie antworteten: Da der Mensch sein wollte wie Gott. Indem er nach dem umfassenden Wissen strebte, wurde ihm eine andere Grenze gesetzt: die Endlichkeit seiner Lebensspanne. Einzelfragen, wie die oben genannten, sieht auch Westermann als zentral für die Erzählung an, verbindet diese und bringt sie damit wie folgt auf den Punkt: „Die eigentliche, die Erzählung bestimmende Frage ist: Warum ist der von Gott geschaffene Mensch ein von Tod, Leid, Mühe und Sünde begrenzter Mensch?"[99] Im Hinblick auf die Beantwortung dieser aufgeworfenen Frage stellt Westermann zwei Aspekte in den Vordergrund. Einerseits stellt er fest:

> „Zum Menschsein gehört es, daß der Mensch sich verfehlt; er kann nicht anders Mensch sein als in dieser Fehlsamkeit. Mit ihr aber hängt die Begrenztheit seiner Existenz zusammen; nicht so zwar, daß der Tod die Strafe für die von einem ersten Menschen begangene Verfehlung ist, wohl aber so, daß der sich verfehlende, der sich vergehende, der ungehorsame Mensch der von Gott getrennte Mensch ist."[100]

Neben dieser eher negativ anmutenden Aussage findet Westermann in der Erzählung aber auch einen Mutmacher, indem Gott die Menschen nicht

---

[96] C. WESTERMANN, Genesis, 376.
[97] Ebd.
[98] Vgl. dazu Gottes Unverfügbarkeit in Kapitel 3.1.
[99] C. WESTERMANN, Genesis, 377.
[100] A.a.O., 377f.

etwa nach ihrer Tat mit dem Tod bestraft: „Die Entfernung des Menschen von Gott bedeutet nicht die absolute Trennung. Gott vertreibt ihn aus dem Garten, aber er läßt ihm das Leben, und indem er den Menschen außerhalb des Gartens einen Auftrag gibt, gibt er dem von ihm entfernten Dasein einen Sinn. [...] der so gebundene Mensch bleibt Gottes Geschöpf."[101] Der Mensch bleibt also Gottes Ebenbild. Die Erzählung sagt nicht etwa aus, dass wir vor dem Sündenfall ein besseres Leben gehabt hätten, sondern sie ermutigt uns damit, dass wir auch in unserer Begrenztheit und Fehlbarkeit noch von Gott gewollte Geschöpfe sind.

Dennoch liegt in der Erzählung für ihren Verfasser eine „Verfehlung, die er als ‚Ursünde' beschreibt",[102] vor, die repräsentativ für die ganze Menschheit besteht. Diese Verfehlung ist die Entfernung des Menschen von Gott.[103] Passender als der Begriff der Entfernung könnte für die **Sünde** auch der Begriff der Entfremdung als innere Entfernung von Gott verwendet werden, wie es auch die EKD tut: „Die ersten Kapitel der Bibel erzählen von der wachsenden Entfremdung zwischen Gott und Mensch".[104] Auch Härle verwendet diesen Begriff.[105] Mit einem verbreiteten Missverständnis räumt die EKD direkt zu Beginn einer Definition des Begriffs „Sünde" auf der eigenen Website auf: „Sünde bezeichnet – anders als im allgemeinen Sprachgebrauch – weniger einzelne Vergehen als vielmehr eine Haltung: sich gegen Gott wenden, sich von Gott abwenden, sich über Gott erheben wollen."[106] In der Geschichte der Ursünde sehen wir ein Beispiel, doch horcht der Mensch in sich selbst hinein, wird wohl jeder von uns feststellen, dass er sich kaum vollkommen davon freimachen kann, mehr oder weniger stark ausgeprägte Nuancen dieser Haltung in sich zu spüren. So stellt auch die EKD sachlich fest, dass jeder Mensch ein Sünder ist.[107] Die Sünde wird als „Beziehungsstörung"[108] beschrieben, wobei primär die Beziehung zwischen Gott und Mensch gemeint ist.[109] Sie wirkt sich aber auch auf die Beziehung zwischen uns

---

[101] A.a.O., 377.
[102] A.a.O., 378.
[103] Vgl. ebd.
[104] EKD (Hg.), Sünde, Schuld und Vergebung aus Sicht evangelischer Anthropologie, 15.
[105] Vgl. W. HÄRLE, Ethik, 147.
[106] EKD (Hg.), Sünde, 1.
[107] Vgl. EKD (Hg.), Sünde, Schuld und Vergebung aus Sicht evangelischer Anthropologie, 14.
[108] A.a.O., 7.
[109] Vgl. a.a.O., 13.

Menschen aus, indem sie in der Folge „alle Relationen betrifft, in denen wir leben.“[110] Der Zusammenhang wird wie folgt entfaltet:

> „Der Mensch ist Geschöpf Gottes, aber seine Beziehung zu Gott ist gestört. Die lebenstragende Bedeutung der Gottesbeziehung gerät aus dem Blick, an ihre Stelle tritt der Zwang zur Selbstverwirklichung und der Kampf um Selbstbehauptung. Indem die Sünde den Menschen von Gott entfremdet, entfremdet sie ihn auch von sich selbst und seinen Mitmenschen. Sie zerstört die Beziehungen, die unser Leben bestimmen und reich machen.“[111]

Die naheliegende Schlussfolgerung ist damit, dass der Mensch ein Interesse daran haben muss, seine Beziehung zu Gott wiederherzustellen, und dann in der Folge auch wieder in der Lage sein wird, die Beziehung zu seinen Mitgeschöpfen wiederherzustellen. Allein die Erzählung der Ursünde zeigt uns jedoch schon: Die begangene Verfehlung wieder gut zu machen, entzieht sich unserer Möglichkeiten. Die Distanz, die durch die Entfremdung von Gott zu ihm entstanden ist, können wir nicht von uns aus überbrücken.

Das **Gleichnis vom verlorenen Sohn** in **Lk 15,11–32** eröffnet uns eine erste Ahnung davon, dass wir aber dennoch nicht resignieren müssen. Im Gleichnis wird von einem Vater mit zwei Söhnen berichtet, von denen der jüngere sich – wie zu Jesu Zeit nicht unüblich[112] – sein Erbe von seinem Vater auszahlen lässt (vgl. Lk 15,12). Anstatt des zu erwartenden Umgangs, mit diesem Erbteil eine eigene Existenz aufzubauen, verprasst der jüngere Sohn ihn jedoch (vgl. Lk 15,13). Nach leidvollen Erfahrungen beim Verdienen des eigenen Lebensunterhalts (vgl. Lk 11,14–16) entschließt er sich zur Rückkehr zu seiner Familie, wobei er nur darauf hofft, als Tagelöhner aufgenommen zu werden (vgl. Lk 11,17). Noch bevor er sich bei seinem Vater entschuldigen und ihn bitten kann, ihn einzustellen, nimmt sein Vater ihn jedoch überschwänglich auf (vgl. Lk 11,20) und verdeutlicht spätestens mit der Bekundung seiner Absicht der Übergabe eines Siegelringes (vgl. Lk 11,22), dass er seinen Sohn wieder als vollwertiges Familienmitglied ansieht. Der ältere Sohn ist davon gelinde gesagt irritiert und fühlt sich benachteiligt (vgl. Lk 11,28–30). Der Vater drückt zum Ende der Erzählung jedoch erneut aus, dass bei ihm die Freude über die Rückkehr des jüngeren Sohnes überwiegt (vgl. Lk

---

[110] A.a.O., 7.
[111] A.a.O., 13.
[112] Vgl. K.-H. OSTMEYER, Dabeisein ist alles, 624.

11,32), und betont, dass er keine Benachteiligung des älteren Sohnes sieht, der dauerhaft bei ihm ist (vgl. Lk 11,31).

Zur Auslegung des Gleichnisses stellt Karl-Heinz Ostmeyer im Hinblick auf den jüngeren Sohn fest: „Diese Selbsterkenntnis mündet im Bekenntnis seiner Sünde gegenüber dem Himmel und gegenüber dem Vater. Die Überzeugung nicht mehr wert zu sein, ein Sohn zu heißen, bezieht sich auf beide Adressaten des Sündenbekenntnisses, auf seinen leiblichen Vater und auf Gott".[113] Es liegt also eine doppelte Beziehungsstörung vor, ganz wie es zur Definition der Sünde passend ist: Die Beziehung des jüngeren Sohnes zu Gott ist ebenso gestört, wie jene zu seinen Mitmenschen (in diesem Fall: seinem Vater). Das Verhalten des Vaters, der auf seinen verlorenen Sohn zuläuft, deutet Ostmeyer wie folgt: „Die Vergangenheit ist uninteressant, der Akt der Umkehr zählt."[114] Übertragen auf die mögliche Identifizierung des jüngeren Sohnes mit prototypischen Sünder*innen bedeutet dies: „[…] das Vergangene ist in dem Moment tot, in dem sich die Sünder in die Gemeinschaft Jesu begeben".[115] Das Gleichnis offenbart uns also: Wir Menschen, die Sünden begehen, können von uns selbst aus die Beziehung zu Gott genauso wenig wiederherstellen und die Sünde rückgängig machen, wie es der jüngere Sohn im Gleichnis vermag, sich selbst wieder als vollwertiges Familienmitglied einzusetzen. Gott vermag jedoch die Entfremdung zu überbrücken, indem er so auf uns zukommt, wie der Vater in der Erzählung auf seinen jüngeren Sohn. Dies tut er, indem er in Jesus Christus in die Weltgeschichte tritt.[116] Diese Deutung des Gleichnisses eröffnet einen ersten Blick auf das Thema Rechtfertigung.

Die Gedanken zur **Rechtfertigung bei Paulus** gehen in eine ähnliche Richtung: „Nicht durch die Werke des Gesetzes kann der Mensch die ‚Gerechtigkeit Gottes' erlangen, sondern diese wird ihm um Christi willen von Gott geschenkt und kann nur im Glauben empfangen werden (Röm 3,28; 4,5; Gal 2,16), indem er unbedingt auf Gottes Gnade vertraut."[117] In **Röm 3,21–31** entfaltet Paulus dieses Verständnis. Er stellt zunächst fest, dass das Thema seiner Ausführungen die „Gerechtigkeit

[113] A.a.O., 630.
[114] Ebd.
[115] A.a.O., 631.
[116] Vgl. Kapitel 4.
[117] W. HÄRLE, Rechtfertigung, 200.

vor Gott“ (Röm 3,22) ist und, dass alle Menschen – unabhängig davon, ob es sich um Jüd*innen oder Heid*innen handelt – Sünden begehen (vgl. Röm 3,23). Paulus schreibt jedoch den steilen Satz: Sie „werden ohne Verdienst gerecht aus seiner [Gottes] Gnade durch die Erlösung, die durch Christus Jesus geschehen ist“ (Röm 3,24). Hiermit ist jeder Mensch gemeint.[118] Die Formulierung macht deutlich: Es geht nicht um eine zukünftige Erlösung, sondern durch Jesu Handeln ist jeder Mensch bereits erlöst, allein aufgrund von Gottes **Gnade**. Gott macht so alle Menschen gerecht (vgl. Röm 3,26). Abschließend bringt Paulus es noch einmal unmissverständlich auf den Punkt: „So halten wir nun dafür, dass der Mensch gerecht wird ohne des Gesetzes Werke, allein durch den Glauben“ (Röm 3,28). Der Mensch kann sich folglich nicht selbst für seine Sünden rechtfertigen, muss dies aber auch gar nicht, weil Jesus Christus es bereits für ihn getan hat. Die von Paulus genannte Bedingung ist jedoch der Glaube im Sinne eines „Vertrauen auf den Ertrag einer bestimmten Geschichte“,[119] nämlich der Geschichte Jesu Christi.[120] Im abschließenden Vers verdeutlicht Paulus, dass damit nicht etwa das Gesetz aufgehoben wäre, sondern gewahrt bleibt (vgl. Röm 3,31). Die alttestamentlichen Gesetze haben für Paulus so die wichtige Funktion, den Menschen aufzuzeigen, dass sie Sünder*innen sind und die Anerkennung dieser Tatsache zu ermöglichen, worauf aufbauend der Glaube entstehen kann, der die Rechtfertigung im Glauben ermöglicht.[121]

Paulus Rechtfertigungsverständnis „trat [...] in den folgenden Jahrhunderten völlig in den Hintergrund“.[122] Nachdem insbesondere im Mittelalter wieder die Bedeutung eigener Werke betont wurde,[123] erhob sich im 16. Jahrhundert der „vehemente Widerspruch der Reformatoren, insbesondere Luthers (1483–1546).“[124] **Luthers Rechtfertigungslehre** knüpft an Paulus‘ im Römerbrief präsentiertes Verständnis an.[125] Die Rechtfertigung von Sünder*innen vor Gott ist für Luther zentral.[126] Luthers Recht-

[118] Vgl. K. HAACKER, Der Brief des Paulus an die Römer, 98.
[119] A.a.O., 97.
[120] Vgl. ebd.
[121] Vgl. a.a.O., 113f.
[122] W. HÄRLE, Rechtfertigung, 201.
[123] Vgl. a.a.O., 201f.
[124] A.a.O., 202.
[125] Vgl. G. SAUTER, Rechtfertigung IV, 317.
[126] Vgl. W.-F. SCHÄUFELE, Kirchengeschichte II, 80.

fertigungslehre lässt sich gut mit vier „Exklusivformeln“[127] zusammenfassen. Sie bestehen aus „*sola gratia*“,[128] „*sola fide*“,[129] „*solus christus*“[130] und „*sola scriptura*“.[131] *Sola gratia* bedeutet, dass die Rechtfertigung geschieht, indem Gott „allein aus Gnade eine neue Gemeinschaft mit dem Menschen ein[geht]“.[132] Der Mensch ist dabei passiv, Gott aktiv.[133] Aktiv wird der Mensch erst, nachdem er bereits gerechtfertigt wurde, im *sola fide*: „Im Glauben bejaht der Mensch seine R[echtfertigung] und damit sowohl Gott als auch sich selbst.“[134] Es handelt sich hierbei also um eine reine Anerkennung der Tatsache, bereits gerechtfertigt zu sein. *Solus christus* drückt aus, dass die Rechtfertigung allein durch Jesus Christus geschieht, da in ihm „das göttliche und das menschliche Wesen [...] vereint sind“,[135] was ihn zu der Person macht, „in deren Leben und Sterben die Macht der Sünde gebrochen werden konnte“.[136] Die Rechtfertigungslehre hat Luther nicht vollständig selbst ersonnen, sondern aus der Lektüre der Bibel und im Besonderen der Paulusbriefe abgeleitet. Da für Luther die Bibel „die alleinige Norm für den christlichen Glauben ist“,[137] ergänzt *sola scriptura* die Exklusivformeln: Nur aus der Bibel dürfen Erkenntnisse wie Luthers Rechtfertigungslehre abgeleitet werden. Die Einteilung in die vier oben genannten Exklusivformeln ist jedoch ein Konstrukt des 19. Jahrhunderts, sodass sie nicht eindeutig ist.[138] In einigen Werken findet sich zusätzlich „*solo verbo*“,[139] das auf Gottes Wort hinweist: Das Wort ist die frohe Botschaft. Gott spricht im Wort ein Urteil über Jesus, und dieses Urteil versetzt mit ihm „auch den mit Christus gestorbenen Sünder in die Freiheit des Gerechten“.[140]

---

[127] A.a.O., 81.
[128] H. NOORMANN, Kirchengeschichte, 68.
[129] Ebd.
[130] Ebd.
[131] Ebd.
[132] E. JÜNGEL, Rechtfertigung IV. Dogmatisch, 115.
[133] Vgl. ebd.
[134] A.a.O., 116.
[135] A.a.O., 114.
[136] Ebd.
[137] W.-F. SCHÄUFELE, Kirchengeschichte II, 83.
[138] Wolf-Friedrich Schäufele nennt so beispielsweise zunächst nur *sola gratia*, *sola fide* und *sola scriptura*. Er ergänzt, dass in anderen Werken *solus Christus* und *solo verbo* hinzugefügt werden (vgl. ebd.).
[139] Ebd.
[140] E. JÜNGEL, Rechtfertigung IV. Dogmatisch, 115.

Dennoch wäre es falsch, Luther zu unterstellen, in seiner Rechtfertigungslehre durch die aktive Rolle, die er bei Gott sieht, das Einhalten der Gesetze unwichtig werden zu lassen, da ohnehin jeder Mensch von Gott gerechtfertigt würde:

> „So dezidiert Luther (mit Paulus) das Gesetz (und die Werke des Menschen) als Mittel zur Erlangung des Heils ablehnt, soweit ist er davon entfernt, das Gesetz zu verwerfen. Sowohl für die äußere Erhaltung der Welt vor dem Bösen und seinen Folgen bedarf es des Gesetzes (*usus politicus legis*) als auch für die Erkenntnis der Sünde (*usus elenchticus legis*).“[141]

Die Gesetze sind somit nicht nur historisch wichtig, sondern sie haben auch innerhalb von Luthers Rechtfertigungslehre eine theologische Funktion inne. Den Unterschied zum vor Luther vorherrschenden Verständnis bringt Härle auf den Punkt: „Dabei hängt alles daran, daß diese Werke als Konsequenz und Ausdrucksform, niemals als Bedingung der Rechtfertigung verstanden werden.“[142] Noch pointierter formuliert Martin Schloemann: „Werke sind Frucht, nicht Bedingung der Gnade.“[143] Es wird also die Reihenfolge umgedreht: Es müssen keine Werke zur eigenen Rechtfertigung getan werden, sondern diese wird von Gott geschenkt. Aus Freude über dieses Geschenk begehen wir anschließend gute Werke.

2.4 Freiheit

Die Schüler*innen „vergleichen das christliche mit einem nicht-christlichen Freiheitsverständnis.“[144] Das christliche Freiheitsverständnis ist untrennbar mit Gottes Handeln in Form von Jesus Christus verbunden. Schon im Alten Testament wurde **Freiheit** nicht als Zustand, sondern eher im Sinne einer Befreiung verstanden, wobei ein zentraler Punkt Gottes Befreiung der Israeliten aus Ägypten im Buch Exodus darstellt.[145] Hülsmann fasst so zusammen: „Der Gott der Bibel liebt die Freiheit.“[146] In diesem Sinne sind auch die **Zehn Gebote** in **Ex 20,2–17** zu verstehen, die auch mit dem Begriff **„Dekalog“**[147] bezeichnet werden. Sie beginnen mit einer Erinnerung an Gottes Befreiung des Volkes Israel aus Ägypten

---

[141] W. HÄRLE, Rechtfertigung, 202.
[142] Ebd.
[143] M. SCHLOEMANN, Luther, 204.
[144] NDS. KULTUSMINISTERIUM (Hg.), Kerncurriculum, 20.
[145] Vgl. H.-W. BARTSCH, Freiheit I. Altes Testament, 497.
[146] M. HÜLSMANN, Moment mal! Grundbegriffe und biblische Basistexte, 15.
[147] E. ZENGER, Das Buch Exodus, 204.

(vgl. Ex 20,2) und haben „die Funktion, die geschenkte Freiheit zu bewahren.“[148] Es wäre folglich ein Missverständnis, sie als die Freiheit der Menschen einschränkende Gesetze zu deuten. Wenn etwa in den Zehn Geboten formuliert wird: „Du sollst nicht töten“ (Ex 20,13), schränkt dieses Gebot gewiss minimal die Freiheit des Einzelnen ein, der einen Anderen nicht töten darf. Zugleich vergrößert es aber die Freiheit aller Menschen, die davon ausgehen können, dass wenn sich alle Menschen an dieses Gebot halten, für jeden einzelnen Menschen nicht zu fürchten steht, von einem anderen Menschen getötet zu werden. Erich Zenger fasst in diesem Sinne zusammen: „Als Urkunde der Freiheit und nicht als Zwangsjacke soll der Dekalog stets an die Befreiung gemahnen – vor allem in jenen Erfahrungsfeldern, die besonders anfällig sind für Versklavung; sie sind ausgewählte Beispiele in den Einzelgeboten des Dekalogs.“[149] Es werden also alle Gebote auf ihren befreienden Charakter hin gedeutet.

Im Neuen Testament finden wir einen zentralen Text zur Freiheitsthematik in **Gal 5,1–6.13–15**. In diesem wird zunächst daran erinnert, dass Jesus Christus uns befreit hat und daraus abgeleitet, dass er möchte, dass wir auch weiterhin frei bleiben (vgl. Gal 5,1). Jesus Christus offenbart, dass Gott sich dem Menschen zuwendet und ihn bedingungslos aus reiner Liebe rechtfertigt.[150] Der Mensch weiß also, dass er Sünden begeht, aber zugleich, dass seine Sünden ihm vergeben sind. Dieses Wissen macht ihn frei.[151] Die folgenden Verse des Galaterbriefes können insofern als Konsequenzen der Aussage des ersten Verses angesehen werden, als dass Paulus in ihnen erläutert, wieso es ihm zufolge im Rahmen der geschenkten Freiheit nicht mehr notwendig ist, sich an jede einzelne Vorschrift des Alten Testaments zu halten, wobei er insbesondere die im Judentum obligatorische Beschneidung fokussiert (vgl. Gal 5,2–6). Paulus möchte hiermit keineswegs den Christ*innen sagen, dass diese sich an keinerlei Gesetze halten sollten. Seine Position richtet sich lediglich dagegen, Vorschriften wie die Beschneidung als notwendig für das Erreichen des eigenen Heils anzusehen, da ein Mensch, der dies vertritt, nicht darauf vertraut, dass alle Menschen bereits durch Gottes Gnade und in Christus

---

[148] F. JOHANNSEN, Alttestamentliches Arbeitsbuch für Religionspädagogen, 146; vgl. dazu auch W. HÄRLE, Ethik, 167.
[149] E. ZENGER, Das Buch Exodus, 204.
[150] Vgl. H.E. TÖDT, Freiheit, 113; vgl. zur Rechtfertigung auch Kapitel 2.3.
[151] Vgl. H.E. TÖDT, Freiheit, 113.

gerechtfertigt wurden.[152] Die Beschneidung an sich ist folglich nicht das Problem und sie schließt keineswegs vom Heil aus,[153] als problematisch beurteilt Paulus nur die Position, durch das Einhalten von religiösen Vorschriften und Kulten selbst das eigene Heil herbeiführen zu können. Wenn ein Mensch sich entschließt, den Weg der Rechtfertigung über die Einhaltung der Gesetze zu wählen, erinnert Paulus daran, dass dies nicht nur die Beschneidung beinhaltet, sondern auch alle weiteren Einzelvorschriften des Gesetzes einzuhalten sind (vgl. Gal 5,3).[154] Das Vertrauen auf Christus bringt also auch weltliche Freiheit mit sich, indem es durch dieses beispielsweise möglich wird, auf einzelne Gebote wie die Beschneidung zu verzichten, auch wenn die Gebote grundsätzlich als Lebensorientierung sinnvoll bleiben.

Die gewonnene Freiheit soll der Mensch dann jedoch nicht selbstsüchtig gebrauchen, sondern sie öffnet ihn „zu Gottes- und Nächstenliebe".[155] Diese Anweisung gibt Paulus im weiteren Verlauf des Briefes: „Ihr aber, liebe Brüder, seid zur Freiheit berufen. Allein seht zu, dass ihr durch die Freiheit nicht dem Fleisch Raum gebt; sondern durch die Liebe diene einer dem andern. Denn das ganze Gesetz ist in einem Wort erfüllt, in dem (3. Mose 19,18): ‚Liebe deinen Nächsten wie dich selbst!'" (Gal 5,13f.). Die Nächstenliebe stellt somit die angemessene Antwort auf die Befreiung durch Gott dar.[156] Joachim Rohde spricht in diesem Kontext auch von der „Liebe als Kriterium der Freiheit".[157] Wenn ein Mensch sein Leben lang damit beschäftigt ist, sich selbst rechtfertigen zu müssen, ist er unter dem Druck dieser Rechtfertigung so eingespannt, dass ihm kaum Gelegenheit zur Gottes- und Nächstenliebe bleibt. Ist er sich hingegen im Glauben sicher, dass er bereits gerechtfertigt ist, eröffnet ihm dies die Freiheit, sich aus der Dankbarkeit über seine Rechtfertigung heraus auf andere Bereiche zu konzentrieren: die Gottes- und Nächstenliebe. In diesem Sinne spricht Heinz Eduard Tödt davon, dass der Mensch so „vom Zwang der Selbstbefreiung"[158] befreit ist. Auch die geforderte Gottesliebe kann als Aspekt, der die Freiheit der Menschen wahren soll, verstanden

[152] Vgl. J. ROHDE, Der Brief des Paulus an die Galater, 214.
[153] Vgl. ebd.
[154] Vgl. a.a.O., 215.
[155] H.E. TÖDT, Freiheit, 113.
[156] Vgl. ebd.
[157] J. ROHDE, Der Brief des Paulus an die Galater, 227.
[158] H.E. TÖDT, Freiheit, 113.

werden. Hülsmann folgert im Hinblick auf die Aussagen des Galaterbriefes: „Wer sich an Gott bindet, der wird frei. Wer sich an etwas anderes als Gott bindet, der wird von diesem Anderen abhängig und verliert seine Freiheit.“[159] Ein anschauliches Beispiel präsentiert er unter Verweis auf Ps 104,15 und Joh 2, in welchen der Genuss von Wein positiv bewertet wird, und der Erinnerung daran, dass ein übermäßiger Alkoholkonsum zur Abhängigkeit führen kann, die dann die Freiheit des Abhängigen einschränkt.[160]

Luther knüpft an Paulus‘ Argumentation an. In seiner Schrift **„Von der Freiheit eines Christenmenschen“** sieht auch er in Jesus Christus einen Befreier „von der Sünde, vom Gesetz und vom Tode“.[161] Auch hier kann die Befreiung vom Gesetz nicht als dessen vollständige Verwerfung, sondern nur in Paulus‘ Sinne verstanden werden. Auch für Luther wird der Mensch also von Gott befreit,[162] was er in seiner bekannten These ausdrückt: „Der Christenmensch ist ein freier Herr über alle Dinge und niemandem untertan“.[163] Auch für Luther sollte diese Freiheit jedoch nicht zur Befriedigung selbstsüchtiger Bedürfnisse genutzt werden, sondern ebenfalls im Sinne der Nächstenliebe,[164] was auch seine zweite These: „Ein Christenmensch ist ein dienstbarer Knecht aller Dinge und jedermann untertan“,[165] ausdrückt, wobei die Liebe erneut das entscheidende „Bindeglied“[166] darstellt. Konkret werden die beiden Thesen zusammengebracht, indem Christ*innen ihr Verhalten an jenem von Jesus Christus orientieren sollen: Dieser war als Gott rundum frei, begab sich aber aus Liebe dennoch in unsere Welt und ließ sich kreuzigen, um uns zu befreien und Gottes Liebe zu offenbaren. Folglich sollten sich Christ*innen ebenfalls für ihre Nächsten einsetzen.[167]

Zentral für das christliche Verständnis von Freiheit ist somit, dass Gott stets als Befreier angesehen wird, der den Menschen Freiheit ermöglicht und sie ermuntert, sich nicht in neue Abhängigkeiten zu begeben, die ihre

---

[159] M. HÜLSMANN, Moment mal! Grundbegriffe und biblische Basistexte, 15.
[160] Vgl. ebd.
[161] R. MEHL, Freiheit V. Ethisch, 514.
[162] Vgl. ebd.
[163] M. LUTHER, WA 7, 49.
[164] Vgl. a.a.O., 65.
[165] Ebd.
[166] R. MEHL, Freiheit V. Ethisch, 514.
[167] Vgl. ebd.

Freiheit begrenzen. Stattdessen soll die Freiheit wahrgenommen werden und sich die Dankbarkeit über das Geschenk der Freiheit in Gottes- und Nächstenliebe ausdrücken.

Der Begriff der **Verantwortung** geht mit der Freiheit einher. Härle stellt so fest: „Nur weil der Mensch zur Freiheit bestimmt ist, kann er Verantwortung tragen und übernehmen."[168] Gottes uns geschenkte Freiheit kann in diesem Sinne als Voraussetzung für Verantwortung angesehen werden, die andersherum gewendet eine logische Konsequenz aus der Freiheit darstellt.

Dem gegenüber finden sich multiple **nichtchristliche Freiheitsverständnisse**. Vielen im 19. und 20. Jahrhundert konstruierten Entwürfen ist das Stichwort der „Emanzipation zur Selbstbefreiung"[169] zu eigen. So betont etwa **Karl Marx**, dass der Mensch „sein Dasein niemand anderem verdankt",[170] woraus unmittelbar folgt, dass auch die Freiheit des Menschen keine von einem höheren Wesen wie Gott geschenkte Freiheit ist. Eine vollkommene Möglichkeit zur Selbstverwirklichung stellt eine Konsequenz dieser Einschätzung dar, Verantwortung geht mit ihr einher und die Hoffnung, aus eigener Kraft die Welt zu vollenden, kann das Ziel sein, das der freie Mensch anstrebt.[171]

Im Gegensatz zum christlichen Verständnis, in dem Gott das Ziel der Welt bestimmt, geht hier der Mensch davon aus, dieses selbst festsetzen zu können. Aus einer theologischen Perspektive wird diese Ansicht als anmaßend verstanden, als „überfordernde Verantwortung".[172] Das soll keineswegs bedeuten, dass der Mensch im christlichen Freiheitsverständnis keine Verantwortung tragen würde, denn diese wird ja mit Härle als Konsequenz der Freiheit angesehen.[173] Es handelt sich hier nur um Unterschiede in der Intensität der Verantwortungsübernahme, die den Menschen zugetraut wird. Das vorgestellte christliche Freiheitsverständnis zeichnet sich darin aus, dass der Mensch sich nicht in neue Abhängigkeiten begeben soll. Dem nichtchristlichen Freiheitsverständnis wird so „die Verdrängung der Abhängigkeiten oder die Utopie ihrer Überwindung zu

---

[168] W. HÄRLE, Ethik, 149.
[169] H.E. TÖDT, Freiheit, 112.
[170] Ebd.
[171] Vgl. ebd.
[172] Ebd.
[173] Siehe oben; vgl. W. HÄRLE, Ethik, 149.

einem illusorischen Wirklichkeitsverhältnis“[174] vorgeworfen. Der Kritikpunkt der Theologie besteht also im Kern darin, dass Theolog*innen davon ausgehen, dass der Freiheit schenkende Gott eine Abhängigkeit ist, an die der Mensch sich hängen kann, ohne die eigene Freiheit einzuschränken, während Menschen, die eine absolute Selbstverwirklichung proklamieren, unterstellt wird, sich an neue Abhängigkeiten zu binden (wie beispielsweise das Ziel, aus eigener Kraft die Welt zu vollenden), die für den Menschen allein nicht erreichbar sind. Folglich schränkt der Mensch seine Freiheit dadurch ein, ein ihn überforderndes Ziel erreichen zu wollen. Andersherum mögen Vertreter*innen dieses nichtchristlichen Freiheitsverständnisses Theolog*innen unterstellen, nicht die vollkommene Freiheit erreichen zu können, wenn sie sich stets in Abhängigkeit von Gott sehen – auch wenn die Theolog*innen meinen, dass sie gerade diese Abhängigkeit davon befreit, in andere, Freiheit erdrückende Abhängigkeiten zu treten.

2.5 LK: Erlösung und Reinkarnation

Zusätzlich zu den zuvor behandelten inhaltsbezogenen Kompetenzen sollen die Schüler*innen des Leistungskurses „das christliche Verständnis von ‚Erlösung‘ in Beziehung zur Vorstellung von Reinkarnation“[175] setzen. Andere bekannte Begriffe für die **Reinkarnation** sind die Seelenwanderung oder Wiederverkörperung.[176] Der Reinkarnationsglaube setzt voraus, dass es einen Teil im menschlichen Körper gibt, der „nach dessen Tod in einem neuen menschlichen, tierischen oder pflanzlichen Körper weiterlebt.“[177] Bereits der Begriff Seelenwanderung zeigt an, dass dieser Teil oft in der Seele des Menschen gesehen wird. Der Glaube an die Reinkarnation findet sich in Stammesreligionen, Teilen der griechischen Philosophie, der jüdischen Mystik und in fernöstlichen Religionen.[178]

In der griechischen Philosophie taucht der Glaube an die Reinkarnation unter anderem bei Pherekydes etwa 600 v. Chr. und auch bei seinem bekannten Schüler Pythagoras auf.[179] Der Reinkarnationsglaube dient der

---

[174] H.E. TÖDT, Freiheit, 112.

[175] NDS. KULTUSMINISTERIUM (HG.), Kerncurriculum, 20.

[176] Vgl. H.-J. KLIMKEIT, Reinkarnation, 225.

[177] Ebd.

[178] Vgl. ebd.

[179] Vgl. ebd.

„sittlichen Läuterung“.[180] Die Seele soll sich so in ihren Reinkarnationen in verschiedenen Körpern mit ihrem Verhalten bewehren, um wieder „in die oberste himmlische Region“[181] aufzusteigen. Plato geht darüber hinaus davon aus, dass die Seele grundsätzlich unsterblich ist. Diese Unsterblichkeit stellt er sich als stetig neue Reinkarnation vor.[182]

Der heute wohl bekannteste Reinkarnationsglaube ist jener des Buddhismus. Bemerkenswert ist in diesem Verständnis, dass es im Buddhismus keine Seele gibt, die als ein „gleichbleibendes ‚Ich‘ angenommen wird“.[183] Alle Teile des Körpers sind somit vergänglich.[184] Die neue Verkörperung übernimmt nur das ***Karma*** der ihr vorangegangenen.[185] Im Buddhismus wird jede Form des Daseins als Leid angesehen,[186] sodass eine Wiedergeburt zunächst einmal nichts Erstrebenswertes für Buddhist*innen darstellt. Die sogenannte „Daseinsgier“[187] nach Lust, Werden und Vernichtung bewirkt die negative Wiedergeburt, über deren Form das im Leben angehäufte *Karma* entscheidet – es ist also je nach Verhalten in diesem Leben eine Wiedergeburt vom kleinsten Tier bis hin zu einem Götterwesen möglich.[188] Grundsätzlich ist es im Rahmen der Meditation möglich, sich seiner vorangegangenen Existenzen zu erinnern,[189] wobei dies natürlich nicht „auf Knopfdruck“ geschieht, sondern wohl eher als bemerkenswerte Ausnahme angesehen werden kann. Ziel ist es, in einer Reinkarnation ein *Karma* zu erreichen, das ein Aufsteigen in das Nirvâna ermöglicht, womit Buddhist*innen folglich aus dem ewigen Kreislauf der Wiedergeburten ausbrechen.[190] Das Nirvâna ist kaum näher definierbar, teilweise wird es als ewiger Heilszustand bezeichnet,[191] teilweise nicht zutreffend als völlige Vernichtung[192] und teilweise als „Be-

---

[180] A.a.O., 225f.
[181] H.-P. HASENFRATZ, Seelenwanderung I, 2.
[182] Vgl. H.-J. KLIMKEIT, Reinkarnation, 226.
[183] A.a.O., 229.
[184] Vgl. H. BECHERT, Buddhismus, 203.
[185] Vgl. H.-J. KLIMKEIT, Reinkarnation, 229.
[186] Vgl. H. BECHERT, Buddhismus, 203.
[187] Ebd.
[188] Vgl. ebd.
[189] Vgl. H.-J. KLIMKEIT, Reinkarnation, 229.
[190] Vgl. ebd.
[191] Vgl. ebd.
[192] Vgl. H. BECHERT, Buddhismus, 205.

reich des Friedens“.[193] Der ganze Weltablauf wird im Buddhismus dazu als zyklisch betrachtet, das heißt, das Auftreten des ersten Buddhas und die Mitteilung seiner Lehren sind nicht einmalig, sondern es erscheint „von Zeit zu Zeit ein Erleuchteter, dessen Lehre jeweils nur für beschränkte Zeit unter den Wesen wirksam ist.“[194]

Eine Gemeinsamkeit zwischen der buddhistischen Lehre von der Reinkarnation und der christlichen Lehre von der Auferstehung besteht darin, dass beide darauf hoffen, dass es ein Leben nach dem Tod gibt.[195] Gemeinsam ist ihnen auch, dass beide feststellen, dass der Mensch grundsätzlich in seinem Leben Sünden begeht, und die daraus abgeleitete Ermunterung zur Arbeit am eigenen ethischen Verhalten.[196] Es liegen jedoch auch gravierende Differenzen vor, die die Lehren unvereinbar machen. Zunächst ist der zyklische Zeitverlauf, der im Buddhismus vorausgesetzt wird, nicht mit der Vorstellung eines linearen Zeitverlaufs im Christentum vereinbar. Das Christentum geht davon aus, dass die Zeit einmalig ist – wie es der Hebräerbrief ausdrückt,[197] in dem Paulus feststellt, dass der Mensch einmal stirbt (vgl. Hebr 9,27), genau wie Jesus Christus sich nur einmal geopfert hat (vgl. Hebr 9,28). Die Geschichte Gottes mit der Menschheit ist in christlicher Perspektive einmalig: Gott schafft die Welt einmal, er befreit einmal sein Volk Israel aus Ägypten und er tritt einmal in Form von Jesus Christus in die Menschheitsgeschichte. In einem zyklischen Weltbild müssten sich diese Ereignisse so oder in abgeänderter Form wiederholen. Im Verständnis des menschlichen Körpers liegt die nächste Differenz vor: Im Buddhismus ist dieser nur eine austauschbare Hülle (austauschbar dadurch, dass die nächste Verkörperung einen neuen Körper bewohnt), während im Christentum Leib und Seele untrennbar zusammengehören.[198] Auch die Erlösungsvorstellungen stehen einander gegenüber: Während Buddhist*innen darauf hoffen, in ihrem nächsten Leben die Vervollkommnung als eigene Leistung zu erreichen, gehen Christ*innen davon aus, dass diese kein Mensch aus eigener Kraft erreichen kann, sodass sie darauf hoffen, von Gott er-

---

193 Ebd.

194 Ebd.

195 Vgl. J.-H. TÜCK, Werden wir wiederkommen, 11.

196 Vgl. ebd.

197 Vgl. a.a.O., 12.

198 Vgl. ebd.

löst zu werden.[199] Es muss also festgestellt werden, dass der Reinkarnations- und Auferstehungsglaube nicht miteinander vereinbar sind. Die vorliegenden Differenzen sollten keinesfalls im Sinne des verbreiteten Mottos: „Am Ende glauben doch alle dasselbe“, nivelliert, sondern anerkannt und gewürdigt werden.

[199] Vgl. ebd.

3. Gott

3.1 Der unverfügbare Gott

Die erste Kompetenz im Kompetenzbereich Gott erwartet von den Schüler*innen, dass diese „die Spannung zwischen der Rede von Gott und der Unverfügbarkeit Gottes“[200] erklären. Damit wird in der protestantischen Theologie eine Lehre Luthers angesprochen: Seine Unterscheidung zwischen dem ***Deus absconditus*** und dem ***Deus revelatus***. Der *Deus absconditus* beschreibt die verborgenen Seiten Gottes, über die Luther feststellt, dass sie uns schlichtweg nichts angehen, da Gott sie bewusst vor uns verbirgt und damit nicht vollständig erkannt werden möchte.[201] Luther gesteht Gott also zu, eine Art „Privatsphäre“ zu besitzen. Selbstverständlich können wir Menschen Gott nicht vollständig gedanklich fassen, sondern nur die Aspekte seiner selbst, die er uns offenbart. Die Aspekte, die wir nicht kennen, sind Teil des *Deus absconditus*. Diesen Teil Gottes sollen wir Menschen auch nicht erforschen, da er uns bewusst nicht offenbart wurde und für uns nicht fassbar ist.[202] Ihm gegenüber steht der *Deus revelatus*. Bei diesem handelt es sich um die Seiten Gottes, die er uns in seinen Worten offenbart.[203] Diese Teile können wir erforschen. Die Offenbarung finden wir insbesondere in Jesus Christus und den uns von ihm überlieferten Worten und Erzählungen.[204] Jesus Christus wird in diesem Sinne auch als „Selbstbestimmung Gottes“[205] bezeichnet, an die sich der Mensch halten kann.[206]

Eine biblische Erzählung, die untrennbar mit der Unverfügbarkeit Gottes verknüpft ist, stellt **Ex 3,1–15** dar. Es handelt sich um die Berufung Moses, der später das Volk Israel aus der Sklaverei in Ägypten führt (vgl. Ex 12,34–14,31). Gott erscheint in der Erzählung Mose in Form eines brennenden Dornenbusches: „Und der Engel des HERRN erschien ihm in einer feurigen Flamme aus dem Dornbusch. Und er sah, dass der Busch im Feuer brannte und doch nicht verzehrt wurde“ (Ex 3,2). Zunächst scheint es hier, als wäre nicht Gott selbst im Dornenbusch anwesend,

---

[200] NDS. KULTUSMINISTERIUM (Hg.), Kerncurriculum, 22.
[201] Vgl. M. LUTHER, WA 18, 685.
[202] Vgl. K.-H. ZUR MÜHLEN, Luther II. Theologie, 536.
[203] Vgl. M. LUTHER, WA 18, 685.
[204] Vgl. K.-H. ZUR MÜHLEN, Luther II. Theologie, 536.
[205] Ebd.
[206] Vgl. ebd.

sondern nur ein Engel, wohingegen der Wortlaut zwei Verse später dieser Annahme widerspricht: „Als aber der HERR sah, dass er hinging, um zu sehen, rief Gott ihn aus dem Busch und sprach: Mose, Mose! Er antwortete: Hier bin ich“ (Ex 3,4). Hier ist Gott selbst derjenige, der Mose anspricht, von einem Engel als Mittler ist keine Rede mehr. Interessant ist die Bibelstelle, da Gott sich in ihr selbst vorstellt: „Und er sprach weiter: Ich bin der Gott deines Vaters, der Gott Abrahams, der Gott Isaaks und der Gott Jakobs“ (Ex 3,6). Im Folgenden verspricht Gott Mose die Befreiung der Israeliten aus Ägypten (vgl. Ex 3,7). Mose wird in diesem Abschnitt von Gott berufen.[207] Nach anfänglichen Zweifeln an der Möglichkeit der Befreiung (vgl. Ex 3,11) hakt Mose im Hinblick auf die Selbstoffenbarung Gottes nach:

> „Gott sprach zu Mose: Ich werde sein, der ich sein werde. Und sprach: So sollst du zu den Israeliten sagen: ‚Ich werde sein‘, der hat mich zu euch gesandt. Und Gott sprach weiter zu Mose: So sollst du zu den Israeliten sagen: Der HERR, der Gott eurer Väter, der Gott Abrahams, der Gott Isaaks, der Gott Jakobs, hat mich zu euch gesandt. Das ist mein Name auf ewig, mit dem man mich anrufen soll von Geschlecht zu Geschlecht“ (Ex 3,14f.).

Im hebräischen Originaltext finden wir als Gottesnamen ***JHWH*,**[208] ins Deutsche wird dies von Luther mit HERR übersetzt (vgl. Ex 3,15) und teilweise auch als Jahwe ausgeschrieben.[209] Wichtig ist, dass der Name im Judentum seit der Zeit des babylonischen Exils (586–538 v. Chr.) nicht mehr ausgesprochen wird: Lesen Jüd*innen *JHWH*, sprechen sie stattdessen „*adonaj*“ aus, was mit „Herr“ übersetzt werden kann.[210] Die Bedeutung des Namens zeigt schon eine quantitative Betrachtung: Im Alten Testament taucht er beinahe 7000-mal auf.[211] Wolfram Herrmann sieht im Gottesnamen „dasjenige religiöse Empfingen niedergeschlagen, welches von dem Wissen darum erfüllt war, ein göttliches Wesen entziehe sich letztlich dem lückenlosen menschlichen Zugriff und gebe seinen Eigennamen nicht preis.“[212] Der Name steht repräsentativ für viel mehr als „nur“ einen Namen. Zenger erläutert: „Die Frage nach dem Namen ist die Frage nach dem Wesen und Wirken Gottes. Der Name spielt im altorientalischen Denken eine wichtige Rolle. Er deutet das Programm eines

---

[207] Vgl. E. ZENGER, Das Buch Exodus, 51.
[208] Vgl. W. HERRMANN, Theologie des Alten Testaments, 69.
[209] Vgl. ebd.
[210] Vgl. F. JOHANNSEN, Alttestamentliches Arbeitsbuch für Religionspädagogen, 21.
[211] Vgl. a.a.O., 46.
[212] W. HERRMANN, Theologie des Alten Testaments, 70.

Lebens an".[213] Mose bekommt allerdings keine direkte Antwort, Herrmann führt dazu weiter aus: „Der nach Jahwes Namen Fragende muß sich mit einer Umschreibung begnügen."[214] Diese Umschreibung beinhaltet jedoch zugleich eine Zusage: So übersetzt Zenger den Gottesnamen mit „Ich bin (bei euch) da, welcher ich (bei euch) da bin."[215] Für Zenger wird *JHWH* damit überall erfahrbar, „wo Freiheit und Leben ‚erfahren' wird".[216] Zugleich sieht er drei Aspekte, die mit dem Namen einhergehen: Gott beschreibt sich selbst als zuverlässig, unverfügbar und ausschließlich (indem er der einzige Gott ist, mit dem Menschen rechnen sollen).[217] Friedrich Johannsen weist darauf hin, dass die verbreitetste Übersetzung „Ich bin, der ich bin"[218] darstellt, wohingegen er sich für die Alternativen „Ich werde dasein, als der ich dasein werde"[219] oder „Ich erweise mich als der, der sich erweist"[220] ausspricht, um auch den „dynamischen Charakter des hebräischen Wortlautes"[221] zu erfassen.[222] Einerseits drückt der Name also die Zusage einer Beziehung Gottes zu den Menschen aus, andererseits wahrt er Gottes Unverfügbarkeit.[223]

Passend zu dem dritten von Zenger genannten Aspekt, dem zufolge der Mensch ausschließlich mit Gott rechnen soll, liegt in **Ex 20,3** das **Fremdgötterverbot** vor: Unter Verweis auf die Befreiung der Israeliten aus Ägypten (vgl. Ex 20,2) wird Gott die Aussage: „Du sollst keine anderen Götter haben neben mir" (Ex 20,3), zugeschrieben. Interessant ist die Beobachtung, dass die Formulierung die Existenz anderer Götter voraussetzt.[224] Gegenüber dem sich später durchsetzenden **Monotheismus**, also dem Glauben an die Existenz nur eines Gottes, liegt hier noch eine **Monolatrie** vor, die sich dadurch auszeichnet, dass zwar die Existenz mehrerer Götter anerkannt, doch nur einer von ihnen verehrt wird.[225] Luther

213 E. ZENGER, Das Buch Exodus, 52.
214 W. HERRMANN, Theologie des Alten Testaments, 70.
215 E. ZENGER, Das Buch Exodus, 54.
216 A.a.O., 53.
217 Vgl. a.a.O., 54.
218 F. JOHANNSEN, Alttestamentliches Arbeitsbuch für Religionspädagogen, 46.
219 Ebd.
220 Ebd.
221 Ebd.
222 Vgl. ebd.
223 Vgl. a.a.O., 47.
224 Vgl. F. JOHANNSEN, Alttestamentliches Arbeitsbuch für Religionspädagogen, 146.
225 Vgl. Å.V. STRÖM, Monotheismus I. Religionsgeschichtlich, 233.

deutete dieses Gebot später monotheistisch, sodass er den Fokus darauf rückt, auf Gott zu vertrauen.[226] Als heutige Interpretation schlägt Johannsen vor, den Vers als kritische Mahnung zu verstehen, nicht profane Dinge wie Arbeit, Geld oder Erfolg zu neuen Göttern werden zu lassen.[227]

In eine ähnliche Richtung wie bereits der Gottesname *JHWH* deutet auch das biblische **Bilderverbot** in **Ex 20,4**. Ursprünglich meint es das Verbot, Bilder *JHWH*s anzufertigen, es wurde jedoch später auf Götterbilder jeder Art erweitert.[228] Vergegenwärtigen wir uns, dass im christlichen Glauben Jesus Christus mit Gott wesenseins ist, drängt sich die Frage auf: Verstößt nicht jede Kirche gegen dieses Gebot, in der es eine Darstellung des gekreuzigten Jesus Christus gibt? Die Antwort auf diese Frage muss „Nein" lauten. Christoph Dohmen stellt so fest, dass eine wörtliche Auslegung das Gebot nicht hinreichend erfasst.[229] Das Bilderverbot richtet sich nicht dagegen, als Mensch individuelle Vorstellungen gemäß der Aussage: „Ich persönlich stelle mir Gott als *x* vor", auszubilden. Johannsen verweist überzeugend darauf, dass das Alte Testament an multiplen Stellen Gott in menschlicher Gestalt beschreibt,[230] es sei nur an Gott als Hirten (vgl. Ps 23,1) gedacht. Dohmen stellt fest, dass Bilder eine hohe Bedeutung für den Glauben besitzen,[231] somit würde ein generelles Verbot von Bildern eher hinderlich für diesen sein. Er merkt in seiner Untersuchung an, dass im Alten Testament keineswegs ein Kunstverbot vorliegt, sondern nur ein Verbot der kultischen Verehrung von Bildern eines Gottes.[232] Zentral ist, anzuerkennen, dass Gott jedes menschliche Kunstprodukt übersteigt.[233] Johannsen bringt das Anliegen des Gebotes auf den Punkt: „Im Kern des Gebotes geht es um die fixierende und erneuerungsfeindliche Funktion von Bildern, die Gott (und Mensch) auf je zeitgebundene Vorstellungen oder bestimmte Formen festlegen und damit neue Erfahrungen blockieren."[234] In diesem Sinne wahrt das Bilderverbot Gottes Unverfügbarkeit. Es spricht nichts dagegen, zu sagen: „Ich persönlich

---

[226] Vgl. F. JOHANNSEN, Alttestamentliches Arbeitsbuch für Religionspädagogen, 146.
[227] Vgl. a.a.O., 147.
[228] Vgl. E. ZENGER, Das Buch Exodus, 205.
[229] Vgl. CH. DOHMEN, Das Bilderverbot, 20.
[230] Vgl. F. JOHANNSEN, Alttestamentliches Arbeitsbuch für Religionspädagogen, 147.
[231] Vgl. CH. DOHMEN, Das Bilderverbot, 277.
[232] Vgl. ebd.
[233] Vgl. a.a.O., 284.
[234] A.a.O., 148.

stelle mir Gott als Hirten vor, aber es kann gut sein, dass sich Gott mir in Zukunft in einer anderen Form offenbart", verboten wird es nur, in einem Dogma festzulegen, dass Gott jetzt und für alle Zukunft von allen Gläubigen als Hirte anzusehen sei – dies würde ihn auf eine allzu menschliche Vorstellung reduzieren, die seiner Unendlichkeit unangemessen wäre.

3.2 LK: Gott als „das, woran Menschen ihr Herz hängen"

Die Schüler*innen „setzen sich mit der Auffassung auseinander, dass ‚Gott' das bezeichnet, woran Menschen ihr Herz hängen und worauf sie sich bedingungslos verlassen."[235] Dieses Zitat ist an Luthers Ausführungen zum ersten Gebot in seinem großen Katechismus angelehnt. Luther schreibt in diesem zur Auslegung des ersten Gebotes: „Woran du nun, sage ich, dein Herz hängst und [worauf du dich][236] verlässest, das ist eigentlich dein Gott."[237] Luther unterstreicht in seinen Ausführungen, wie entscheidend das Vertrauen zu Gott ist, den er in jeder Not als Zuflucht sieht.[238] Luther betont, dass der Mensch sich nur an einen Gott halten kann, wozu das erste Gebot ihm zufolge auffordert.[239] Sehr zeitgemäß wirken Luthers folgende Erläuterungen, dass auch weltliche Dinge wie „Geld und Gut"[240] vergöttert werden können. Über einen Menschen, dessen Herz an diesen hängt – der also versucht, große materielle Güter anzuhäufen und sein ganzes Leben darauf ausrichtet – schreibt Luther: „Sieh, ein solcher hat auch einen Gott: der heißt Mammon, d. h. Geld und Gut, darauf setzt er sein ganzes Herz. Das ist auch der allgemeinste Abgott auf Erden."[241] Luther verweist an dieser Stelle auf Mt 6,24.[242] In diesem Vers des Matthäusevangeliums wird Jesus zugeschrieben, sich explizit gegen die Überordnung materieller Güter ausgesprochen zu haben: „Niemand kann zwei Herren dienen: Entweder er wird den einen hassen und den andern lieben, oder er wird an dem einen hängen und den andern verachten. Ihr könnt nicht Gott dienen und dem Mammon" (Mt

---

[235] NDS. KULTUSMINISTERIUM (Hg.), Kerncurriculum, 22.

[236] Bei „[worauf du dich]" handelt es sich um eine Ergänzung des Herausgebers von Luthers großem Katechismus, Horst Georg Pöhlmann.

[237] M. LUTHER, Der große Katechismus, 596.

[238] Vgl. a.a.O., 595.

[239] Vgl. a.a.O., 596.

[240] Ebd.

[241] Ebd.

[242] Vgl. ebd.

6,24). Luther benennt zusätzlich weitere „Götter", an die Menschen ihr Herz hängen können: Wissen, Macht, Einfluss, Heilige und den Teufel.[243] Auch diese werden von ihm wenig überraschend nicht positiver bewertet. Für Luther muss Gott die übergeordnete Rolle einnehmen und „das ganze Herz des Menschen und alle Zuversicht allein auf Gott und niemand anderes"[244] beruhen.

Eine modernere Stimme, die in eine ähnliche Richtung denkt,[245] stellt **Paul Tillich** dar. Tillich prägte die sprachliche Formel, Gott sei das, „was den Menschen unbedingt angeht".[246] Diese Formel leitet auch er aus der Betrachtung des ersten Gebotes ab.[247] Explizit schreibt Tillich: „Gott ist die Antwort auf die Frage, die in der Endlichkeit des Menschen liegt, er ist der Name für das, was uns unbedingt angeht."[248] Die Endlichkeit gehört zum menschlichen Dasein untrennbar dazu. Sie führt dazu, dass wir uns in unserem Leben Fragen nach dessen Sinn und auch danach, was uns nach diesem erwartet, stellen. Solche Fragen gehen uns unbedingt an: Sie sind an keine Bedingungen geknüpft, wir können auf sie keinen Einfluss nehmen, sondern nur von Herzen daran glauben, dass Gott die Antwort auf diese Fragen darstellt. Tillich spricht sich so wie Luther dagegen aus, andere, weltliche Dinge ebenfalls zu etwas werden zu lassen, das uns unbedingt angeht, also etwas eigentlich Bedingtes zu etwas Unbedingtem zu machen. Dieses Unbedingte darf ihm zufolge allein Gott sein.[249] Hier können Parallelen zum christlichen Freiheitsverständnis erkannt werden, dem zufolge der Mensch sich ebenfalls allein an Gott, aber nicht an weltliche Dinge binden soll.[250]

3.3 Der Mensch als der von Gott Angesprochene

Die Schüler*innen „zeigen auf, wie sich Menschen als von Gott angesprochen erfahren und wie sich dies auf ihr Leben auswirkt."[251] Beim

---

243 Vgl. a.a.O., 597.
244 A.a.O., 598.
245 Alexander Dietz setzt in diesem Sinne Luthers und Tillichs Positionen in eine Beziehung zueinander (vgl. A. DIETZ, Theologische Wirtschaftsethik als Ideologiekritik, 88).
246 P. TILLICH, Systematische Theologie Bd. 1, 247.
247 Vgl. G. KRUHÖFFER, Grundlinien des Glaubens, 54.
248 P. TILLICH, Systematische Theologie Bd. 1, 247.
249 Vgl. G. KRUHÖFFER, Grundlinien des Glaubens, 54.
250 Vgl. Kapitel 2.4.
251 NDS. KULTUSMINISTERIUM (Hg.), Kerncurriculum, 22.

Lesen dieser inhaltsbezogenen Kompetenz drängt sich biblisch **Moses Berufung** in **Ex 3,1–15** gedanklich auf, die ich oben bereits im Kapitel zum unverfügbaren Gott vorgestellt habe.[252] Neben der Unverfügbarkeit und dem Offenbaren des Gottesnamens *JHWH* liegt in ihr die Berufung eines Menschen vor, der von Gott angesprochen wird (vgl. Ex 3,4), ohne zuvor als besonders gläubig oder fromm dargestellt worden zu sein. Die Rolle, die Gott Mose nach seiner Berufung zumisst, ist keineswegs gering: Er wird „zum Führer Israels berufen".[253] Berufung im alttestamentlichen Sinne ist definiert als „die unmittelbare Zuwendung Gottes, die einen Menschen aus seiner alltäglichen Existenz in ein besonderes Dienstverhältnis zu Gott ruft."[254] Repräsentativ ist bei derartigen Berufungen, dass Einzelpersonen von Gott mit einem Auftrag versehen werden.[255] Ein in Verbindung mit Mose stehendes, zentrales Motiv des Alten Testaments ist der **Bund vom Sinai**. Gott schließt diesen Bund nach der Befreiung aus der Sklaverei in Ägypten (vgl. Ex 19,4) mit Mose (vgl. Ex 19,3). Gott erwählt sich in diesem Bund das Volk Israel zu seinem Volk, das er dann auch als heilig klassifiziert (vgl. Ex 19,5). Die Israeliten akzeptieren diesen Bund (vgl. Ex 19,8). Im Anschluss an den Bundesschluss gibt Gott den Israeliten die Zehn Gebote, um die Freiheit, die sie durch seine Befreiung aus Ägypten gewonnen haben, zu wahren.[256]

Ähnlichkeiten zu Moses Berufung zeigen sich bei Berufungen in den prophetischen Büchern des Altes Testaments:

> „Propheten werden nicht zu ihrer Tätigkeit ausgebildet oder von einer Religionsgemeinschaft eingesetzt, sie entscheiden sich auch nicht aus sich heraus dazu, sondern sie werden von der personalen Gottheit berufen und meist gegen ihren eigenen Willen zu ihrer Funktion als Offenbarungsorgan gezwungen. Ihr Auftrag kann zeitlich begrenzt oder dauerhaft sein. Die Berufung geschieht meist plötzlich und ohne eigenes Zutun".[257]

Beispiele einer solch plötzlichen Berufung finden sich etwa bei Jesaja (vgl. Jes 1,1) und Amos (vgl. Am 1,1f.).

Diese alttestamentlichen Berufungsgeschichten besitzen neben ihrer Rolle als Berichte über Begegnungen von Menschen mit Gott in der Zeit der

---

252 Vgl. Kapitel 3.1.

253 B. HUSMANN/M. HÜLSMANN, Der unverfügbare und der erfahrbare Gott, 12.

254 B.O. LONG, Berufung I. Altes Testament, 676.

255 Vgl. ebd.

256 Vgl. zu den Zehn Geboten Kapitel 2.4.

257 W. KLEIN, Propheten/Prophetie I. Religionsgeschichtlich, 473.

Entstehung des Alten Testaments noch eine weitere Bedeutungsebene: „Sie geben das Modell ab, das im Kleinen in jeder folgenden Situation nachgeahmt wird, in der man sich als von Gott in die Pflicht genommen erkennt.“[258] Dies gilt einerseits für die Berufung eines Menschen im Alten Testament, der danach öfter von Gott in Anspruch genommen wird, ohne noch einmal neu berufen werden zu müssen, als auch für Menschen, die sich in späteren Zeiten als berufen erfahren. Wiederkehrend ist dabei auch ein Anspruch der Zuhörer*innen, an die sich der Berufene wendet: „Die Zuschauer aber erwarten mehr als Worte; sie erwarten Handlungen, die die Legitimität der Berufung demonstrieren.“[259] Diese Erwartungshaltung können wir heute noch gut nachvollziehen: Ich denke, nahezu jeder Mensch, der heute von jemandem angesprochen wird, der berichtet, von Gott berufen worden zu sein, wird als ersten Impuls um Beweise für diese Behauptung bitten. Bei Mose liegen diese Beweise auf der Hand: Mit den zehn Plagen wird den Ägyptern (und damit zugleich auch den Israeliten, an die Mose seine befreiende Botschaft richtet) demonstriert, dass Mose Gottes Unterstützung besitzt (vgl. Ex 7,20–11,4).

Von Gott angesprochene Menschen finden sich nicht nur im Alten Testament. Auch im Neuen Testament ruft Jesus Christus Menschen in seine Nachfolge, womit er diese ebenfalls direkt anspricht.[260] Sogar bis heute gibt es Menschen, denen unterstellt werden kann, als von Gott Angesprochene zu handeln. Ein Beispiel sehe ich in Albert Schweitzer. Schweitzer lebte von 1875 bis 1965,[261] er ist also kein aktuelles Beispiel, aber doch eines, an dem Gottes Ansprechen eines Menschen so deutlich wird, dass Schweitzer sich für eine Betrachtung an dieser Stelle anbietet und zu den „Klassikern“ der im Religionsunterricht behandelten Nachfolge zählt. Schweitzers Vater war Pfarrer, sodass er im Elsass mit einer christlichen Erziehung aufwuchs.[262] Nach einer Promotion über Kants Religionsphilosophie wendete er sich stärker der Theologie zu und lehrte schließlich an der Universität Straßburg. Seine Veröffentlichungen beschäftigten sich oft mit dem Leben Jesu (wie seine Habilitation zum Thema: „Das Messianitäts- und Leidensgeheimnis. Eine Skizze des Lebens Jesu“).[263] Im

[258] B.O. LONG, Berufung I. Altes Testament, 679.
[259] A.a.O., 680.
[260] Vgl. Kapitel 4.4.
[261] Vgl. E. GRÄẞER, Schweitzer, 675.
[262] Vgl. ebd.
[263] Vgl. a.a.O., 676.

Fokus seiner Theologie steht Jesu Botschaft vom Reich Gottes.[264] Doch auch die Medizin reizte Schweitzer, sodass er auch sie studierte, in ihr ebenfalls promovierte und sich besonders auf die Tropenmedizin spezialisierte.[265] Er schrieb hierzu: „Arzt wollte ich werden, um ohne irgendein Reden wirken zu können. Jahrelang habe ich mich in Worten ausgegeben. Mit Freudigkeit hatte ich im Beruf des theologischen Lehrers und des Predigers gestanden."[266] Schweitzer verknüpfte also seine Theologie damit, selbst aktiv Menschen über seine Predigten hinaus zu unterstützen. Schließlich baute er in Lambaréné in Äquatorialafrika (heute: Gabun) ein selbst finanziertes Krankenhaus.[267] Mit seinen Abschlüssen wäre Schweitzer in Europa ein Leben im Wohlstand sicher gewesen, doch sein soziales Engagement in Lambaréné scheint ihm ein dringenderes Bedürfnis gewesen zu sein. So schmiedete er schon während seines Studiums den Plan, sich „später als Arzt nach Äquatorialafrika zu begeben."[268] Zu seinen Beweggründen schrieb er: „Es kam mir unfaßlich vor, daß ich, wo ich so viele Menschen um mich herum mit Leid und Sorge ringen sah, ein glückliches Leben führen durfte."[269] Es darf Schweitzer unterstellt werden, ein Leben in der Nachfolge Jesu geführt zu haben. Inwiefern er als von Gott angesprochener Mensch verstanden werden kann, offenbaren meines Erachtens seine eigenen Kindheitsberichte:

> „Einen tiefen Eindruck machte mir ein Erlebnis aus meinem siebenten oder achten Jahre. Heinrich Bräsch und ich hatten uns Schleudern aus Gummischnüren gemacht, mit denen man kleine Steine schleuderte. Es war im Frühjahr, in der Passionszeit. An einem Sonntagmorgen sagte er zu mir: ‚Komm, jetzt gehen wir in den Rebberg und schießen Vögel.' Dieser Vorschlag war mir schrecklich, aber ich wagte nicht zu widersprechen, aus Angst, er könnte mich auslachen. So kamen wir in die Nähe eines kahlen Baumes, auf dem die Vögel, ohne sich vor uns zu fürchten, lieblich in den Morgen hinaussangen. Sich […] duckend, legte mein Begleiter einen Kiesel in das Leder seiner Schleuder und spannte dieselbe. Seinem gebieterischen Blick gehorchend, tat ich unter furchtbaren Gewissensbissen dasselbe, mir fest gelobend, danebenzuschießen. In demselben Augenblicke fingen die Kirchenglocken an, in den Sonnenschein und in den Gesang der Vögel hineinzuläuten. Es war das ‚Zeichen-Läuten', das dem Hauptläuten eine halbe Stunde voranging. Für mich war es eine Stimme aus dem Himmel. Ich tat die Schleuder weg, scheuchte die Vögel auf, dass sie wegflogen und vor der Schleuder meines Begleiters sicher waren, und floh

---

[264] Vgl. a.a.O., 677.
[265] Vgl. a.a.O., 676.
[266] A. SCHWEITZER, Aus meinem Leben und Denken, 92.
[267] Vgl. E. GRÄßER, Schweitzer, 676.
[268] A. SCHWEITZER, Aus meinem Leben und Denken, 81.
[269] Ebd.

nach Hause. Und immer wieder, wenn die Glocken der Passionszeit in Sonnenschein und kahle Bäume hinausklingen, denke ich ergriffen und dankbar daran, wie sie mir damals das Gebot ‚Du sollst nicht töten' ins Herz geläutet haben."[270]

Das profane und gewöhnliche Glockenläuten wurde somit von Schweitzer als eine Ansprache Gottes interpretiert, die ihn an Gottes Gebote und auch seine eigenen Überzeugungen erinnerte. Schweitzers Ethik gipfelt in seinem Satz: „Ich bin Leben, das leben will, inmitten von Leben, das leben will."[271] Um diesen Satz herum konstruierte Schweitzer eine Ethik, in der er die Ehrfurcht vor jedem Leben betont,[272] die ihm offensichtlich schon als Kind zu eigen war. Diese Ethik schließt jedes Leben ein: „Besonders befremdlich findet man an der Ethik der Ehrfurcht vor dem Leben, daß sie den Unterschied zwischen höherem und niederem, wertvollerem und weniger wertvollem Leben nicht geltend mache."[273] Schweitzer begründet diesen Ansatz damit, dass jede Abstufung unterschiedlicher Wertigkeiten des Lebens stets darauf hinauslaufen würde, zu beurteilen, wie nah ein Leben am menschlichen Leben ist, wobei er es als rein subjektiven Maßstab ansieht, menschliches Leben als die wichtigste aller Arten von Leben aufzufassen, sodass er jede Abstufung als anmaßend empfindet.[274] Diese Gleichwertigkeit des Lebens gipfelt darin, dass Schweitzer sogar schlechte Gefühle dabei hat, lebendige Krankheitserreger zu töten, um Menschen zu retten.[275] Der Tatsache, dass seine Ethik voller Konflikte ist, ist er sich bewusst, wie es das folgende, von ihm präsentierte Beispiel zeigt:

> „Ich kaufe Eingeborenen einen jungen Fischadler ab, den sie auf einer Sandbank gefangen haben, um ihn aus ihren grausamen Händen zu erretten. Nun aber habe ich zu entscheiden, ob ich ihn verhungern lasse oder ob ich täglich soundso viele Fischlein töte, um ihn am Leben zu erhalten. Ich entschließe mich für das letztere. Aber jeden Tag empfinde ich es als etwas Schweres, daß auf meine Verantwortung hin dieses Leben dem andern geopfert wird."[276]

Die Orientierung an Jesu Handeln findet sich immer wieder in den Begründungen von Schweitzers Handeln, das dem Erhalt von Leben dient. So schreibt er etwa: „Der Mann im Gleichnis Jesu rettet nicht die Seele

---

[270] A. SCHWEITZER, Ehrfurcht vor den Tieren, 16f.

[271] A. SCHWEITZER, Aus meinem Leben und Denken, 153.

[272] Vgl. a.a.O., 153–156.

[273] A.a.O., 224.

[274] Vgl. ebd.

[275] Vgl. a.a.O., 225.

[276] Ebd.

des verlorenen Schafes, sondern das ganze Schaf."[277] Schweitzer verweist hier auf das Gleichnis vom verlorenen Schaf (vgl. Mt 18,12–14; Lk 15,1–7). Sein Einsatz für das ihn umgebende Leben, dem er helfen wollte, zu überleben, wird in seinem Engagement im Krankenhaus in Lambaréné deutlich.

3.4 Die Theodizee-Frage

Die Schüler*innen „setzen sich mit der Theodizeefrage und der Erfahrung der Abwesenheit Gottes auseinander."[278] Der Begriff **Theodizee** setzt sich aus den griechischen Worten *théos* (Gott) und *díke* (Rechtsstreit) zusammen.[279] Die Theodizee-Frage fragt, inwiefern Gott als gerecht angesehen werden kann, wenn er Leid zulässt, das es in unserer Welt offensichtlich gibt.[280] Der Begriff geht auf **Gottfried Wilhelm Leibniz** (1646–1716)[281] zurück.[282] Problematisch ist die Frage im Hinblick auf die Gottesprädikate: Wird Gott zugeschrieben, allmächtig, allwissend, gütig, liebend und gerecht zu sein, bleibt für das Böse kein Platz in der Welt.[283] Oftmals werden diese Prädikate auf die drei erstgenannten reduziert,[284] wobei die folgenden beiden impliziert werden, doch auch dann zeigt sich ein unlösbares Problem, wie es erstmalig **Epikur** (341–271 v. Chr.)[285] benennt: Ist Gott allmächtig und weiß vom Leid, scheint es, als würde er nicht die Güte besitzen, es zu unterbinden; weiß Gott vom Leid und ist er gütig scheint es, als würde er nicht die Macht besitzen, das Leid zu verhindern; ist Gott allmächtig und gütig, scheint es, als würde er nicht sehen, dass es Leid auf der Erde gibt, wäre also nicht allwissend. Epikur fragt, wie es Übel geben kann, wenn Gott wirklich die drei genannten Attribute besitzt.[286] Die Antworten auf diese Frage sind vielfältig, hier sollen nur einige exemplarisch skizziert werden.

---

277 A.a.O., 224.
278 NDS. KULTUSMINISTERIUM (Hg.), Kerncurriculum, 22.
279 Vgl. O. BAYER, Theodizee, 161.
280 Vgl. ebd.
281 Vgl. H. SCHEPERS, Leibniz, 291.
282 Vgl. H. ROSENAU, Theodizee IV. Dogmatisch, 222.
283 Vgl. a.a.O., 223.
284 Vgl. C.-F. GEYER, Theodizee VI. Philosophisch, 232.
285 Vgl. ebd.
286 Vgl. ebd.; EPIKUR, Von der Überwindung der Furcht, 80.

Zunächst naheliegende Erklärungsversuche wie der Tun-Ergehen-Zusammenhang scheitern,[287] was allein Gegenbeispiele zeigen: Gewiss möchte niemand einem Baby, das kurz nach der Geburt stirbt, unterstellen, mit seinen Handlungen selbst für diesen Tod verantwortlich zu sein.

Leibniz setzt ebenfalls voraus, dass Gott allmächtig, gütig und allwissend ist, womit sich ihm die Frage aufdrängt, wieso es dann dennoch Leid in der Welt gibt.[288] Seine Antwort besteht darin, an den drei Gottesattributen festzuhalten und zu folgern, dass wir in der besten aller möglichen Welten leben.[289] Leibniz gesteht also ein, dass die Welt nicht perfekt ist, er ist jedoch überzeugt, dass Gott uns Menschen in seiner Güte optimale Bedingungen zur Entfaltung geben möchte.[290] Vollkommen kann die Welt für Leibniz auch nicht sein, sonst wäre sie eine „Verdoppelung Gottes",[291] dem als einzigem Vollkommenheit zugeschrieben wird. Ist Gott allwissend, ist er damit auch in der Lage, die für uns beste aller Möglichkeiten auszuwählen. In seiner Allmacht kann er diese realisieren. Dass wir Defizite in der Welt sehen und nicht erkennen können, dass diese die beste aller Möglichkeiten darstellt, führt Leibniz darauf zurück, dass wir nicht erkennen können, wieso Gott diese Möglichkeit gewählt hat und es als notwendig erachtet, Leid in dieser zuzulassen.[292]

Der jüdische Theologe **Hans Jonas** (1903–1993) formuliert auf dem Hintergrund seiner eigenen grausamen Erfahrungen mit dem Nationalsozialismus: „Göttliche Allmacht kann mit göttlicher Güte nur zusammen bestehen um den Preis gänzlicher göttlicher Unerforschlichkeit, d.h. Rätselhaftigkeit. [...] Allgemeiner gesagt, die drei Attribute in Frage – absolute Güte, absolute Macht und Verstehbarkeit – stehen in einem solchen Verhältnis, dass jede Verbindung von zweien von ihnen das dritte ausschließt."[293] Die Gottesattribute werden hier anders als bei Epikur benannt. Jonas erklärt, dass im jüdischen Verständnis Gottes Verstehbarkeit essenziell ist.[294] Er kommt zu dem Schluss: „Wenn aber Gott auf gewisse Weise und in gewissem Grade verstehbar sein soll (und hieran müssen

---

[287] Vgl. H. ROSENAU, Theodizee IV. Dogmatisch, 224.

[288] Vgl. M. HÜLSMANN, Moment mal! Grundbegriffe und biblische Basistexte, 27.

[289] Vgl. ebd.; H. SCHEPERS, Leibniz, 293; H. POSER, Leibniz, 662.

[290] Vgl. H. SCHEPERS, Leibniz, 293.

[291] H. POSER, Leibniz, 662.

[292] Vgl. H. SCHEPERS, Leibniz, 293.

[293] H. JONAS, Der Gottesbegriff nach Auschwitz, 37f.

[294] Vgl. a.a.O., 38.

wir festhalten), dann muss sein Gutsein vereinbar sein mit der Existenz des Übels, und das ist es nur, wenn er nicht allmächtig ist."[295] Jonas legt sich also eindeutig darauf fest, welches Attribut Gottes ihm zufolge keinen Bestand haben kann: die Allmacht.

Der Entwurf des britischen Religionsphilosophen **Richard Swinburne** (geboren 1934) wird als „Free-will-Defence"[296] bezeichnet. Swinburne betont, dass Gott uns Menschen als freie Wesen geschaffen hat. Wären wir nur insoweit frei, als dass wir nur zwischen guten Handlungen entscheiden könnten, würde uns nach Swinburne die Verantwortung fehlen und die Freiheit wäre somit in seinem Verständnis unzureichend.[297] Der Mensch muss also auch die Möglichkeit haben, böse Handlungen zu begehen, womit das Leid einen Raum in der Welt erhält.[298]

Auch der Bibel ist das Leid nicht fremd. So beginnt etwa **Ps 22** mit den Worten: „Mein Gott, mein Gott, warum hast du mich verlassen? Ich schreie, aber meine Hilfe ist ferne" (Ps 22,2). Hier liegt ein „klagendes Bittgebet"[299] vor. Es wird in diesem das Motiv der Gottesferne verarbeitet (vgl. Ps 22,3), doch der Betende hält in seinem Leid trotzdem am Glauben an Gott fest und zweifelt nicht an ihm (vgl. Ps 22,4–32). Stattdessen betont er, dass Gott schon vielen Menschen geholfen hat (vgl. Ps 22,5f.). Es wird daran erinnert, dass Gott uns erst das Leben geschenkt hat (vgl. Ps 22,10–12), ein kaum zu überbietendes Leid geschildert (vgl. Ps 22,13–19) und Gott um Hilfe gebeten (vgl. Ps 22,20–22), die mit den Worten: „[…] du hast mich erhört!" (Ps 22,22), offenbar auch erfahren wird. Dieser positive Ausgang wird als spätere Hinzufügung angesehen,[300] gehörte also nicht zum ursprünglichen Psalm. Der Psalm endet mit einem Lob Gottes (vgl. Ps 22,23–32), das konkret zuerst aus einem „Danklied"[301] und zum Abschluss aus einer „eschatologischen Ausweitung",[302] also einer Hoffnung auf Gottes zukünftiges Reich, in dem jedes Leid beseitigt wird, besteht. Beide sind ebenfalls spätere Hinzufügungen.[303] Wir sehen

[295] A.a.O., 39.
[296] A. LOICHINGER, Die Frage nach Gott angesichts menschlichen Leids, 5.
[297] Vgl. ebd.
[298] Vgl. ebd.
[299] K. SEYBOLD, Psalmen, 614.
[300] Vgl. ebd.
[301] Ebd.
[302] Ebd.
[303] Vgl. ebd.

hier also, dass das Leidmotiv bereits in den Psalmen vorhanden ist – wobei betont wird, dass der Glaube im Leid nicht zerbrechen soll.

Eine spannende Antwort auf die Theodizeefrage bietet das biblische Buch **Hiob**. Hiob wird als frommer, vorbildlicher Mensch vorgestellt: „Es war ein Mann im Lande Uz, der hieß Hiob. Der war fromm und rechtschaffen, gottesfürchtig und mied das Böse“ (Hi 1,1). Dieser erste Vers macht direkt deutlich, dass Hiob kein Mensch ist, dem unterstellt werden könnte, im Sinne des Tun-Ergehen-Zusammenhangs für ein folgendes Leid selbst verantwortlich zu sein. Im Verlauf der Erzählung geht Gott mit Satan eine Wette ein, die sich darum dreht, ob Hiob seinen Glauben auch im Leid behalten würde. Satan wird es daher von Gott gestattet, Hiob zu prüfen, wobei das Einzige, was verschont bleiben muss, Hiobs Leben ist (vgl. Hi 1,9–12). Hiob widerfährt somit ein unbeschreiblich großes Leid, indem er seinen Besitz, seine Gesundheit und seine Familie verliert (vgl. Hi 1,13–2,10). Hiob „symbolisiert bis heute den Typus des leidenden Menschen, der die Welt nicht mehr versteht und mit Gott hadert.“[304] Er erhält in der Erzählung Besuch von drei Freunden, die ihm im Leid beistehen wollen (vgl. Hi 3,11–13). Die Freunde präsentieren Hiob Erklärungen für sein Leid: Er könne, ganz im Sinne des Tun-Ergehen-Zusammenhangs, selbst für das Leid verantwortlich sein (vgl. Hi 4,1–9), es könne eine Kollektivstrafe die Ursache sein, da alle Menschen schlecht seien (vgl. Hi 5,1–11.17–19), sich um eine Zurechtweisung Gottes handeln (vgl. Hi 5,17–19) oder eine Prüfung Gottes sein (vgl. Hi 34,36). Diese Erklärungen sind allzu menschlich. Spannend ist, dass der Verfasser des Hiobbuches Gott selbst zu Wort kommen lässt. Gott sagt zu Hiobs Freunden: „Denn ihr habt nicht recht von mir geredet wie mein Knecht Hiob“ (Hi 42,8). Gott erklärt also alle zuvor genannten Erklärungen für die Existenz des Leids für falsch. Wir sehen hier: In menschlichen Denkstrukturen lässt sich nicht erklären, warum es das Leid gibt. Das ist hochgradig unbefriedigend, aber es ist nicht zu ändern. Das Buch Hiob endet damit, dass Hiob überschwänglich von Gott dafür belohnt wird, an seinem Glauben festgehalten zu haben (vgl. Hi 42,10–17) – ein für uns heute kaum nachvollziehbarer Schluss, da wohl kaum jemand von uns es als glückliches Ende bezeichnen würde, nach einer Leidenszeit etwa für die verlorene Familie eine neue zu erhalten (vgl. Hi 42,13). Dennoch impliziert die Erzählung die Aussage, dass das Festhalten am Glauben

---

[304] A. LOICHINGER, Die Frage nach Gott angesichts menschlichen Leids, 7.

sich lohnt. Die nicht gegebene Antwort auf die Frage, wieso Gott Leid zulässt, bleibt dennoch unbefriedigend.

Doch auch das Neue Testament kennt Leiderfahrungen. Im Lukasevangelium liegt eine Erzählung vor, in der berichtet wird, wie Jesus Christus mit diesem umging. **Lk 13,1–5** stellt zwei von Leid erfüllte Situationen vor:[305] Jesus wird zunächst berichtet, dass Pilatus einige Galiläer töten lassen habe (vgl. Lk 13,1), hier liegt also ein von Menschen verursachtes Leid vor. Außerdem bringt Jesus selbst in seiner Antwort in die Diskussion ein, dass beim Bau des Turmes von Siloah achtzehn Menschen erschlagen worden seien (vgl. Lk 13,4). Er stellt in Bezug auf beide Situationen die rhetorische Frage, ob seine Zuhörer davon ausgehen, dass die jeweiligen Opfer für Fehlverhalten bestraft worden wären (vgl. Lk 13,2.4). Jesus verneint dies in beiden Fällen (vgl. Lk 13,3.5). Er lehnt hier jede logische Erklärung für das Leid ab.[306] Entgegen einer Suche nach Ursachen plädiert Jesus in beiden Situationen für die persönliche Anteilnahme mit den Opfern und das Tun von Buße für das eigene Leben (vgl. Lk 13,3.5).[307]

Lk 13,1–5 zeigt, dass Jesus Christus entgegen der menschlichen Suche nach Schuld und Verantwortung (im Sinne eines Tun-Ergehen-Zusammenhangs) einen anderen Schwerpunkt legt, indem für ihn in der konkreten Leidsituation die persönliche Anteilnahme das einzig Entscheidende ist. Zusätzlich fordert er das Tun von Buße.[308] Die biblische Erzählung gesteht ein, dass die Theodizee-Frage nicht von uns Menschen beantwortet werden kann, indem an dieser Stelle des Lukasevangeliums die von Jesus als Fragen skizzierten, menschlichen Erklärungen – genau wie im Buch Hiob – als falsch abgelehnt werden. Jesus Christus stellt in der Erzählung eindeutig klar, dass das Finden einer Erklärung nicht im Fokus stehen sollte.[309] Das Tun von Buße erinnert daran, dass wir uns, wenn wir das Leid anderer Menschen sehen, fragen sollten, ob auch unser Lebensstil zu diesem Leid beiträgt und ob wir den Leidenden helfen können.

---

305 Vgl. zu den Ausführungen zu Lk 13,1–5 auch meine ausführlichere Untersuchung in A. JEROMIN, „Es wird regiert!“ – und dann kam Corona, 95–98.

306 Vgl. J.M. LOCHMAN, „Was verstehst du unter der Vorsehung Gottes?“, 380.

307 Vgl. ebd.

308 Vgl. ebd.

309 Vgl. R. WISCHNATH, Wenn ihr nicht umkehrt, 1.

3.5 LK: Die Shoah

Die Schüler*innen „interpretieren die Shoah als tiefste Durchkreuzung des Redens von Gott."[310] Eigentlich drückt die Formulierung dieser inhaltsbezogenen Kompetenz bereits explizit ihren Inhalt aus. Der Begriff **„Shoah"** stammt aus Jes 10,3, wo er „die Heimsuchung des Volkes Israel in Krieg und Verfolgung"[311] meint. Er „bedeutet ‚großes Unheil' oder ‚Katastrophe'."[312] Shoah ist ein Begriff, den primär Jüd*innen selbst benutzen. In Deutschland ist der Begriff **„Holocaust"** gebräuchlicher, der sich mit „Brandopfer"[313] in Anlehnung an Gen 22,2 übersetzen lässt. „Holocaust" wird als Begriff kritisch gesehen, da die Herkunft in Gen 22,2 eine Geschichte erzählt, in der Abraham seinen geliebten Sohn Isaak zunächst opfern möchte, um seine Liebe zu Gott auszudrücken (vgl. Gen 22,2). Die Geschichte Abrahams nimmt ein positives Ende, da ein Engel ihn schließlich davon abhält, seinen Sohn zu töten (vgl. Gen 22,12). Sowohl die Liebe, die Abraham zu seinem Sohn empfand, als auch der positive Ausgang der Erzählung sind nicht mit den Gräueltaten des „Dritten Reichs" vereinbar.[314] Gemeint ist mit Shoah und „Holocaust" aber „die systematische Vernichtung des europäischen Judentums in den Jahren 1933–1945."[315] Bei diesem grausamen Vergehen wurden sechs Millionen Jüd*innen ermordet.[316] Zusammen mit weiteren Gründen[317] ist es somit sehr gelungen, dass das Kerncurriculum den Begriff Shoah gegenüber dem in Deutschland gebräuchlicheren Begriff „Holocaust" bevorzugt.

Insgesamt muss traurigerweise festgestellt werden, dass die Kirchen im „Dritten Reich" zur Ermordung der Jüd*innen weitgehend geschwiegen haben.[318] Es gelang nur wenigen christlichen Theolog*innen, die Reichweite des nationalsozialistischen Umgangs mit dem Judentum zu erkennen.[319] Eines der wenigen positiven Beispiele findet sich in Karl Barth.[320]

---

[310] NDS. KULTUSMINISTERIUM (Hg.), Kerncurriculum, 22.

[311] G. WAGENSOMMER, How to teach the Holocaust, 51.

[312] Ebd.

[313] A.a.O., 49.

[314] Vgl. a.a.O., 50f.

[315] A.a.O., 50.

[316] Vgl. F. DEXINGER, Judentum, 367.

[317] Vgl. dazu die Ausführungen in G. WAGENSOMMER, How to teach the Holocaust, 50f.

[318] Vgl. J.T. PAWLIKOWSKI, Judentum und Christentum, 390.

[319] Vgl. ebd.

[320] Vgl. zu den folgenden Ausführungen zu Barths Position zum Judentum im „Dritten Reich" auch meine ausführlichere Untersuchung in A. JEROMIN, „Es wird regiert ...", 296.

Der Schweizer stellte bereits 1938 fest: „Antisemitismus heißt Verwerfung der Gnade Gottes.“[321] Barth verweist darauf, dass Israel das Volk ist, mit dem Gott seinen Bund geschlossen hat. Von der Gnade, die Gott in diesem Bundesschluss den Menschen erwiesen hat, hängt in der Folge auch das Christentum ab: „Wer es auf die Wurzel, auf Israel abgesehen hat, der mußte und muß auch dem Stamm, der Kirche, ans Leben gehen, der mußte und muß im Bekenntnis zu Christus seinen ersten Feind sehen.“[322] Das von Barth genutzte Bild des Baumes mit seinen Wurzeln offenbart, dass für ihn ohne Judentum kein Christentum fortexistieren kann. Er schreibt explizit: „Wer ein prinzipieller Judenfeind ist, der gibt sich als solcher, und wenn er im Übrigen ein Engel des Lichtes wäre, als prinzipieller Feind Jesu Christi zu erkennen.“[323] Dieses Zitat verdeutlicht, wie Barth die Ideologie des „Dritten Reiches“ und mit dieser auch ihre Vertreter*innen zurecht als mit dem Christentum unvereinbar kennzeichnet. Barth forderte daher ein klares Eintreten der Kirche für die Jüd*innen im „Dritten Reich“ und warf ihr vor, dass eine Unterlassung dessen bedeuten würde, sich selbst und ihrer Botschaft nicht treu zu sein.[324] Leider blieben Stimmen wie seine im „Dritten Reich“ nahezu ungehört.

Die Gräueltaten der Shoah wirken sich auch langfristig auf das Verhältnis von Judentum und Christentum aus. So wurde in den 1960er Jahren auf der christlichen Seite erkannt, dass es sich bei Auschwitz, das exemplarisch für die Gräueltaten des Nationalsozialismus gegenüber dem Judentum steht, um eine „Katastrophe, die zwischen Juden und Christen steht“,[325] handelt. Es entwickelten sich theologische Positionen insbesondere als Antwort auf Aussagen wie jene von dem die Shoah überlebenden Juden Elie Wiesel, der bei der Hinrichtung eines jüdischen Jungen am Galgen im KZ Auschwitz als Antwort auf die Frage danach, wo Gott in dieser Situation gewesen sei, formulierte: „Dort – dort hängt er, am Galgen“.[326]

Eine christliche Antwort darauf formuliert Jürgen Moltmann, der Wiesel zustimmt. Auch für ihn muss Gott in einer solchen Situation mit den

[321] K. BARTH, Die Kirche und die politische Frage von heute, 90.
[322] K. BARTH, Verheißung und Verantwortung der christlichen Gemeinde im heutigen Zeitgeschehen, 319f.
[323] K. BARTH, Die Kirche und die politische Frage von heute, 90.
[324] Vgl. E. BUSCH, Unter dem Bogen des einen Bundes, 283.
[325] N. RECK, Theologie nach Auschwitz, 475.
[326] E. WIESEL, Die Nacht, 88.

Menschen leiden, wie er es auch als Jesus Christus am Kreuz getan hat.[327] Moltmann verweist darauf, dass auch Jesus am Kreuz Gott anrief und zunächst keine Antwort erhielt.[328] Dies entspricht einer Erfahrung, die unabhängig davon, ob es sich um ein kleineres Leid oder eine so schreckliche Situation wie den Mord am jüdischen Jungen in Auschwitz handelt, auch wir Menschen oft im Leid machen müssen. Moltmann sieht jedoch eine nachträgliche Antwort auf Jesu Christi Leidsituation: In seiner Auferstehung liegt für Moltmann der „Anfang gelöster Theodizeefragen in der Welt".[329] Indem Jesus Christus auferstanden ist, wurde sein Leid nachträglich aufgehoben, worin für Moltmann Gottes Antwort auf die Frage liegt, wo er in Jesu Christi Leidsituation war.[330] Bemerkenswert ist somit, dass Moltmann Gott zuschreibt, auch selbst Leid erfahren zu können – indem er mit den Menschen leidet. Die Lösung der Theodizee-Frage besteht nach Moltmann dann im Vertrauen darauf, dass Gott in seiner Allmacht in der Lage ist, uns im Nachhinein von unserem Leid zu erlösen, wie er auch Jesus Christus nach seinem Tod in der Auferstehung erlöst hat.

Erste Schwierigkeiten mit Moltmanns Deutung benennt Dorothee Sölle, die darauf verweist, dass Jesus Christus zwar zunächst Gott darum bat, von dem schrecklichen Schicksal, das ihn erwartete, verschont zu werden, wie es sein Satz: „Abba, mein Vater, alles ist dir möglich; nimm diesen Kelch von mir […]" (Mk 14,36), im Garten Gethsemane vor seiner Verhaftung ausdrückt, er aber schließlich mit den Worten: „[…] doch nicht, was ich will, sondern was du willst!" (Mk 14,36), sein Schicksal angenommen hat.[331] In der Tat hat Jesus nicht etwa versucht, seinem Schicksal etwa durch ein Wunder zu entgehen. Unter Berücksichtigung der Wundererzählungen, die sich in den Evangelien über ihn finden, muss ihm zugestanden werden, dass es in seiner Macht gelegen hätte, seine Kreuzigung zu verhindern. Sölle sieht es so nicht als zulässig an, heutiges Leid mit Jesu Christi Leid am Kreuz gleichzusetzen.[332] Sie betont demgegenüber, dass Gott als Vater mit jedem einzelnen Menschen leidet. In Bezug auf die Opfer der Shoah schreibt sie: „Alle, jeder einzelne von den

---

[327] Vgl. N. RECK, Theologie nach Auschwitz, 476.
[328] Vgl. ebd.
[329] J. MOLTMANN, Gott und Auferstehung, 47.
[330] Vgl. N. RECK, Theologie nach Auschwitz, 476.
[331] Vgl. ebd.
[332] Vgl. ebd.

sechs Millionen ist Gottes geliebter Sohn gewesen.“[333] Sölle fordert als Konsequenz eine Theologie, die die Menschen stärker in die Pflicht nimmt, sich zu engagieren. Gottes Macht besteht somit für sie darin, dass Menschen seinen Willen ausführen – und nicht er selbst der aktiv Handelnde ist, während die Menschen nur auf sein Einschreiten warten.[334] Gottes Allmacht gewinnt bei Sölle also eine ganz neue Dimension.

Johann Baptist Metz widerspricht diesen beiden Positionen. Er plädiert dafür, anzuerkennen, dass unser Glaube an Gott in Auschwitz aufs tiefste erschüttert wurde, und nicht etwa, die Probleme durch Deutungen abzumildern, wie er es Sölle und Moltmann zuschreibt.[335] Er betont einerseits Gottes Unverfügbarkeit, aus der er folgert, dass nur Gott allein sich rechtfertigen kann, zugleich liegt ihm aber auch daran, individuelle Schicksale wie die der in Auschwitz Ermordeten theologisch wahrzunehmen.[336] Seine Antwort auf die Frage, wo Gott in Auschwitz war, muss folglich lauten, dass wir dies nicht wissen und es falsch wäre, unser Gottesbild auf der Grundlage von etwas zu modifizieren, das zu Gottes unverfügbaren Facetten gehört.

Es soll an diesen Ausführungen deutlich werden, dass die Shoah auch innerhalb der christlichen Theologie nachhaltige Spuren hinterlassen hat. Die Theologie hat so die Aufgabe, diese zu verarbeiten, wofür sich unterschiedliche Ansätze finden.

3.6 Religionskritik

Die Schüler*innen „nehmen zu einem klassischen religionskritischen Konzept theologisch begründet Stellung.“[337] **Religionskritik** lässt sich zunächst in zwei Formen unterscheiden: in Religionskritik zur Verbesserung einer Religion und in Religionskritik, die sich gegen jede Religion richtet.[338] Die Religionskritik zur Weiterentwicklung und Verbesserung einer Religion besteht unter anderem darin, die eigenen, subjektiven religiösen Vorstellungen im Leben eines Menschen weiterzuentwickeln.[339]

---

333 D. SÖLLE, Leiden, 180.
334 Vgl. N. RECK, Theologie nach Auschwitz, 476.
335 Vgl. a.a.O., 477.
336 Vgl. ebd.; vgl. dazu auch J.B. METZ/D. SÖLLE, Welches Christentum hat Zukunft?, 33.
337 NDS. KULTUSMINISTERIUM (Hg.), Kerncurriculum, 22.
338 Vgl. A. KUBIK, Warum ist Religionskritik gut für Religion, 12.
339 Vgl. ebd.

So könnte sich etwa ein Mensch als Kind Gott als alten Mann mit Bart auf einer Wolke vorgestellt haben und diese Vorstellung im Laufe seiner Entwicklung kritisch sehen und ablegen. Außerdem kann Religionskritik zur Verbesserung einer Religion eine „Kritik an konkreten einzelnen Fehlentwicklungen von Religion",[340] beispielsweise an Entscheidungen der Institution Kirche,[341] oder eine „Fundamentalkritik"[342] an der ganzen Religion darstellen, die auf deren Neuausrichtung zielt, wie es im Christentum die Reformation tat.[343] In diesem Sinne beinhalten sowohl die prophetischen Texte des Alten Testaments als auch Jesu Umgang mit den religiösen Normen seiner Zeit Religionskritiken, die jeweils der Weiterentwicklung und Verbesserung der Religion – in diesem Fall des Judentums – dienen sollten.[344] Der Religionskritik zur Verbesserung einer Religion steht die Religionskritik gegenüber, die allen Religionen entgegengerichtet ist. Ihren Ansatz beschreibt Andreas Kubik wie folgt: „Sie bestreitet zum einen die Grundlagen der Wahrheitsansprüche der Religion, sie erweist zum zweiten den vermeintlichen Nutzen von Religion als einen bloßen Schein, und sie bietet zum dritten eine Erklärung, warum es dennoch überhaupt zu Religion kommen konnte."[345] Diese Form der Religionskritik wird im Schulunterricht fokussiert[346] und soll im Folgenden anhand von zwei klassischen Beispielen dargestellt werden.

Für **Ludwig Feuerbach** ist Gott nur eine Projektion des Menschen.[347] Feuerbach setzt voraus, dass wir uns wünschen, glücklich zu sein, in unserer Umwelt aber stets andere Geschöpfe sehen, die etwas besser können als wir selbst.[348] So sind etwa andere Menschen vermeintlich schlauer, hübscher oder sportlicher. Feuerbach zufolge mache die Wahrnehmung unserer Unvollkommenheit uns unglücklich.[349] Er entwickelt auf dieser Grundannahme fußend eine sogenannte „Projektionstheorie",[350] die besagt, wir würden uns Wesen vorstellen, die all die positiven Eigenschaf-

---

340 A.a.O., 12f.
341 Vgl. a.a.O., 13.
342 Ebd.
343 Vgl. ebd.
344 Vgl. a.a.O., 14.
345 Ebd.
346 Vgl. a.a.O., 12.
347 Vgl. M. HÜLSMANN, Konfession: evangelisch, 115.
348 Vgl. ebd.
349 Vgl. ebd.
350 Ebd.

ten besitzen, um die wir andere beneiden, womit wir uns selbst alle Götter gedanklich und unbewusst schaffen würden.[351] Feuerbach schreibt: „Aber: die Götter reichen nicht weiter, als die Wünsche der Menschen, eben weil sie nichts anderes sind, als die erfüllten Wünsche des Menschen, und zwar so erfüllten, wie sie allein erfüllt werden können, nicht in der Wirklichkeit, sondern nur im Glauben, in der Phantasie oder Vorstellung."[352] Wir würden demnach also hoffen, dass es Götter gibt, die die Macht haben, uns die Wünsche zu erfüllen, die wir selbst uns nicht erfüllen können – wie zum Beispiel den Wunsch, ein ewiges Leben zu führen.[353]

Aus theologischer Perspektive wird nicht daran gezweifelt, dass jede Religion Projektionen beinhaltet, da unsere Gottesvorstellungen stets von unserer Erfahrungswelt geprägt sind.[354] Die Kritik fokussiert sich darauf, dass Feuerbach einen falschen Umkehrschluss gezogen hat: Nur, weil wir uns etwas wünschen, heißt es eben nicht, dass dieses nicht existieren würde. Kliemann verweist so darauf, dass die Tatsache, dass wir uns, wenn wir hungrig sind, Brot wünschen, keineswegs bedeuten würde, dass Brot eine reine Kreation unserer Gedanken wäre.[355] Folglich ist die Tatsache, dass Menschen sich Götter wünschen oder vorstellen, kein Beweis dafür, dass es keine Götter gäbe. Kliemann verweist auch darauf, dass bereits im Alten Testament durch die Betonung von Gottes Unverfügbarkeit[356] Projektionen entgegengewirkt wird.[357] Überzeugend ist auch sein Verweis auf Jesus Christus, dessen Geschichte nicht unbedingt unterstellt werden kann, aus Wünschen der Menschen entstanden zu sein:[358] Ein Leben, das mit einer Geburt in einem Stall beginnt und im Todeskampf am Kreuz endet, entspringt wohl kaum den tiefsten Sehnsüchten der Menschen. Kliemann betont, dass Menschen stets Projektionen brauchen, sich Bilder von Gott machen, um sich ihn vorstellen zu können, doch sich dessen bewusst sein müssen, dass Gott mehr als nur die Summe dieser

---

[351] Vgl. a.a.O., 115f.
[352] L. FEUERBACH, Theogonie nach den Quellen des classischen, hebraischen und christlichen Alterthums, 199.
[353] Vgl. M. HÜLSMANN, Konfession: evangelisch, 116.
[354] Vgl. P. KLIEMANN, Glauben ist menschlich, 27.
[355] Vgl. a.a.O., 28.
[356] Vgl. Kapitel 3.1.
[357] Vgl. P. KLIEMANN, Glauben ist menschlich, 28.
[358] Vgl. a.a.O., 28f.

Bilder ist.[359] Genau das betonen alle Aspekte, die ich zu Gottes Unverfügbarkeit vorgestellt habe.[360]

Karl Marx‘ Religionskritik veröffentlichte er im Rahmen seiner „Kritik an der Hegelschen Rechtsphilosophie“.[361] Er versteht die Religion als „Seufzer der bedrängten Kreatur, das Gemüt einer herzlosen Welt, wie sie der Geist geistloser Zustände ist. Sie ist das Opium des Volks.“[362] Die Bezeichnung der Religion als „Opium des Volks“[363] stellt das Zentrum von Marx‘ Religionskritik dar. Er knüpft mit ihr an Feuerbach an.[364] Marx untersucht die Herkunft der Religionen, die er auf materielle Nöte zurückführt.[365] Wie bei Feuerbach konstruieren sich die Menschen die Religion für ihn selbst.[366] Seine Wendung „Opium des Volks“ bezieht sich darauf, dass ihm zufolge jede Religion unterdrückte Schichten der Gesellschaft einschläfern würde (wie das Betäubungsmittel Opium), indem sie die Menschen auf ein Jenseits vertröstet,[367] für das diesseitige Leben aber „Demut, Gehorsam und Tugendhaftigkeit lehrt“.[368] In diesem Sinne wirft Marx den Religionen vor, sie seien Revolutionen entgegengerichtet und würden so mit ihren Lehren unterdrückende Herrschaften stabilisieren.[369] Als der bestehenden politischen Ordnung entgegengerichtet sieht Marx Religionen nur an, indem er ihnen zugesteht, in ihren Hoffnungsbildern auch Protest gegen die aktuelle Situation zu enthalten, dieser Aspekt reicht Marx aber nicht weit genug.[370] Marx möchte nicht primär die Religion abschaffen, er fordert aber, eine klassenlose Gesellschaft aufzubauen, in der jede Religion dann nach seinem Verständnis überflüssig wäre und von allein verschwinden würde.[371]

---

[359] Vgl. a.a.O., 29.
[360] Vgl. Kapitel 3.1.
[361] K. MARX, Zur Kritik der Hegelschen Rechtsphilosophie.
[362] A.a.O., 378.
[363] Ebd.
[364] Vgl. P. KLIEMANN, Glauben ist menschlich, 29.
[365] Vgl. a.a.O., 30; K. MARX, Zur Kritik der Hegelschen Rechtsphilosophie, 379.
[366] Vgl. a.a.O., 378.
[367] Vgl. P. KLIEMANN, Glauben ist menschlich, 30; Marx umschreibt die Religion so als „Theorie des Jenseits“ (K. MARX, Die Verhandlungen des 6. rheinischen Landtags, 47).
[368] P. KLIEMANN, Glauben ist menschlich, 30f.
[369] Vgl. a.a.O., 31; K. MARX, Zur Kritik der Hegelschen Rechtsphilosophie, 386.
[370] Vgl. P. KLIEMANN, Glauben ist menschlich, 31.
[371] Vgl. ebd.

Die heutige Theologie gibt Marx insofern Recht, als dass sie wahrnimmt, dass eine starke Verflechtung von Religion und Politik in der Vergangenheit oft die von Marx festgestellte Wirkung erzielt hat und teilweise auch heute noch erzielt.[372] Gleichzeitig wird aber unterstrichen, dass gerade dem Christentum das Engagement für soziale Gerechtigkeit ein Kernanliegen ist, für das sich ebenfalls historische und aktuelle Beispiele finden lassen.[373] Des Weiteren wird hinterfragt, inwiefern die von Marx ersehnte, rein klassenlose Gesellschaft überhaupt möglich ist oder selbst eine Utopie und damit eine Projektion in Feuerbachs Sinne darstellt.[374] Im Glauben erachten wir es als möglich, dass uns diese Gesellschaftsform im Reich Gottes erwarten könnte, doch weltlich wirkt es historisch betrachtet gelinde gesagt unwahrscheinlich, dass sie sich durchsetzt. Kliemann gibt über die bereits genannte Kritik an Marx' Entwurf hinaus zu bedenken, dass auch eine klassenlose Gesellschaft ebenfalls die Sinnfragen stellen würde, zu denen Religionen Deutungsangebote eröffnen.[375] Es ist also zu hinterfragen, ob die Religionen in einer solchen Gesellschaft wirklich verschwinden würden, überflüssig wären sie gewiss nicht.

3.7 LK: Infragestellungen des Glaubens in der Gegenwart

Die Schüler*innen „setzen sich mit gegenwärtigen Infragestellungen des Glaubens auseinander."[376] Den „Klassiker" der gegenwärtigen Infragestellungen des Glaubens stellt die Auseinandersetzung mit dem vermeintlichen Widerspruch zwischen **Naturwissenschaft** und Glaube dar. Zur Zeit der Entstehung der Naturwissenschaften waren diese fest in ein theologisch geprägtes Weltbild eingebettet, sodass Naturwissenschaft und Religion einander keineswegs als Gegensätze gegenüberstanden.[377] Im 18. und 19. Jahrhundert kam dann jedoch eine Auffassung auf, der zufolge die Naturwissenschaften nicht mit dem Christentum vereinbar wären.[378] Es eröffneten sich erste Problemfelder, indem die Naturwissen-

---

[372] Vgl. a.a.O., 32.

[373] Vgl. ebd. Bezüglich der Beispiele sei auf die Nachfolge in Kapitel 4.4 und das Verständnis des Menschen als von Gott Angesprochenen in Kapitel 3.3 sowie die Ausführungen bei Kliemann verwiesen.

[374] Vgl. P. KLIEMANN, Glauben ist menschlich, 33.

[375] Vgl. ebd.

[376] NDS. KULTUSMINISTERIUM (Hg.), Kerncurriculum, 22.

[377] Vgl. E. WÖLFEL, Naturwissenschaft, 191.

[378] Vgl. G. SÜẞMANN, Naturwissenschaft und Christentum, 1378.

schaften die Frage aufwarfen, ob die Welt wirklich eine Schöpfung Gottes darstellt, wobei aus einer Ablehnung der Schöpfung auch eine Ablehnung der Existenz Gottes gefolgert werden sollte.[379] Indem Gott nicht mehr zugesprochen wurde, die Natur auf ein Ziel hin zu lenken, entfiel auch die bis dahin gültige Begründung der Ethik, die auf Gottes Beurteilung fußte, während die Menschen sich neue Sinnfragen stellen mussten und nur die Naturgesetze als über ihnen stehende Mächte wahrnehmen konnten.[380] Im Zuge dieser ersten Loslösung der Naturwissenschaften vom Glauben entstand so eine Abspaltung, die dazu führte, dass das naturwissenschaftliche und das theologische Weltbild nebeneinander bestanden und die Beziehungen zwischen diesen vernachlässigt wurden. Eberhardt Wölfel resümiert in diesem Sinne: „Religion, Theologie und naturwissenschaftliches Weltbild [...]: Jeder geht seine eigenen Wege."[381]

Im 20. Jahrhundert setzte sich diese Entwicklung zunächst fort, jedoch konnten auch erste Antworten auf die vermeintlichen Gegensätze gefunden werden. So wurde festgestellt, dass Gott viel mehr als nur der Schöpfer ist, sodass Kritik an der Schöpfung keineswegs seine Existenz bedroht.[382] Die zuvor verloren gegangene Zielausrichtung der Welt wurde im Hinblick auf den Menschen neu aufgeworfen, indem Sinnfragen nach unserer Existenz gestellt wurden.[383] Bezüglich des ungeklärten Verhältnisses wurde zunehmend festgestellt, dass Naturwissenschaften und Theologie sich auf unterschiedliche Bereiche derselben Wirklichkeit beziehen.[384] Später wurde darüber hinaus ergänzt, dass unsere zunehmenden technologischen Möglichkeiten auch Gefahren beinhalten, die ethische Orientierungen benötigen.[385] Es sei dabei an die Atomkraft und den Umgang mit Atombomben gedacht. Die Theologie kann in diesen Bereichen Orientierungsmöglichkeiten anbieten. So setzte sich im 20. Jahrhundert schließlich die Einsicht durch, dass die zuvor unterstellte Unvereinbarkeit von Naturwissenschaft und Religion falsch ist.[386] Es konnte in der Folge

---

[379] Vgl. E. WÖLFEL, Naturwissenschaft, 198.
[380] Vgl. ebd.
[381] Ebd.
[382] Vgl. a.a.O., 206f.
[383] Vgl. a.a.O., 207.
[384] Vgl. ebd.
[385] Vgl. ebd.
[386] Vgl. A. JACKELÉN, Naturwissenschaften und Religion, 150.

ein Dialog zwischen den beiden Wissenschaften aufgenommen werden.[387]

Heute wird das Ziel dieses Dialogs weniger darin gesehen, das Verhältnis zwischen Naturwissenschaft und Glaube zu bestimmen, als vielmehr gemeinsam Lösungen für Weltprobleme zu präsentieren,[388] sodass der vermeintliche Widerspruch zwischen den Wissenschaften als überwunden angesehen werden kann. Konrad Schmid schreibt der protestantischen Theologie so zu, sich bereits im 17. und 18. Jahrhundert „zugunsten eines Miteinanders und nicht eines Gegeneinanders von Theologie und Wissenschaft"[389] entschieden zu haben. Im Rahmen des Miteinanders beschreibt Harald Fritzsch die Lücke, die die Naturwissenschaft für die Theologie offen lässt:

> „Seit einigen Jahrhunderten ist der Mensch dabei, durch rationales Denken und experimentelle Forschung die Strukturen des Mikro- und Makrokosmos zu ergründen. […] Eines jedoch hat er bei dieser Suche nicht gefunden, weder in den Tiefen des intergalaktischen Raums noch im Inneren der Atome und der Kernteilchen: Sinn für sein Dasein und die Möglichkeit, mittels der wissenschaftlichen Methode ethische Werte und Ziele für sich abzuleiten. Letztere entziehen sich einer rationalen Herleitung, die nur in der Lage ist, Phänomene in ihrer gegenseitigen Bedingtheit zu erfassen."[390]

Fritsch sieht beide Disziplinen also nicht in einem Widerspruch zueinander, was er wie folgt im Hinblick auf das Verhältnis von Gott und Naturwissenschaften weiter ausführt: „Ich bin der Ansicht, daß es einen solchen Widerspruch nicht gibt und im Grunde nie gegeben hat. Die naturwissenschaftliche Methode, die Welt zu erforschen, besteht in der Schaffung von zweckmäßigen Begriffen zur Beschreibung der Naturereignisse und in der Ableitung von Beziehungen zwischen diesen."[391] In diesem Sinne können beide Disziplinen einander ergänzen. Daraus resultiert ein Modell, das heute von vielen Theolog*innen für das Verhältnis von Theologie und Naturwissenschaft präferiert wird: das sogenannte **Inkommensurabilitätsmodell**. In diesem wird davon ausgegangen, dass sich Theologie und Naturwissenschaft auf getrennte Bereiche beziehen, die sie mit unterschiedlichen Methoden bearbeiten.[392] Gegenüber anderen

---

387 Vgl. ebd.

388 Vgl. a.a.O., 152.

389 K. SCHMID, Die Welt als Schöpfung, 334.

390 H. FRITZSCH, Vom Urknall zum Zerfall, 325.

391 A.a.O., 328.

392 Vgl. G. HUNZE, Die Entdeckung der Welt als Schöpfung, 196.

Modellen, in denen die Wissenschaften in Konkurrenz zueinander stehen (**Konkurrenzmodell**, Konkordanz- und Konsonanzmodelle[393]), spricht sich so etwa Guido Hunze dafür aus, am Inkommensurabilitätsmodell festzuhalten,[394] das Konflikte zwischen beiden Wissenschaften ausschließt,[395] indem es betont, dass sie sich auf unterschiedliche Bereiche der Wirklichkeit beziehen. Der Ansatz, den die Naturwissenschaft verfolgt, kann dabei wie folgt beschrieben werden: „Um die Fragen nach der raum-zeitlichen Struktur präzise beantworten zu können, wird von allen Fragen nach Wesen, Ursprung, Grund, Geheimnis Sinn und Ziel konsequent abgesehen. […] Sie kann und will die eigentlichen Warum-Fragen nicht beantworten."[396] Mit diesen beschäftigt sich demgegenüber die Theologie. Auch Fritzsch stimmt zu, dass neben den Erkenntnissen der Naturwissenschaft immer eine Lücke für die Theologie bestehen bleiben wird: „Die Welt […] ist ein Kontinuum, das sich durch kein noch so feines Netz von eindimensionalen ‚Kausalstraßen' vollständig erfassen läßt."[397] Georg Süßmann spricht in diesem Sinne auch davon, dass die Theologie Deutungen anbietet, die Naturwissenschaften Erklärungen.[398] Von den Naturwissenschaften festgestellte Naturgesetze werden so als „Ursachen"[399] gesehen, im Kontrast dazu kann der Theologie zugeschrieben werden, nach den Gründen zu fragen. In diesem Sinne wird gegenüber den früher gesehenen Gegensätzen der Disziplinen heute von „einem positiveren, sachlicheren Verhältnis"[400] zwischen den Naturwissenschaften und der christlichen Theologie gesprochen. Wie positiv dieses Verhältnis ist, drückt Süßmann mit Verweis auf Gen 1 aus: „Alles Geschaffene ist gut (Gen 1,31), und nichts hindert uns, es zu erforschen. Die Christenheit freut sich grundsätzlich über alle Ergebnisse der reinen N."[401] Diese Ergebnisse können auch für die Theologie bereichernd sein, wenn sie neue Bereiche eröffnen, die von den Naturwissenschaften erklärt und anschließend von der Theologie gedeutet werden können.

---

[393] Hunze erklärt, dass auch Konkordanz- und Konsonanzmodelle letztlich auf einem abgeschwächten Konkurrenzmodell beruhen (vgl. a.a.O., 197).

[394] Vgl. a.a.O., 198.

[395] Vgl. a.a.O., 196f.

[396] G. SÜßMANN, Naturwissenschaft und Christentum, 1378.

[397] H. FRITZSCH, Vom Urknall zum Zerfall, 329.

[398] Vgl. G. SÜßMANN, Naturwissenschaft und Christentum, 1379.

[399] Ebd.

[400] A.a.O., 1378.

[401] A.a.O., 1382.

4. Jesus Christus

4.1 Das Bekenntnis zu Jesus Christus

Die Schüler*innen „erklären das Bekenntnis zu Jesus Christus als Ausdruck des spezifisch christlichen Gottesverständnisses.“[402] Ein Spezifikum des christlichen Gottesverständnisses ist die **Trinität**, die aus Gott dem Vater, Jesus Christus dem Sohn und dem Heiligen Geist besteht und für die auch der Begriff **Dreieinigkeit** geläufig ist.[403] Das Verhältnis zwischen diesen drei „Gestalten“ wird im Neuen Testament keineswegs definiert, sodass das Konzept der Trinität ein theologisches Konstrukt darstellt, um das in der Kirchengeschichte gestritten wurde.[404] Auf der Synode von Nicäa wurde sich so im Jahr 325 n. Chr. von Vorstellungen abgegrenzt, nach denen Jesus Christus nur von Gott „adoptiert“ wäre, und festgelegt, dass er „wesenseins“ mit Gott dem Vater ist.[405] Die Formulierung „wesenseins“ ist insofern entscheidend, als dass die Mitglieder des Konzils überzeugt waren, dass Jesus Christus nur dann die Menschen erlösen kann, wenn „er selbst Gott und nicht nur ein vergöttlichter Mensch ist.“[406] 381 n. Chr. wurde daran anschließend auf dem Konzil von Konstantinopel festgelegt, dass der Heilige Geist zugleich von Gott dem Vater und dem Sohn ausgeht und somit als dritte Person der Trinität zu verehren ist, wobei herausgestellt wurde, dass es sich keineswegs um drei Götter handelt, sondern um einen Gott, der sich in den drei Gestalten als Vater, Sohn und Heiliger Geist den Menschen offenbart.[407]

Es wird hier deutlich, dass die Trinität insgesamt ein von Konzilien festgelegtes Dogma ist und keineswegs von Gott diktiert oder in biblischen Erzählungen offenbart wurde. Es ist daher wenig verwunderlich, dass sich hierzu auch abweichende Positionen eröffneten. So kam es etwa im achten Jahrhundert zu einem Streit zwischen Ost- und Westkirche, da die Westkirche in das nicäno-konstantinopolitanische Glaubensbekenntnis die Aussage aufnahm, dass der Heilige Geist vom Vater und Sohn zugleich ausgeht, während die Ostkirche widersprach und dem Vater eine übergeordnete Rolle zumaß, indem er als Ursprung gesehen wurde. Der

---

[402] NDS. KULTUSMINISTERIUM (Hg.), Kerncurriculum, 24.
[403] Vgl. G. KRUHÖFFER, Grundlinien des Glaubens, 241.
[404] Vgl. ebd.
[405] Vgl. a.a.O., 241f.
[406] A.a.O., 242.
[407] Vgl. ebd.

Heilige Geist würde so vom Vater ausgehen, während dem Sohn Jesus Christus nur eine mitwirkende Rolle zugesprochen wird.[408] Gerald Kruhöffer fasst die Hauptanliegen der beiden Traditionen wie folgt zusammen: „Während die ostkirchliche Tradition das Hervorgehen des Sohnes und des Geistes aus Gott dem Vater als dem einen Ursprung betont, versucht die westliche Tradition, mehr das Geheimnis des innertrinitarischen Lebens zu beschreiben."[409] Die grundsätzliche Anerkennung der Trinität setzte sich jedoch in beiden Traditionen durch und wurde so ein Charakteristikum des christlichen Gottesbildes.[410] Auch wenn die Trinitätslehre nach dem Mittelalter zunächst an Bedeutung verlor,[411] ist die Bedeutung in der aktuellen Theologie wieder aufs Neue gestiegen, wie etwa in der wirkmächtigen Kirchlichen Dogmatik von Barth, der die Trinität präzise aus Gottes Offenbarung ableitet. Kruhöffer fasst die ihr von Barth zugemessene Rolle wie folgt zusammen: „Die Trinitätslehre findet sich nicht in der Bibel, sie ist ein Werk der Kirche. Aber sie übersetzt und interpretiert das biblische Offenbarungszeugnis; darin besteht ihre Bedeutung."[412] Dieses Zitat zeigt in Verbindung mit der hervorgehobenen Rolle, die Barth der Trinitätslehre zumisst, dass diese auch heute als besonderes Charakteristikum des christlichen Gottesbildes zu verstehen ist.

Bezüglich des Bekenntnisses zu Jesus Christus muss die theologische Differenzierung zwischen **historischem Jesus und kerygmatischem Christus** bedacht werden. Die Evangelisten hatten „kein eigentlich biographisches, sondern ein theologisches Interesse an Jesus",[413] sie wollten also ausgehend von der Auferstehung darstellen, dass Jesus Christus der Sohn Gottes ist. In diesem Sinne können einige Wunder als Machtdemonstrationen gedeutet werden, die möglicherweise einen historischen Kern besitzen, der aber ebenso gut auch nicht vorhanden sein kann. Der in den Evangelien verkündigte Jesus Christus wird als der **kerygmatische Christus** bezeichnet. Ihm gegenüber versucht die Forschung, die historische Person Jesus, die als der **historische Jesus** bezeichnet wird, zu rekonstruieren. Der Geburtsort des historischen Jesus ist Nazareth.[414] In der

[408] Vgl. ebd.
[409] Ebd.
[410] Vgl. a.a.O., 242f.
[411] Vgl. a.a.O., 244.
[412] A.a.O., 245.
[413] K.-M. BULL, Bibelkunde des Neuen Testaments, 178.
[414] Vgl. a.a.O., 179.

Weihnachtsgeschichte wird verkündet, dass der kerygmatische Christus aus Bethlehem stammt, da Bethlehem die Stadt Davids ist und das Alte Testament bezeugt, dass der Messias ein Sohn Davids sein würde.[415] Jesu Geburtsjahr wurde im 6. Jh. n. Chr. vom Mönch Dionysius Exiguus falsch berechnet. Das Matthäus- und Lukasevangelium stimmen darin überein, dass Jesus zu Lebzeiten von Herodes dem Großen geboren wurde, der 4 v. Chr. unserer heutigen Zeitrechnung verstarb,[416] sodass Jesu Geburtsjahr eher auf 8–4 v. Chr. gefallen sein wird,[417] oft wird 7–6 v. Chr. angenommen.[418] Jesu Eltern waren Maria und Joseph, er besaß vier Brüder und mindestens zwei Schwestern.[419] Josephs Beruf, den auch Jesus erlernte, wird im Markusevangelium als „Zimmermann" (Mk 6,3) bezeichnet, Klaus-Michael Bull übersetzt diesen mit heute benutzten Begrifflichkeiten zutreffender als „Bauhandwerker".[420] Jesus wurde etwa im Alter von 30 Jahren (vgl. Lk 3,23) von Johannes dem Täufer getauft (vgl. Mk 1,9) und wirkte anschließend nur etwa ein Jahr öffentlich in Galiläa rund um den See Genezareth[421] als Wanderprediger.[422] Er wendete sich insbesondere an die armen und ausgestoßenen Mitglieder der Gesellschaft.[423] Auch die Wundergeschichten des Neuen Testaments illustrieren gut den Unterschied zwischen dem historischen Jesus und dem kerygmatischen Christus: Es mag sein, dass der historische Jesus Heilungen und andere Wunder vollbracht hat, die als Grundlage der Wundergeschichten, die wir aus den Evangelien kennen, gedient haben mögen, doch diese wurden gewiss überhöht dargestellt. Das zeigen allein Steigerungen innerhalb der synoptischen Evangelien, wie von der Heilung eines besessenen Geraseners im Markusevangelium (vgl. Mk 5,2) zur Heilung zwei besessener Gadarener im später entstandenen[424] Matthäusevangelium (vgl. Mt 8,28). Es handelt sich bei diesen beiden Heilungswundern offensichtlich um dieselbe Erzählung (vgl. Mk 5,1–20; Mt 8,28–34), die der Verfasser des Matthäusevangeliums gegenüber der Version des Mar-

---

[415] Vgl. ebd.
[416] Vgl. ebd.
[417] Vgl. P. KLIEMANN, Glauben ist menschlich, 104.
[418] Vgl. F. JOHANNSEN, Alttestamentliches Arbeitsbuch für Religionspädagogen, 283.
[419] Vgl. K.-M. BULL, Bibelkunde des Neuen Testaments, 179.
[420] Ebd.
[421] Vgl. ebd.
[422] Vgl. a.a.O., 181.
[423] Vgl. a.a.O., 182.
[424] Vgl. zur Entstehung der Evangelien den Exkurs in Kapitel 4.3.1.

kusevangeliums gesteigert darstellt. Die Darstellung der Wunder in den Evangelien mit allen dazugehörigen Überhöhungen ist folglich dem kerygmatischen Christus zuzuschreiben.[425]

Während Jesu Christi öffentlicher Wirksamkeit regierte Herodes Antipas (nicht zu verwechseln mit dem zu Jesu Geburt regierenden Herodes dem Großen; Herodes Antipas war sein Sohn[426]) in Galiläa, also dem Gebiet, in dem Jesus sich primär bewegte.[427] Jesus hatte offenbar mehr als zwölf Jünger, denn er besaß auch Jüngerinnen. Die Zahl Zwölf steht im Sinne des kerygmatischen Christus symbolisch für Jesu Anspruch, sich an ganz Israel zu wenden, das ursprünglich aus zwölf Stämmen bestand.[428]

Jesus pilgerte zum Passafest nach Jerusalem und wurde dort vermutlich am 14. Nisan des Jahres 30 gekreuzigt,[429] da ihm vorgeworfen wurde, ein politischer Aufrührer zu sein.[430] Dies drückt seine Kreuzesinschrift „Der König der Juden“ (Mk 15,26) aus: Die Römer hatten Jerusalem zu dieser Zeit besetzt[431] und ihnen ergebene Könige installiert,[432] entsprechend durfte es keinen von Rom unabhängigen jüdischen König geben.

4.2 LK: Jesu jüdischer Hintergrund

Die Schüler*innen „zeigen die Bedeutung des jüdischen Hintergrundes Jesu für das christliche Gottesverständnis auf.“[433] Jesus war Jude, folglich stellt „das Judentum seiner Zeit [...] denjenigen Kontext, innerhalb dessen sein Auftreten zu interpretieren ist“,[434] dar. Das Zentrum des jüdischen Glaubens ist der Glaube an *JHWH* als einzigen Gott, mit dem das Judentum die Befreiung aus der Sklaverei in Ägypten und den mit Israel geschlossenen Bund verbindet.[435] Auch Jesus teilte diesen Glauben an *JHWH* als einzigen Gott (vgl. Mk 12,29f.).[436] Der Tempel in Jerusalem

[425] Vgl. zu den Wundererzählungen des Neuen Testaments Kapitel 4.3.
[426] Vgl. J. SCHRÖTER, Jesus im Judentum seiner Zeit, 163.
[427] Vgl. K.-M. BULL, Bibelkunde des Neuen Testaments, 179.
[428] Vgl. a.a.O., 180.
[429] Vgl. ebd.
[430] Vgl. a.a.O., 181.
[431] Vgl. W. FOERSTER, Herodes und seine Nachfolger, 266.
[432] Vgl. a.a.O., 268f.
[433] NDS. KULTUSMINISTERIUM (Hg.), Kerncurriculum, 24.
[434] J. SCHRÖTER, Jesus im Judentum seiner Zeit, 157.
[435] Vgl. a.a.O., 159.
[436] Vgl. a.a.O., 166.

stellte einen zentralen Ort des Judentums zur Zeit Jesu dar, die **Tora** (die fünf Bücher Mose) zusammen mit den Psalmen und prophetischen Büchern die grundlegenden Schriften.[437] Das Volk Israel hoffte zur Zeit von Jesu irdischem Auftreten darauf, dass Gott seine Herrschaft antreten würde.[438] Wie dies geschehen sollte, wurde in verschiedenen Teilen des Judentums unterschiedlich gedeutet. Zur Zeit Jesu existierten diverse jüdische Gruppierungen.[439] Die **Pharisäer** setzen sich aus der Mittelschicht zusammen und waren darauf bedacht, ihr Leben an der Tora zu orientieren, was sich insbesondere im Einhalten vieler Reinheits- und Speisegebote äußerte.[440] Vorrangig mündliche Überlieferungen und Auslegungen der Tora prägten so ihr Leben.[441] Sie belehrten andere Teile der Gesellschaft über die richtige Einhaltung der Gesetze, die ihnen sehr wichtig war.[442] Die **Sadduzäer** bildeten die politische Oberschicht und gehörten insbesondere der Tempelpriesterschaft Jerusalems an,[443] sie waren also stark mit der Führung des Tempels verbunden.[444] Die Sadduzäer legten mehr Wert auf schriftliche Fassungen der Tora als auf eigene Auslegungen und waren konservativer eingestellt.[445] Ein Beispiel hierfür stellt dar, dass sie anders als die Pharisäer nicht an eine Auferstehung glaubten.[446] Die **Essener** grenzten sich vom Tempel Jerusalems ab und forderten strengere Toraauslegungen als die Pharisäer.[447] Sie eiferten so danach, besonders rein zu werden.[448] Die **Zeloten** waren eine gewaltbereite Gruppierung, die versuchte, militärisch gegen die Römer vorzugehen, um ihre Herrschaft zu beenden.[449] Den einzigen legitimen Herrscher sahen sie in Gott selbst.[450] Die im Neuen Testament als **Schriftgelehrte** bezeichnete Gruppe stellte einen Beruf dar, wobei die einzelnen Schriftgelehrten den

437 Vgl. a.a.O., 159f.
438 Vgl. a.a.O., 160.
439 Vgl. K.-M. BULL, Bibelkunde des Neuen Testaments, 202.
440 Vgl. a.a.O., 203.
441 Vgl. a.a.O., 204.
442 Vgl. J. SCHRÖTER, Jesus im Judentum seiner Zeit, 161.
443 Vgl. K.-M. BULL, Bibelkunde des Neuen Testaments, 205.
444 Vgl. J. SCHRÖTER, Jesus im Judentum seiner Zeit, 161.
445 Vgl. K.-M. BULL, Bibelkunde des Neuen Testaments, 205.
446 Vgl. J. SCHRÖTER, Jesus im Judentum seiner Zeit, 161.
447 Vgl. K.-M. BULL, Bibelkunde des Neuen Testaments, 208.
448 Vgl. ebd.
449 Vgl. a.a.O., 209; J. SCHRÖTER, Jesus im Judentum seiner Zeit, 162.
450 Vgl. K.-M. BULL, Bibelkunde des Neuen Testaments, 210.

oben genannten Gruppierungen angehörten, wie jene in Mk 2,13–17 den Pharisäern (vgl. Mk 2,16).[451]

Manche Teile des Judentums hofften auf eine zukünftige Umsetzung von Gottes Herrschaft, andere sahen diese als bereits existent, aber verborgen an.[452] Jesu jüdischer Hintergrund ist auch die Ursache der jüdischen Prägung der ihm zugesprochenen Hoheitstitel. Das aramäische Wort „**Messias**" bedeutet so viel wie „der Gesalbte"[453] und verweist damit auf das Alte Testament. In diesem wurden Könige und Hohenpriester bei ihrer Amtseinführung mit Öl gesalbt und so zu den Gesalbten.[454] Vereinzelt wurden auch Propheten bei ihrer Einsetzung gesalbt, sodass sie das dritte Amt darstellen, das mit der Bezeichnung als Gesalbter verknüpft ist.[455] Nach dem babylonischen Exil bezeichnete der Titel „Messias" einen weltlichen Herrscher, auf den die Israeliten hofften und dem sie zuschrieben, dass er ihnen Frieden, Gerechtigkeit und die Befreiung von jeder Fremdherrschaft, wie der von den Römern ausgeübten, bringen würde.[456] Der uns heute bekannte Titel „**Christus**" ist die griechische Übersetzung von „Messias", die später von den ersten christlichen Gemeinden verwendet wurde.[457] Genau auf die drei oben genannten Ämter verweist der Heidelberger Katechismus in seiner Erklärung des Begriffs Christus: Diesem zufolge meint die Bezeichnung, dass der als Christus bezeichnete Jesus von Gott durch die Salbung mit dem Heiligen Geist zugleich als oberster Prophet, einziger Hohepriester und ewiger König eingesetzt wurde.[458]

Jesus selbst hat sich nicht als Christus bezeichnet, vermutlich aber als „**Menschensohn**" (Mk 2,10).[459] Diese Bezeichnung verwendet er im Markusevangelium etwa im Kontext einer Heilung, in deren Erzählung der Evangelist ihn sagen lässt: „Damit ihr aber wisst, dass der Menschensohn Vollmacht hat, Sünden zu vergeben auf Erden – sprach er zu dem Gelähmten […]" (Mk 2,10). Dieses Zitat drückt präzise aus, was mit dem

---

451 Vgl. a.a.O., 210f.

452 Vgl. J. SCHRÖTER, Jesus im Judentum seiner Zeit, 160f.

453 K.-M. BULL, Bibelkunde des Neuen Testaments, 184.

454 Vgl. ebd.

455 Vgl. D. BÖHLER, Ausgesondert zum Dienst, 40.

456 Vgl. K.-M. BULL, Bibelkunde des Neuen Testaments, 184.

457 Vgl. ebd.

458 Vgl. Frage 31 des Heidelberger Katechismus.

459 J. SCHRÖTER, Jesus im Judentum seiner Zeit, 172.

Titel des Menschensohnes gemeint ist: Jesus ist ein Mensch, aber er ist zugleich Gottes Bevollmächtigter. Sünden kann nur Gott selbst vergeben,[460] also muss Jesus Christus neben seiner menschlichen Natur als Jesus auch eine göttliche Natur als Christus besitzen.[461] Jesu besondere Nähe zu Gott drückt an anderer Stelle im Vaterunser ebenfalls seine Anrede Gottes als Vater aus (vgl. Mt 6,9; Lk 11,2).[462] Anknüpfend an Jesu Selbstbezeichnung als Menschensohn schließt Jens Schröter: „Dieses Selbstverständnis hat in entscheidender Weise dazu beigetragen, dass Jesus von seinen Anhängern als derjenige betrachtet wurde, mit dem die Verheißungen des heilvollen Wirkens Gottes am Ende der Zeit in Erfüllung gehen. Deshalb wurden seine Machttaten als Erweise des Heilshandelns Gottes gedeutet, er wurde als der Gesalbte und der Sohn Gottes bezeichnet."[463] Die Bezeichnung als Menschensohn darf also im Vergleich zu Christus und Messias nicht etwa als ein Entweder-oder verstanden werden, sondern die Bezeichnungen sind miteinander verwoben und ein Teil unseres Bildes von Jesus Christus, der an dessen jüdischen Hintergrund anknüpft.

Jesu Christi bereits oben angesprochene Bezeichnung Gottes als seinen Vater gipfelt im **Vaterunser** als dem verbreitetsten christlichen Gebet. Es findet sich in **Mt 6,9–13** und **Lk 11,2–4** in etwas unterschiedlichen Fassungen[464] und wird in allen Konfessionen gesprochen.[465] Schon im Jahr 75 n. Chr. ist das Beten des Vaterunsers nachweisbar.[466] Die einzelnen Aussagen des Vaterunsers entsprechen Inhalten jüdischer Gebete, insbesondere „das noch heute übliche Tagesgebet der achtzehn Lobsprüche, das sog. Achtzehn Gebet (hebr. Schome Esre)",[467] sowie das „Kaddisch, ein Schlussgebet aus dem Synagogengottesdienst",[468] können als Vorläufer des Vaterunsers verstanden werden,[469] wobei andere Untersuchungen darauf hinweisen, dass es keine direkte Abhängigkeit des Vaterunsers

---

[460] Vgl. ebd. sowie zur Sündenthematik Kapitel 2.3.
[461] Vgl. zum historischen Jesus und kerygmatischen Christus Kapitel 4.1.
[462] Vgl. J. SCHRÖTER, Jesus im Judentum seiner Zeit, 169.
[463] A.a.O., 172.
[464] Vgl. U. BECKER, Wenn ihr betet, 97.
[465] Vgl. ebd.
[466] Vgl. a.a.O., 99.
[467] A.a.O., 100.
[468] A.a.O., 102.
[469] Vgl. ebd.

von diesen gibt,[470] Jesus aber dennoch „in der Formulierung des Vaterunsers aus der reichen Gebetstradition Israels schöpfte."[471] Auch die Anrede Gottes als Vater ist zur Zeit Jesu nicht ungewöhnlich, sondern bereits in der jüdischen Tradition weit verbreitet,[472] wenn sie auch nicht im Sinne einer Verwandtschaftsbeziehung aufgefasst wurde (was hingegen bei den Griechen mit Zeus der Fall war).[473] Die Anrede drückt Jesu Vertrautheit und Nähe zu Gott aus,[474] mit der auch seine ihm von Gott gegebene Vollmacht einhergeht.[475] Indem Jesus Christus den Jüngern (die hier auch repräsentativ für alle späteren Christ*innen stehen können) aufgibt, ebenso zu beten (vgl. Mt 6,5), werden sie in das Verhältnis der besonderen Nähe zu Gott eingeschlossen.[476] Im Vaterunser wird um das Aufrichten des Reiches Gottes gebeten (vgl. Mt 6,10),[477] das als eine andere Herrschaft präsentiert wird, als sie bisher unter menschlichen Herrschaftsformen bekannt ist, indem in diesem vom Heil aller Menschen ausgegangen wird.[478] Wird im Rahmen der präsentischen Eschatologie vorausgesetzt, dass das Reich Gottes bereits im Entstehen ist, beabsichtigt die Bitte, dass die Trennung des Betenden von diesem aufgehoben wird.[479] Es wird also darum gebeten, dass Gott aktiv seine Herrschaft ausübt.[480] Die nächste Bitte, Gottes Wille möge geschehen (vgl. Mt 6,10), impliziert, sich selbst an diesen zu halten – was insbesondere durch die Befolgung der Gebote ermöglicht wird.[481] Auch hier liegt also eine Anknüpfung an Jesu jüdischen Hintergrund vor. Bemerkenswert ist bei allen Bitten, dass stets darum gebeten wird, dass nicht nur dem einzelnen Individuum Brot gegeben oder Schuld vergeben wird, sondern die Bitten im Plural formuliert sind, also um die entsprechenden Dinge im engeren Sinne zunächst für alle Christ*innen, die zusammen um diese bitten, im weiteren Sinne aber

---

[470] Vgl. E. LOHSE, Vater unser, 27.

[471] Ebd.

[472] Vgl. U. BECKER, Wenn ihr betet, 103; H. FINZE-MICHAELSEN, Vater unser – Unser Vater, 21.

[473] Vgl. E. LOHSE, Vater unser, 31f.

[474] Vgl. U. BECKER, Wenn ihr betet, 104.

[475] Vgl. E. LOHSE, Vater unser, 35f.

[476] Vgl. U. BECKER, Wenn ihr betet, 104; E. LOHSE, Vater unser, 37.

[477] Vgl. zum Reich Gottes Kapitel 4.3.

[478] Vgl. U. BECKER, Wenn ihr betet, 105.

[479] Vgl. H. FINZE-MICHAELSEN, Vater unser – Unser Vater, 55.

[480] Vgl. a.a.O., 56.

[481] Vgl. E. LOHSE, Vater unser, 56.

auch für alle Menschen gebeten wird, „weil Gottes Vaterschaft sich auf alle Menschen erstreckt".[482] Auch die auf diese Du-Bitten[483] folgenden Wir-Bitten bekräftigen den Wunsch, dass alles Leid und alle Nöte für alle Menschen beseitigt werden.[484] Die Bitte um das Geben des täglichen Brotes (vgl. Mt 6,11) meint so etwa keineswegs nur Brot, sondern dieses steht repräsentativ für „die ‚Lebens-Mittel' im weitesten Sinne,"[485] also eine Herstellung aller für ein erfülltes Leben benötigten Voraussetzungen.[486] Indem der Betende aussagt, dass auch er seinen Schuldigern vergeben werde (vgl. Mt 6,12), wird bereits danach gestrebt, Ungleichheiten und Trennendes (wie Schulden) in der jetzigen Welt aufzuheben, wie es von Gott in seinem Reich Gottes in vollendeter Form erhofft wird.[487] Es wird also auch menschliche Versöhnung angestrebt[488] und damit das eigene Handeln mit den Bitten verbunden.[489] Zum Abschluss des Gebets wird anerkannt, dass das erbetene Reich Gottes noch nicht vollendet ist, sondern wir Menschen noch in einer unvollkommenen Welt voller Versuchungen leben (vgl. Mt 6,13), sodass um den Schutz vor diesen noch gebeten werden muss.[490] Holger Finze-Michaelsen stellt diesbezüglich fest, dass Jesus mit der „Menschlichkeit"[491] seiner Zuhörer*innen (die zunächst die Jünger darstellten) rechnet, innerhalb derer wir Menschen nur allzu oft Versuchungen nachgehen.[492] Es wird in der Theologie mit einer hohen Wahrscheinlichkeit davon ausgegangen, dass das Vaterunser wirklich auf Jesus zurückgeht,[493] sodass es einerseits zu Recht seine besondere Bedeutung in allen christlichen Konfessionen erfährt, andererseits aber auch einen Beleg für Jesu tiefe Verwurzelung im Judentum seiner Zeit darstellt, wie Eduard Lohse pointiert zusammenfasst: „Wort für Wort lassen die im Vaterunser verwendeten Begriffe Anklänge an die reichen Gebetsüberlieferungen Israels erkennen, so dass man den Ein-

---

[482] H. FINZE-MICHAELSEN, Vater unser – Unser Vater, 45.
[483] Vgl. U. BECKER, Wenn ihr betet, 105.
[484] Vgl. a.a.O., 106.
[485] H. FINZE-MICHAELSEN, Vater unser – Unser Vater, 78.
[486] Vgl. ebd.; E. LOHSE, Vater unser, 60f.
[487] Vgl. U. BECKER, Wenn ihr betet, 106f.
[488] Vgl. H. FINZE-MICHAELSEN, Vater unser – Unser Vater, 105.
[489] Vgl. E. LOHSE, Vater unser, 75.
[490] Vgl. U. BECKER, Wenn ihr betet, 107.
[491] H. FINZE-MICHAELSEN, Vater unser – Unser Vater, 108.
[492] Vgl. a.a.O., 108f.
[493] Vgl. E. LOHSE, Vater unser, 95.

druck gewinnen kann, Jesu Gebet sei aus vorgegebenen Wendungen aus der Gebetstradition Israels formuliert."[494]

Jesus Christus predigte und wirkte rund um Galiläa, eine Region am See Genezareth, die stark jüdisch geprägt war.[495] Er sah die Beziehung zwischen Gott und den Menschen als „von Seiten der Menschen irreparabel zerstört"[496] an, predigte jedoch, dass Gott erneut auf die Menschen zugeht und ihnen eine „neue Heilschance"[497] eröffnet, zu deren Annahme er aufforderte. Bull fasst Jesu Christi Gerechtigkeitsverständnis wie folgt zusammen: „Gerecht ist, wer kompromisslos gütig und barmherzig handelt (Lk 10,30–35). So handeln kann nur, wer sein Vertrauen ganz auf Gott und seine anbrechende Herrschaft setzt. Für irdische Lebenssicherung bleibt da kein Platz (Mt 6,24 par)."[498] Damit wird verständlich, wieso Jesus seinen jüdischen Hintergrund zwar ernst nahm, zugleich aber soziale Forderungen der Tora radikalisierte, während er mit kultischen Vorschriften wie den Reinheitsgeboten relativ lasch umging.[499] Wichtig war ihm, dass die Menschen von ganzem Herzen barmherzig handeln. Ob sie sich an die Reinheitsgebote halten, spielte eine untergeordnete Rolle in seinem Gerechtigkeitsverständnis. Die Tora wurde so von Jesus Christus zwar ernst genommen, aber doch unter dem von ihm gesetzten Fokus neu ausgelegt. Wichtig ist dabei, dass Jesus sie und damit die Gültigkeit der in ihr enthaltenen Gesetze voraussetzte.[500] Schröter spricht diesbezüglich von einer „Vergrundsätzlichung"[501] des Gesetzes durch Jesus, die er wie folgt definiert: „als grundlegende Frage danach nämlich, wozu Gott seinem Volk das Gesetz gegeben hat und was dies für seine Auslegung bedeutet."[502] Jesus sah somit alle Gebote des Judentums als grundsätzlich gültig an, betonte aber zugleich, dass stets nach ihrer Funktion gefragt werden muss, um sie auslegen zu können. Ein Beispiel findet sich in **Lk 14,2–6**: Hier wird die Frage aufgeworfen, ob es erlaubt sei, am Sabbat zu heilen (vgl. Lk 14,3). Grundsätzlich ist Arbeit am Sabbat verboten (vgl.

---

[494] Ebd.
[495] Vgl. J. SCHRÖTER, Jesus im Judentum seiner Zeit, 162–164.
[496] K.-M. BULL, Bibelkunde des Neuen Testaments, 181f.
[497] A.a.O., 182.
[498] Ebd.
[499] Vgl. ebd.
[500] Vgl. J. SCHRÖTER, Jesus im Judentum seiner Zeit, 167.
[501] Ebd.
[502] Ebd.

Ex 20,10), wenn Jesus jedoch im Markusevangelium die Äußerung: „Der Sabbat ist um des Menschen willen gemacht und nicht der Mensch um des Sabbats willen“ (Mk 2,27), zugeschrieben wird, lässt sich erkennen, dass etwa die Versorgung eines Verletzten durchaus auch am Sabbat zu befürworten ist – auch wenn dies für Ärzt*innen eine Ausübung ihrer Arbeit darstellt.[503] Auch die **Antithesen der Bergpredigt** (vgl. **Mt 5,21–48**) sind in diesem Sinne zu verstehen. Die Bergpredigt geht höchstwahrscheinlich nicht auf Jesus Christus selbst zurück, doch in ihr wurde seine Lehre vom Verfasser des Matthäusevangeliums gebündelt dargestellt.[504] Schon in ihrer Einleitung wird Jesus Christus in den Mund gelegt: „Ihr sollt nicht meinen, dass ich gekommen bin, das Gesetz oder die Propheten aufzulösen; ich bin nicht gekommen aufzulösen, sondern zu erfüllen“ (Mt 5,17). Schröter fasst zusammen, dass die Tora so grundsätzlich bejaht wird.[505] Innerhalb der Antithesen werden stets nach demselben Schema alttestamentliche Gebote aufgegriffen und von Jesus Christus selbst ausgelegt.[506] Sie werden so anerkannt, aber teilweise neue Schwerpunkte gesetzt, wie es auch der oben aufgegriffene Umgang mit dem Sabbatgebot zeigt.

Insgesamt resümiert Schröter über Jesu Verhältnis zu Israel so: „Es lässt sich demnach festhalten, dass Jesus fest in den Schriften und Traditionen Israels steht. […] Israel ist dabei der primäre Adressat seines Wirkens, Hinwendungen zu Nicht-Israeliten sind die Ausnahme“.[507] Der jüdische Hintergrund Jesu ist somit ein Teil seiner Persönlichkeit und seiner Botschaft, ohne den er nicht zutreffend erfasst werden kann.

4.3 Jesu Botschaft vom Reich Gottes

Die Schüler*innen „erläutern die Botschaft Jesu vom Reich Gottes.“[508] Gottes Herrschaft und damit sein Reich sind „das zentrale Thema der Predigt des irdischen Jesus“.[509] Das Reich Gottes entspricht der Hoffnung „auf die Herbeiführung eines paradiesischen Zustands der Gerechtigkeit,

503 Vgl. ebd.
504 Vgl. a.a.O., 168.
505 Vgl. ebd.
506 Vgl. ebd.
507 A.a.O., 170.
508 NDS. KULTUSMINISTERIUM (Hg.), Kerncurriculum, 24.
509 A. LINDEMANN, Herrschaft Gottes/Reich Gottes, 200.

des Friedens und der Freiheit, in dem alle Unzulänglichkeiten und Leiden des bisherigen Lebens endlich überwunden sind.“[510] Insbesondere der Begriff „paradiesisch“ ist in diesem Zitat sehr zutreffend gewählt, denn mit dem Reich Gottes wird ein Zustand großen Glücks beschrieben. Jesu Botschaft vom Reich Gottes lässt sich insbesondere aus den uns von ihm überlieferten **Gleichnissen** erschließen.[511] Im Neuen Testament liegen davon etwa 38 vor[512] (die Angabe wird als „etwa“ bezeichnet, da es teilweise umstritten ist, ob einzelne Erzählungen aus einem zusammenhängenden oder zwei einzeln zu zählenden Gleichnissen bestehen). Warum sich Jesu Botschaft vom Reich Gottes so gut aus ihnen erschließen lässt, offenbart in vielen Fällen bereits ihre Einleitung: „Die meisten werden eingeleitet mit der Formel: ‚Mit der Gottesherrschaft/dem Reich Gottes [...] verhält es sich wie...‘“,[513] wobei im Matthäusevangelium in der Regel der Begriff „Reich der Himmel“ anstelle von „Reich Gottes“ genutzt wird.[514] Es ist davon auszugehen, dass die uns überlieferten Gleichnisse Ergebnisse eines zuvor vermutlich mündlichen Überlieferungsprozesses sind, die weitgehend auf Gleichnisse zurückgehen, die Jesus selbst erzählt hat.[515] Die Sprachform des Gleichnisses ist an sich nicht ungewöhnlich, sie war insbesondere im Frühjudentum sehr beliebt.[516] In den Gleichnissen wird die Alltagswelt der Hörer dem Reich Gottes gegenübergestellt, es werden also deutlich Unterschiede zwischen unserer Welt und dem Reich Gottes aufgezeigt.[517] Die Gleichnisse können in unterschiedliche Formen kategorisiert werden, die hier jedoch nicht näher untersucht werden sollen.[518] Entscheidender im Hinblick auf Jesu Botschaft vom Reich Gottes ist, dass diese sich schlecht konkret definieren lässt, wobei die Gleichnisse einen Zugang ermöglichen können: „Was Gottesherrschaft bedeutet, kann nur als Gleichnis zur Sprache kommen.“[519] Wie das Reich Gottes wirklich aussieht, weiß vollumfänglich

---

510 P. KLIEMANN, Glauben ist menschlich, 106.
511 Vgl. A. LINDEMANN, Herrschaft Gottes/Reich Gottes, 201.
512 Vgl. F. JOHANNSEN, Und er redete zu ihnen vieles in Gleichnissen, 55.
513 Ebd.
514 Vgl. ebd.
515 Vgl. a.a.O., 57; K.-M. BULL, Bibelkunde des Neuen Testaments, 188.
516 Vgl. a.a.O., 187.
517 Vgl. a.a.O., 189.
518 Vgl. F. JOHANNSEN, Und er redete zu ihnen vieles in Gleichnissen, 57; K.-M. BULL, Bibelkunde des Neuen Testaments, 188–190.
519 F. JOHANNSEN, Und er redete zu ihnen vieles in Gleichnissen, 60.

nur Gott. Wir Menschen haben nur begrenzte, weltliche Denkmöglichkeiten, sodass in den Gleichnissen versucht wird, mit diesen weltlichen Denkmöglichkeiten zu beschreiben, wie und was das Reich Gottes ist. Johannsen spricht in diesem Sinne davon, dass durch Gleichnisse „Unvergleichliches zur Sprache“[520] gebracht wird: Eigentlich können wir das Reich Gottes nicht mit weltlichen Vergleichen beschreiben, doch eine leichte Ahnung davon, was das Reich Gottes ausmacht, können die Gleichnisse uns eröffnen. Dies gelingt, indem die Gleichnisse alltägliche Beispiele als sprachliche Bilder wählen, mit denen Aspekte des Reiches Gottes verglichen werden.[521] Auf den Punkt gebracht: „Gott und Gottesherrschaft sind nicht definierbar, sondern nur über Entsprechungen erfahrbar.“[522] In unterschiedlichen Deutungsansätzen können diese unterschiedlich ausgelegt werden,[523] wobei insbesondere im Fokus steht, die metaphorischen Aussagen der Gleichnisse zunächst in Jesu Lebenswelt, in der er ihre Urform erzählt hat, zu verstehen und anschließend in unsere heutige Zeit zu übertragen.[524]

Die Gleichnisse eröffnen zunächst eine Spannung, die auch als **eschatologischer Vorbehalt** bezeichnet wird, dazwischen, dass das Reich Gottes einerseits schon da, andererseits aber noch nicht vollendet ist.[525] Dass das Reich Gottes bereits da ist, beschreibt die **präsentische Eschatologie**, indem etwa der Verfasser des Lukasevangeliums Jesus die Worte: „Wenn ich aber durch Gottes Finger die bösen Geister austreibe, so ist ja das Reich Gottes zu euch gekommen“ (Lk 11,20), in den Mund legt. Offensichtlich wird hier vorausgesetzt, dass das Reich Gottes bereits besteht. In diesem Sinne wird das Reich Gottes also in den Dämonenaustreibungen genauso erfahrbar wie in Jesu Christi Heilungen und Mahlgemeinschaften.[526] Die Wundererzählungen werde ich weiter unten in diesem Kapitel noch betrachten. Die Mahlgemeinschaften zeichnen sich dadurch aus, dass Jesus diese mit Ausgestoßenen der damaligen Gesellschaft abhält und sie so einbezieht (vgl. Lk 15,2). Gegenüber diesen Aspekten des

---

[520] Ebd.
[521] Vgl. M. HÜLSMANN, Konfession: evangelisch, 69.
[522] F. JOHANNSEN, Und er redete zu ihnen vieles in Gleichnissen, 60.
[523] Vgl. a.a.O., 60–64.
[524] Vgl. a.a.O., 64.
[525] Vgl. M. HÜLSMANN, Konfession: evangelisch, 71.
[526] Vgl. J. SCHRÖTER, Jesus im Judentum seiner Zeit, 170; P. KLIEMANN, Glauben ist menschlich, 107.

teilweise schon erfahrbaren Reiches Gottes beschreibt die **futurische Eschatologie**, dass dieses noch nicht vollendet ist, wie der Verfasser des Lukasevangeliums ebenfalls Jesus Christus in den Mund legt, wenn er ihn im Rahmen der Seligpreisungen Armen, Hungernden, Weinenden und Gehassten zusprechen lässt, dass sie zukünftig in das Reich Gottes kommen werden, in dem sie dieses Leid nicht mehr erleiden müssen (vgl. Lk 6,20–23). Auch die Bitte „Dein Reich komme“ (Mt 6,10) des Vaterunsers verweist darauf, dass das Reich Gottes noch nicht vollendet ist[527] – schließlich wäre es sonst sinnlos, um das Kommen dieses Reiches zu bitten. Insgesamt liegt so in Jesu Handeln der Beginn des Reiches Gottes vor, die Vollendung ist aber noch ausstehend.[528]

Damit stellt sich die Frage, wie das Reich Gottes in die Welt kommt, wie es sich also letztlich vollständig durchsetzt. Dies skizziert das **Gleichnis vom Senfkorn** im Markusevangelium. In diesem beschreibt Jesus, dass das Reich Gottes wie ein Senfkorn ist, das als kleinstes aller Samenkörner zu einer riesigen Senfstaude heranwächst (vgl. **Mk 4,30–32**). Gängige Deutungen stellen fest, dass das Gleichnis den Kontrast zwischen einem kleinen Anfang und einer im Vergleich dazu riesigen Vollendung einander gegenüberstellt.[529] Georg Gäbel betont, dass der Fokus dabei klar auf dem Ende liegt, also dem großen Endprodukt, das als Senfstaude präsentiert wird, die „größer als alle Kräuter“ (Mk 4,32) sein und „große Zweige, sodass die Vögel unter dem Himmel unter seinem Schatten wohnen können“ (Mk 4,32), treiben soll. Er folgert: „Die Gottesherrschaft wird, unvorhersehbar, unableitbar, eintreffen und die Welt verwandeln“.[530] Dabei liegt ein Wachstumsprozess vor, der von allein und ohne menschliche Unterstützung vonstattengeht.[531] Es darf also gefolgert werden, dass sich das Reich Gottes von allein, ohne unser Zutun, durchsetzt. Hierin sieht Gäbel einen wirklichen Kontrast zu weltlichen „religiösen und ethischen Plausibilitäten“.[532] Die winzige Größe des Senfkorns steht darüber hinaus nicht primär im Kontrast zur großen Senfstaude, sondern in einem noch stärkeren Kontrast zum unvorstellbar großen Reich Gottes, das mit

[527] Vgl. J. SCHRÖTER, Jesus im Judentum seiner Zeit, 170; P. KLIEMANN, Glauben ist menschlich, 109.
[528] Vgl. J. SCHRÖTER, Jesus im Judentum seiner Zeit, 169f.
[529] Vgl. G. GÄBEL, Mehr Hoffnung wagen, 333.
[530] Ebd.
[531] Vgl. a.a.O., 333f.
[532] A.a.O., 334.

einem Bild dargestellt wird, das an einen Weltenbaum erinnert. In diesem Sinne kann die Wahl der Senfstaude – die eigentlich von vielen Bäumen deutlich überragt wird – als Hinweis darauf gedeutet werden, dass die Herrschaft Gottes ganz anders ist als uns bekannte weltliche Herrschaften.[533] Mit anderen Worten ausgedrückt: Im Reich Gottes kann sogar die Senfstaude alle Bäume überragen, die in unserer Welt deutlich größer sind.

Im Matthäus- und Lukasevangelium wird mit dem Gleichnis vom Senfkorn auch das **Gleichnis vom Sauerteig** verbunden. Das Reich Gottes wird hier mit einem Sauerteig verglichen, der von einer Frau unter Weizenmehl gemengt wird, bis er dieses vollständig durchsäuert hat (vgl. **Mt 13,33**). Im Rahmen seiner sozialgeschichtlichen Analyse präsentiert Karl-Heinrich Ostmeyer zunächst die überraschende Erkenntnis: „Ein Bedecken von Sauerteig mit Weizenmehl bewirkt ohne Kneten keine Durchsäuerung der Elemente."[534] Von einem Kneten ist im Gleichnis aber nicht die Rede, und doch soll das Weizenmehl am Ende vollständig durchsäuert sein (vgl. Mt 13,33). Neben dem Kneten fehlt auch das für die Durchsäuerung notwendige Hinzufügen von Wasser.[535] Ostmeyer kommt daher zu dem Schluss, dass im Gleichnis bewusst der alltägliche weltliche Vorgang der Brotherstellung in Kontrast zur Realität des Reiches Gottes gesetzt wird. Er deutet damit: „Wie im markinischen Gleichnis von der selbstwachsenden Saat oder im Gleichnis vom Unkraut unter dem Weizen, lässt Gott den von ihm initiierten Dingen ihren Lauf, statt verbessernd oder beschleunigend einzugreifen."[536] Im Gleichnis vom Sauerteig wird also genauso wie im Gleichnis vom Senfkorn veranschaulicht, dass sich das Reich Gottes ohne weiteres Zutun durchsetzen wird.[537] Kliemann spricht in diesem Sinne auch davon, dass in den Gleichnissen vom Senfkorn und Sauerteig die Entstehung des Reiches Gottes „mit einem allmählichen Wachsen und Reifen im Verborgenen"[538] beschrieben wird. Auch das Gleichnis vom Sauerteig offenbart somit, dass aus einem kleinen Anfang – dem ursprünglichen Sauerteig, der in unserer weltlichen Realität niemals ohne Zutun das ganze Mehl durchsäuert hätte – ein un-

---

[533] Vgl. ebd.
[534] K.-H. OSTMEYER, Gott knetet nicht, 187.
[535] Vgl. a.a.O., 190.
[536] Ebd.
[537] Vgl. J. SCHRÖTER, Jesus im Judentum seiner Zeit, 171.
[538] P. KLIEMANN, Glauben ist menschlich, 108.

erwartetes Endprodukt entsteht, ohne dass ein weiteres Zutun von Seiten der Menschen oder Gottes nötig wäre. Das Reich Gottes setzt sich also von allein durch.

Jesus Christus wendete sich in seiner Botschaft vom Reich Gottes primär an die Bedürftigen und Ausgestoßenen der Gesellschaft seiner Zeit.[539] Dabei stellt sich insbesondere für uns, die wir als Europäer des 21. Jahrhunderts gewiss im Vergleich zu diesen Bedürftigen als reich gelten müssen, die Frage, ob das Reich Gottes auch uns offensteht. Die Frage nach dem Zugang zum Reich Gottes für Reiche thematisiert das **Gleichnis vom reichen Jüngling** im Markusevangelium (vgl. **Mk 10,17–27**). In diesem fragt ein Mann Jesus, was er tun muss, um in das Reich Gottes zu gelangen (vgl. Mk 10,17). Jesus verweist zunächst auf die Einhaltung der Gebote (vgl. Mk 10,19), woraufhin der Mann bestätigt, diese einzuhalten (vgl. Mk 10,20). Jesu weitere Antwort: „Eines fehlt dir. Geh hin, verkaufe alles, was du hast, und gib's den Armen, so wirst du einen Schatz im Himmel haben, und komm und folge mir nach!" (Mk 10,21), schockiert den Mann nicht weniger, als diese Aufforderung uns heute schockieren würde, zumal im Gleichnis noch erläutert wird, dass er reich ist (vgl. Mk 10,22). Jesu folgende Aussage gegenüber seinen Jüngern: „Wie schwer werden die Reichen in das Reich Gottes kommen! [...] Es ist leichter, dass ein Kamel durch ein Nadelöhr gehe, als dass ein Reicher ins Reich Gottes komme" (Mk 10,23–25), kann uns auch heute ängstigen. Die Jünger reagieren auf diese Aussagen ebenfalls entsetzt und fragen sich, ob dann überhaupt Menschen selig werden können (vgl. Mk 10,26), woraufhin Jesus zum Abschluss versöhnende Worte findet: „Bei den Menschen ist's unmöglich, aber nicht bei Gott; denn alle Dinge sind möglich bei Gott" (Mk 10,27). Hülsmann sieht in Jesu Aufforderung eine klare Gewichtung, der zufolge die Nachfolge Jesu Priorität gegenüber allen weltlichen Dingen besitzt.[540] Der Mann im Gleichnis ist nicht bereit, dieser die Priorität einzuräumen, denn er hängt an seinem Besitz,[541] ebenso wie die meisten von uns dies gewiss auch heute tun. Dennoch schließt der das Gleichnis abschließende Satz keineswegs aus, dass Reiche in das Reich Gottes gelangen. Dies ist möglich, es wird lediglich betont, dass es, wenn

---

[539] Vgl. J. SCHRÖTER, Jesus im Judentum seiner Zeit, 169.
[540] Vgl. M. HÜLSMANN, Moment mal! Grundbegriffe und biblische Basistexte, 40.
[541] Vgl. ebd.

es passiert, allein Gottes Verdienst ist, der es ermöglicht.[542] Zusammengefasst ermuntert das Gleichnis somit dazu, die Nachfolge Jesu über weltliche Dinge zu stellen, schließt aber eben nicht, wie es leicht missverstanden werden kann, aus, dass Reiche in das Reich Gottes gelangen, sondern besagt klar, dass Gott auch dies ermöglichen kann.

Als nächste Frage drängt sich auf, wie das Reich Gottes ist, was zu einem sehr bekannten Gleichnis führt: Dem **Gleichnis von den Arbeitern im Weinberg** (vgl. **Mt 20,1–16**). In diesem wird das Reich Gottes (da das Gleichnis sich im Matthäusevangelium befindet, als „Himmelreich" (Mt 20,1) bezeichnet) mit einem Weinbergbesitzer verglichen, der am Morgen eines Tages Tagelöhner zur Weinernte anwirbt, mit denen er einen Lohn in Höhe eines Silbergroschens vereinbart (vgl. Mt 20,1f.). Im Laufe des Tages wirbt er weitere Arbeiter an, von denen die letzten sogar nur noch für eine Stunde arbeiten, wobei jeweils nicht mehr ausgesagt wird, welcher Lohn mit diesen weiteren Arbeitern vereinbart wird (vgl. Mt 20,3–7). Schließlich kommt es zur Lohnauszahlung, bei der die zuletzt eingestellten Arbeiter zuerst einen Silbergroschen erhalten (vgl. Mt 20,8f.), was die ersten Arbeiter darauf hoffen lässt, dass ihr Lohn höher als zunächst vereinbart ausfallen würde (vgl. Mt 20,10) – schließlich haben sie ja auch eine deutlich längere Arbeitszeit hinter sich. Doch auch sie erhalten den vereinbarten Silbergroschen (vgl. Mt 20,10), was zu Unmut bei ihnen führt (vgl. Mt 20,11f.). Der Weinbergbesitzer verweist jedoch auf die am Morgen getroffene Vereinbarung über die Höhe des Lohnes (vgl. Mt 20,13) und sieht sich im Recht, mit seinem Eigentum tun zu dürfen, was er möchte (vgl. Mt 20,15). Das Gleichnis schließt mit den Worten: „So werden die Letzten die Ersten und die Ersten die Letzten sein" (Mt 20,16). Der grundsätzliche Vorgang des Anwerbens von Arbeitern im Laufe eines Tages auf dem örtlichen Marktplatz ist in der damaligen Zeit weitgehend nicht unüblich.[543] Unüblich wird es in dem Moment, in dem zur Lohnauszahlung ein Verwalter auftritt und die Reihenfolge der Auszahlung im Vergleich zur Anwerbung umdreht, der zuvor weder beim Anwerben noch später bei der Entgegennahme der Beschwerden eine Rolle spielt, die jeweils in seinen Zuständigkeitsbereich fallen sollten.[544] Friedrich Avemarie stellt fest, dass mit der ganzen Erzählstruktur

---

[542] Vgl. ebd.

[543] Vgl. F. AVEMARIE, Jedem das Seine? Allen das Volle, 462.

[544] Vgl. ebd.

der Leser „auf eine falsche Spur gelockt“[545] wird, indem er eine proportionale Lohnverteilung erwartet. Der Lohn von einem Silbergroschen, der auch als Denar bezeichnet wird, entspricht innerhalb des Gleichnisses dem, was jene zu Beginn angeworbenen Arbeiter mit dem Weinbergbesitzer vereinbart haben (vgl. Mt 20,2). Er spielt für die Arbeiter eine besondere Rolle, da er der Menge an Geld entspricht, die „sie als Lebensunterhalt für einen Tag benötigen.“[546] Es wird hier also der tägliche Bedarf aller Arbeiter gedeckt. Avemarie folgert im Hinblick auf die gleiche Bezahlung durch den Weinbergbesitzer: „Statt ihrer Leistung scheint es demnach ihr Arbeitswille, ihre Einsatzbereitschaft zu sein, die er belohnt.“[547] Eine wichtige Beobachtung, die zunächst übersehen werden mag, ist, dass hier keineswegs der Weinbergbesitzer jedem Menschen, den er findet, einen Denar schenkt, sondern nur jenen, die ihren Arbeitswillen gezeigt haben. Sowohl faule Menschen als auch Menschen, die vielleicht gerne arbeiten würden, dies aber aufgrund körperlicher Leiden nicht können, gehen leer aus.[548] Dennoch ist das Verhalten wirtschaftlich kaum umsetzbar, schließlich liegt auf der Hand, dass zukünftig gewiss viele Arbeiter nur für eine Stunde arbeiten würden, wenn ihnen bekannt ist, dass alle Löhne identisch sind.[549] Das Bildfeld eines Weinbergbesitzers oder Arbeitgebers, der Gott repräsentiert, ist in der jüdischen Tradition bekannt. Oft steht der Weinberg selbst für Israel, wobei Lohn durchaus auch Gottes Vergeltung symbolisiert.[550] Es ist so möglich, im Rahmen einer allegorischen Auslegung im Weinbergbesitzer Gott repräsentiert zu sehen. Die Arbeiter, die zuerst angeworben wurden und den ganzen Tag geschuftet haben, könnten dann Jesu Jünger*innen repräsentieren.[551] Eine weitere Deutungsmöglichkeit besteht darin, in den ersten Arbeitern die besonders frommen Teile der damaligen (jüdischen) Gesellschaft zu sehen, denen es schwer fiel zu verstehen, dass Jesus Christus auch Ausgestoßenen wie Zöllnern oder Huren einen Platz im Reich Gottes versprach.[552] Ein weiterer Aspekt kann sein, dass das vorbildliche Verhalten des Weingutbesitzers im Gleichnis zur Solidarität mit jenen

---

[545] A.a.O., 463.
[546] J. SCHRÖTER, Jesus im Judentum seiner Zeit, 169.
[547] F. AVEMARIE, Jedem das Seine? Allen das Volle, 463.
[548] Vgl. ebd.
[549] Vgl. ebd.
[550] Vgl. a.a.O., 466.
[551] Vgl. a.a.O., 468.
[552] Vgl. ebd.

Schwachen aufruft, die durch die Arbeiter repräsentiert werden, die erst zuletzt angeworben werden.[553] Bedacht werden muss dabei stets, dass der Silbergroschen als Lohn repräsentativ für einen vollständigen Lebensunterhalt für einen Tag steht. Das Gleichnis beschreibt so nicht etwa menschliche Gerechtigkeit, die wirtschaftlich umsetzbar wäre, sondern göttliche Gerechtigkeit: Im Reich Gottes erwarten jeden Güte und **Barmherzigkeit**, was unabhängig davon gilt, was die- oder derjenige zuvor geleistet hat.[554] Insgesamt beinhalten diese unterschiedlichen Deutungen also den gemeinsamen Kern, dass im Reich Gottes allen das zur Verfügung gestellt wird, was sie benötigen, was unabhängig davon geschieht, ob es von ihnen verdient wurde (wobei die angeführte, von Avemarie festgestellte Einschränkung auf Menschen, die Arbeitswillen gezeigt haben, bestehen bleibt). Dabei werden keine Menschen bevorzugt, sodass nicht etwa ein Mensch, der sich bewusst ist, dass sein Glauben schwach ist, fürchten müsste, gegenüber anderen, wie den zwölf Jüngern, benachteiligt zu werden. Eine religiöse Leistung gibt es nicht.[555] Stattdessen ruft das Gleichnis dazu auf, sich solidarisch mit anderen darüber zu freuen, was ihnen gegeben wird, ohne Eifersucht zu entwickeln – was uns oft allzu schwer fällt, im Reich Gottes aber möglich ist.

Dass Gott jedem Menschen ermöglicht, in das Reich Gottes zu gelangen, offenbaren neben dem bereits zur Rechtfertigungsthematik betrachteten Gleichnis vom verlorenen Sohn[556] auch weitere Gleichnisse, in denen Verluste eine Rolle spielen. So beschreibt etwa das **Gleichnis vom verlorenen Schaf** (vgl. **Lk 15,1–7**), dass im Himmel die Freude „über einen Sünder, der Buße tut, mehr als über neunundneunzig Gerechte, die der Buße nicht bedürfen“ (Lk 15,7), ist, mit einer Veranschaulichung eines Hirten, der neunundneunzig Schafe zurücklässt, um ein verlorenes zu retten (vgl. Lk 15,4f.). Schröter fasst daher zusammen: „Der Verlust eines einzelnen Schafes, für das der Hirte die gesamte Herde sich selbst überlässt, und derjenige einer Drachme, für die eine Frau ihr ganzes Haus durchsucht, werden dabei zum Bild für das Verlorensein eines einzelnen Sünders und die Sorge Gottes, diesen zurückzugewinnen.“[557] Die Drachme, von Luther als „Silbergroschen“ (Lk 15,8) übersetzt, ist eine Münze,

---

[553] Vgl. a.a.O., 469.
[554] Vgl. J. SCHRÖTER, Jesus im Judentum seiner Zeit, 169.
[555] Vgl. A. LINDEMANN, Herrschaft Gottes/Reich Gottes, 202.
[556] Vgl. Kapitel 2.3.
[557] J. SCHRÖTER, Jesus im Judentum seiner Zeit, 170.

die im folgenden Gleichnis mit derselben Aussageabsicht aufgegriffen wird (vgl. Lk 15,8–10). Kliemann stellt in seiner Untersuchung fest, dass der siebte Vers des Gleichnisses vom verlorenen Schaf, der die Rolle der Buße in dieses einbringt, eine spätere Hinzufügung des Evangelisten darstellt, der die Situation im Urchristentum vor Augen hat.[558] Er schließt unter Verweis darauf, dass die Buße in den vorangegangenen Versen keine Rolle spielt, dass das Gleichnis im ursprünglichen Sinne aussagen sollte, dass Gott „ein gütiger, verzeihender Gott ist und sich so, wie ein Hirte sich um ein entlaufenes Schaf kümmert, gerade auch den Zöllnern und Sündern zuwendet."[559] Die Buße ist dieser Interpretation zufolge nicht entscheidend, genau wie auch das Schaf im Gleichnis keine Buße zeigt (und diese auch nicht zeigen kann). Folglich wäre die Aussage des Gleichnisses, dass das Reich Gottes in der Tat jedem Menschen offensteht, da Gott sich unabhängig davon, ob Buße gezeigt wird, um jeden einzelnen Menschen sorgt.

Neben den Gleichnissen stellen die **Wundergeschichten** eine weitere große Gruppe von Texten innerhalb der Evangelien dar. Die von Jesus Christus primär adressierten Bedürftigen werden von ihm einerseits seliggepriesen (vgl. Mt 5,3f.; Lk 6,20f.), andererseits zeigt Jesus ihnen aber auch in exemplarischen Handlungen wie Heilungen oder Geschenkwundern, wie die Wirklichkeit im vollendeten Reich Gottes aussehen wird: ohne Armut, Krankheit und Leid.[560] Das Reich Gottes bleibt so für diese ausgewählten Personen keine abstrakte Verheißung für die Zukunft, sondern es wird für sie bereits konkret erfahrbar.[561] Nach Gerd Theißen können sechs Gattungen neutestamentlicher Wundergeschichten bestimmt werden: Es liegen Exorzismen (Dämonenaustreibungen) vor, in denen ein Mensch von einem Dämon besessen ist, in der Regel ein Machtkampf zwischen Dämon und Wundertäter stattfindet und der Dämon letztlich gezwungen wird, den Menschen freizugeben.[562] Ein Beispiel hierfür ist die Heilung des besessenen Geraseners (vgl. Mk 5,1–20). Daneben liegen Therapien vor, zu denen auch Totenerweckungen gezählt werden und in denen der Wundertäter die Kranken heilt.[563] Beispiele hierfür sind die

[558] Vgl. P. KLIEMANN, Glauben ist menschlich, 107.
[559] Ebd.
[560] Vgl. J. SCHRÖTER, Jesus im Judentum seiner Zeit, 169.
[561] Vgl. P. KLIEMANN, Glauben ist menschlich, 108f.
[562] Vgl. B. KOLLMANN, Neutestamentliche Wundergeschichten, 63.
[563] Vgl. ebd.

Heilung einer blutflüssigen Frau und die Auferweckung der Tochter des Jaïrus (vgl. Mk 5,21–43). Außerdem gibt es Normenwunder, in denen Normen zugunsten der Menschen übergangen werden, wie beispielsweise die Entschärfung von Geboten der Tora,[564] etwa beim Ährenraufen am Sabbat (vgl. Mk 2,23–28). Eine weitere Kategorie bilden Geschenkwunder, in denen materielle Güter bereitgestellt werden, wie bei der Speisung der Fünftausend (vgl. Mk 6,30–44).[565] Außerdem gibt es Rettungswunder, in denen Menschen aus Notsituationen gerettet werden, wie in der Erzählung von der Stillung des Sturmes (vgl. Mk 4,35–41).[566] Die letzte Kategorie stellen Epiphanien dar, in denen Jesus auf wundersame Weise erscheint und verschwindet, wie in jener Erzählung, in der er auf dem See Genezareth zu seinen Jüngern kommt (vgl. Mk 6,45–52).[567] Vollkommen trennscharf können diese Gattungen jedoch nicht voneinander abgegrenzt werden: So stellt etwa die Heilung eines Mannes am Sabbat (vgl. Mk 3,1–6) zugleich eine Therapie als auch ein Normenwunder dar (da die Heilung am Sabbat stattfand, an dem Arbeit, zu der auch eine Heilung zählen kann, gemäß Ex 20,10 untersagt ist). Umstritten sind weitere Funktionen der Wundergeschichten. Während einige Exegeten ihnen zusprechen, im Rahmen der urchristlichen Missionstätigkeit dazu gedient zu haben, den Glauben an Jesus zu wecken,[568] wird von anderen Exegeten betont, dass sie nicht die Funktion besitzen, zu beweisen, dass Jesus Gottes Sohn ist, da sich dieser Aspekt erst im Glauben erschließt.[569] Diese Positionen können jedoch zusammengebracht werden, indem betont wird, dass Jesu Wunder ursprünglich nicht Glauben an ihn als Gottessohn schaffen, sondern die Gottesherrschaft partiell erfahrbar machen sollten, während sie dann später von den ersten urchristlichen Gemeinden verwendet wurden, um Menschen zu zeigen, dass Jesus mehr als ein Mensch war. Als gesichert kann die Funktion angenommen werden, dass die Wundergeschichten dazu dienen sollten, Jesus als Vorbild zu präsentieren.[570] So erschließt sich unmittelbar, dass etwa die Normenwunder exemplarisch zeigen, dass der Fokus eher auf den Menschen als auf

---

564 Vgl. ebd.
565 Vgl. a.a.O., 64.
566 Vgl. ebd.
567 Vgl. ebd.
568 Vgl. a.a.O., 66.
569 Vgl. K.-M. BULL, Bibelkunde des Neuen Testaments, 191.
570 Vgl. B. KOLLMANN, Neutestamentliche Wundergeschichten, 66.

Normen liegen sollte, diese also auch gebeugt werden können, wenn es Menschen zugutekommt. Auch Jesu Heilungen können exemplarisch zur Unterstützung Hilfsbedürftiger aufrufen. Sehr deutlich reduziert Bultmann die Funktion der Wunder im Rahmen seiner Entmythologisierung auf diese exemplarische Funktion: „Die Wunder des Neuen Testaments sind damit als Wunder erledigt, und wer ihre Historizität durch Rekurs auf Nervenstörungen, auf hypnotische Einflüsse, auf Suggestion und dergl. retten will, der bestätigt das nur.“[571] Unabhängig davon, ob den Wundern so jedweder historische Kern abgesprochen oder dieser weiterhin als existent angesehen wird, muss also bei der Betrachtung von Wundergeschichten vorausgesetzt werden, dass diese zumindest keine Tatsachenberichte darstellen, sondern von den Evangelisten (unabhängig von ihrem historischen Kern) in ihr Evangelium eingeflochten wurden, um Botschaften zu vermitteln. Ulrich Becker bringt dies auf den Punkt, wenn er im Hinblick auf die Evangelisten, in deren Evangelien wir die Wundererzählungen finden, feststellt: „Primär geht es ihnen nicht um möglichst genaue Berichte aus der Vergangenheit, sondern um die Verkündigung des gegenwärtig wirksamen Christus.“[572] Im Fokus der Wundererzählungen stehen also keine Tatsachenberichte, sondern ihre Botschaften. Diese Botschaften wiederum schließen den Kreis zur Frage nach der Bedeutung der Wundergeschichten für Jesu Botschaft vom Reich Gottes, denn die Wunder „heißen sehr oft Zeichen, weil sie auf diese Gottesherrschaft verweisen, deren Anbruch Jesus proklamiert (z.B. Mt 11,2ff; Lk 11,20).“[573] Pointiert legt der Verfasser des Lukasevangeliums so in dem Vers, auf den Becker hier verweist und den ich oben bereits wiedergegeben habe,[574] Jesus Christus in den Mund, dass in seiner Austreibung böser Geister das Reich Gottes zu den Menschen kommt (vgl. Lk 11,20). Insbesondere die Exorzismen sind so Zeichen des anbrechenden Reiches Gottes.[575] Zusammengefasst beweisen die Wundererzählungen also nicht, dass Jesus Christus Gottes Sohn ist, sie transportieren aber seine Botschaft, der zufolge das Reich Gottes bereits angebrochen ist und in den Wundern partiell erfahrbar wurde, was die Erzählungen dieser Wunder uns noch heute als weiterhin aktuelle Botschaft berichten.

---

[571] R. BULTMANN, Neues Testament und Mythologie, 18.

[572] U. BECKER, Wir haben heute unglaubliche Dinge gesehen, 74.

[573] A.a.O., 73.

[574] Vgl. die Bemerkungen zur präsentischen Eschatologie weiter oben in diesem Kapitel.

[575] Vgl. U. BECKER, Wir haben heute unglaubliche Dinge gesehen, 77.

4.3.1 Exkurs: Die Entstehung der Evangelien

Die Entstehung der Evangelien wird in der Schule zwar schon vor der Qualifikationsphase behandelt, für die Betrachtung der Botschaft Jesu vom Reich Gottes ist Vorwissen zu dieser jedoch meines Erachtens essenziell, da die Gleichnisse sich in den Evangelien finden. Grundsätzlich gibt es deutlich mehr als vier Evangelien, also Erzählungen von Jesu Leben, doch nur vier von diesen wurden für den biblischen Kanon ausgewählt. Sie werden daher als „kanonische" Evangelien bezeichnet.[576] Weitere Evangelien, die nicht für die Bibel ausgewählt wurden, werden als „apokryphe" Evangelien bezeichnet.[577] Die Evangelien sind zwar die ersten Bücher im neutestamentlichen Kanon, aber nicht die ältesten: Dies sind die vermutlich zwischen 50 und 60 n. Chr. entstandenen Paulusbriefe (an die Thessalonicher, Korinther, Galater, Philipper, an Philemon, an die Römer; bei dem zweiten Brief an die Thessalonicher sowie den Briefen an die Kolosser und Epheser ist es umstritten, ob sie wirklich von Paulus oder seinen Schülern stammen).[578]

Das Matthäus- und Lukasevangelium beinhalten viele teils wörtliche Übereinstimmungen mit dem Markusevangelium, woraus geschlossen wird, dass den Evangelisten Matthäus und Lukas das Evangelium von Markus vorgelegen haben muss, als sie ihre Evangelien verfassten. Darüber hinaus gibt es jedoch noch weitere Übereinstimmungen bei Matthäus und Lukas, die sich aber nicht bei Markus finden, aus denen geschlussfolgert wird, dass Matthäus und Lukas noch eine weitere gemeinsame Quelle besaßen.[579] Diese weitere Quelle liegt uns heute nicht mehr vor, sie kann also nur (teilweise) aus den Evangelien rekonstruiert werden. Sie wird als **Logienquelle** Q bezeichnet, da sie vermutlich viele Jesusworte enthalten hat:[580] „Sie enthielt vorwiegend Logien, häufig in Redeform, auch Gleichnisse, an Erzählstoff nur die Versuchungsgeschichte (Mt 4 und Lk 4) und die Erzählung vom Hauptmann von Kapernaum (Mt 8 und Lk 7)."[581] Es ergibt sich aus dieser Beobachtung die 1863 von Heinrich

---

[576] Vgl. U. BECKER, Vom Wort zur Schrift, 17.
[577] Vgl. a.a.O., 18.
[578] Vgl. a.a.O., 14.
[579] Vgl. a.a.O., 15.
[580] Vgl. a.a.O., 15f.
[581] A.a.O., 16.

Julius Holtzmann entwickelte **Zweiquellentheorie.**[582] Dieser zufolge entstand die Logienquelle zwischen den Jahren 50 und 60 n. Chr. im palästinensischen Raum.[583] Unabhängig davon entstand etwa 70 n. Chr. das Markusevangelium.[584] Diese beiden Quellen sind der Ausgangspunkt der Zweiquellentheorie. Von ihnen abhängig sind das zwischen 80 und 90 n. Chr. entstandene Matthäusevangelium,[585] das durch eine judenchristliche Tradition geprägt ist und sich an eine judenchristliche Gemeinde wendet,[586] und das etwa 90 n. Chr. entstandene Lukasevangelium,[587] das eine eher heidenchristliche Tradition prägt.[588] Das bedeutet, die Verfasser dieser beiden Evangelien hatten das Markusevangelium und die Logienquelle Q als Vorlagen.[589] Außerdem weisen beide noch jeweils nur bei ihnen vorhandene weitere Erzählungen auf, die sie vermutlich außerhalb dieser zwei Quellen gefunden haben. Bei diesem weiteren Material spricht man von matthäischem und lukanischem Sondergut.[590] Johannes verfasste sein Evangelium rund um das Jahr 100 n. Chr.[591] Es wirkt aufgrund einiger Übereinstimmungen wahrscheinlich, dass der Verfasser des Johannesevangeliums die drei genannten anderen Evangelien kannte, sicher ist dies aber nicht.[592] Sicher ist hingegen, dass er auch andere Quellen besaß.[593] Sein Evangelium fokussiert eher Reden von Jesus Christus.[594] Den vier Verfassern der kanonischen Evangelien wurde erst später zugeschrieben, direkte Augenzeugen von Jesu Christi Taten gewesen zu sein, es ist aber davon auszugehen, dass es sich bei ihnen nicht wirklich um Markus als Begleiter von Petrus, den Jünger Matthäus, Lukas als

---

582 Vgl. ebd.
583 Vgl. ebd.
584 Vgl. ebd.; K.-M. BULL, Bibelkunde des Neuen Testaments, 27.
585 Vgl. U. BECKER, Vom Wort zur Schrift, 16; K.-M. BULL, Bibelkunde des Neuen Testaments, 18.
586 Vgl. a.a.O., 17.
587 Becker datiert die Entstehung des Lukasevangeliums zwischen den Jahren 80 und 90 n. Chr. (vgl. U. BECKER, Vom Wort zur Schrift, 16), Bull auf etwa 90 n. Chr. (vgl. K.-M. BULL, Bibelkunde des Neuen Testaments, 36).
588 Vgl. a.a.O., 35.
589 Vgl. U. BECKER, Vom Wort zur Schrift, 16.
590 Vgl. ebd.
591 Becker datiert die Entstehung des Johannesevangeliums etwa 95 n. Chr. (vgl. ebd.), Bull auf 100 bis 110 n. Chr. (vgl. K.-M. BULL, Bibelkunde des Neuen Testaments, 46).
592 Vgl. U. BECKER, Vom Wort zur Schrift, 16.
593 Vgl. ebd.
594 Vgl. K.-M. BULL, Bibelkunde des Neuen Testaments, 44.

Begleiter von Paulus und den Jünger Johannes handelte.[595] Ein überzeugendes Beispiel hierfür liegt bei Matthäus vor: Wäre dieser als Jünger wirklich Augenzeuge gewesen, hätte er wohl kaum das Markusevangelium als Vorlage beim Verfassen seines Evangeliums genutzt.[596] Offenbar wurde das Evangelium nur namentlich dem Jünger zugeordnet, um es plausibler erscheinen zu lassen.[597] Die Festlegung darauf, welche Schriften das Neue Testament ausmachen, geschah erst zwischen dem Ende des 2. Jahrhunderts und dem 4. Jahrhundert.[598]

Die Zweiquellentheorie muss eine Theorie bleiben, da die Logienquelle nicht mehr vorliegt. Ihre Existenz ist also nicht nachweisbar. Es gibt auch differenziertere Ansätze innerhalb der Zweiquellentheorie, die davon ausgehen, dass den Verfassern des Matthäus- und Lukasevangeliums gar nicht die ursprüngliche Fassung des Markusevangeliums, sondern eine überarbeitete Version desselben vorlag.[599] Selbiges gilt für die Logienquelle: Hier gehen viele Exegeten davon aus, dass Mt und Lk unterschiedliche Fassungen von Q vorliegen hatten.[600]

4.4 LK: Nachfolge

Die Schüler*innen „vergleichen verschiedene Formen der Nachfolge Jesu."[601] Der Begriff Nachfolge hat eine doppelte Bedeutung: **Nachfolge im engeren Sinn** meint Jesu Jünger*innen, die ihm unmittelbar gefolgt sind, Nachfolge im weiteren Sinn kann alle Christ*innen in sich schließen, die durch ihren Glauben an Jesus Christus in dessen Tradition stehen.[602] Die ersten zwölf Jünger Jesu stellen die unmittelbarste Form der Nachfolge dar.[603] Die Nachfolge im engeren Sinn durch Jesu Jünger*innen wird als historisch wahr angesehen.[604] Die Zahl Zwölf steht bei Ihnen repräsentativ für die zwölf Stämme Israels,[605] Jesus hatte jedoch

---

595 Vgl. U. BECKER, Vom Wort zur Schrift, 18.
596 Vgl. K.-M. BULL, Bibelkunde des Neuen Testaments, 16.
597 Vgl. a.a.O., 16f.
598 Vgl. U. BECKER, Vom Wort zur Schrift, 19.
599 Vgl. K.-M. BULL, Bibelkunde des Neuen Testaments, 15f.
600 Vgl. a.a.O., 16.
601 NDS. KULTUSMINISTERIUM (Hg.), Kerncurriculum, 24.
602 Vgl. U. LUZ, Nachfolge Jesu I. Neues Testament, 678f.
603 Vgl. J. SCHRÖTER, Jesus im Judentum seiner Zeit, 168.
604 Vgl. U. LUZ, Nachfolge Jesu I. Neues Testament, 679.
605 Vgl. J. SCHRÖTER, Jesus im Judentum seiner Zeit, 168.

vermutlich mehr Nachfolger,[606] wie allein seine Jüngerinnen wie Maria von Magdala zeigen (die nicht zu den Zwölf gezählt werden).[607] Bei den zwölf Jüngern handelte es sich vor ihrer Berufung nicht um arme Menschen, sondern um Fischer und Zöllner,[608] die mindestens der Mittelschicht zuzurechnen sind. Sie haben dennoch ihr vorheriges Leben vollständig für die unmittelbare Nachfolge Jesu als Wanderprediger aufgegeben (vgl. Mk 10,28),[609] also sowohl auf ein Familienleben als auch das Ausüben ihres vorherigen Berufes verzichtet und somit in Armut gelebt.[610] Der Fokus ihrer Nachfolge liegt somit darin, in eine Gemeinschaft mit Jesus getreten zu sein.[611]

Ein Beispiel für die **Berufung** von Jünger*innen in die Nachfolge im engeren Sinn findet sich im **Fischzug des Petrus** in **Lk 5,1–11**. Diese Berufungserzählung wurde aus der Berufung der Jünger in Mk 1,16–20 und einem Geschenkwunder zum Fischfang aus lukanischem Sondergut zusammengesetzt.[612] Das Geschenkwunder besteht darin, dass sich nach einem erfolglosen Fischen in der eigentlich erfolgversprechenden Nacht (vgl. Lk 5,5) mit Jesu Unterstützung ein überwältigender Fang am Tag ergibt (vgl. Lk 5,6; wobei der Tag für den Fischfang eigentlich als weniger erfolgsversprechend einzuordnen ist),[613] der eine Notsituation in der Nahrungsversorgung auflöst.[614] Aus dem Wunder resultiert, dass Simon Petrus, Jakobus und Johannes zu Jesu Jüngern werden (vgl. Lk 5,11). In der Exegese werden dem Fang zwei Funktionen zugesprochen: Einerseits demonstriert er Jesu Macht, da ein Wunder dieses Ausmaßes nur mit der Unterstützung „des Schöpfers“[615] denkbar ist. Andererseits erleichtert diese Betonung der Macht Jesu Petrus und seinen Gefährten den Entschluss, zu Jüngern zu werden.[616] In der Erzählung wird Petrus in den Mittelpunkt gerückt,[617] was ihn als ersten Anführer der Urgemeinde

---

606 Vgl. a.a.O., 169; U. LUZ, Nachfolge Jesu I. Neues Testament, 681.
607 Vgl. U. LUZ, Nachfolge Jesu I. Neues Testament, 680.
608 Vgl. J. SCHRÖTER, Jesus im Judentum seiner Zeit, 168.
609 Vgl. a.a.O., 169.
610 Vgl. U. LUZ, Nachfolge Jesu I. Neues Testament, 680f.
611 Vgl. a.a.O., 681.
612 Vgl. E. SCHWEIZER, Das Evangelium nach Lukas, 66f.
613 Vgl. K. BERGER, Kommentar zum Neuen Testament, 227.
614 Vgl. R. ZIMMERMANN, Kompendium der frühchristlichen Wundererzählungen, 545.
615 K. BERGER, Kommentar zum Neuen Testament, 227.
616 Vgl. H. SCHÜRMANN, Das Lukasevangelium, 265.
617 Vgl. a.a.O., 264.

ehrt.[618] Aufgrund dieser Fokussierung betrachten viele Exegeten die Berufung gegenüber dem Fischfang als eigentliches Wunder der Erzählung.[619] Petrus‘ Rolle besitzt eine besondere Relevanz, da er als Fischer im eigenen Kompetenzbereich von Jesus überrascht wird, was „demonstrative Bedeutung“[620] besitzt, die „Glaube, Umkehr und Berufung“[621] bewirkt. In Abgrenzung zu Mk 1,16–20 liegt in Lk 5,1–11 jedoch keine Berufung im Sinne eines Befehls Jesu vor.[622] Stattdessen treten Petrus und seine Begleiter als „selbstverständliche Folge“[623] aus dem erlebten Wunder in die Nachfolge.[624] Jesu Aufforderung an Petrus in Lk 5,10 ist somit nicht als Befehl zu verstehen,[625] sondern als Verheißung,[626] für die sich Petrus entscheidet. Aus dieser Beobachtung folgt, dass die Voraussetzungen für die Nachfolge der Glauben an Jesus Christus und ein Geschenk sind: Der Glaube ist in der Erzählung entscheidend, da Petrus sich darauf einlässt, zur ungünstigen Fischzeit mit Jesus einen zweiten Versuch zu unternehmen (vgl. Lk 5,5). Dazu kann es nur kommen, da er bereits „von Jesus gehört (vgl. Lk 4,14f.37)“[627] hat, denn der Versuch wird „wider alle Vernunft“[628] unternommen. Dass Petrus das Angebot zur Nachfolge als „Gnadengeschenk“[629] wahrnimmt, zeigt sein Sündenbekenntnis in Lk 5,8.[630] Die exegetische Forschung unterstreicht dazu, dass die Nachfolge „allein vom Gnadenruf Christi und nicht der ethischen Persönlichkeit der Apostel abhängt“.[631] Umstritten ist hingegen, ob Jesu Prophezeiung in Lk 5,10 zusätzlich eine symbolische Bedeutung für die kirchlichen Missionserfolge trägt,[632] oder Jesus mit ihr nur Petrus sein zukünftiges Leben vorstellt.[633]

---

[618] Vgl. F. BOVON, Das Evangelium nach Lukas, 235.
[619] Vgl. R.H. FULLER, Die Wunder Jesu in Exegese und Verkündigung, 130.
[620] J. ERNST, Das Evangelium nach Lukas, 144.
[621] Ebd.
[622] Vgl. H. SCHÜRMANN, Das Lukasevangelium, 265.
[623] A.a.O., 272.
[624] Vgl. a.a.O., 265.
[625] Vgl. a.a.O., 271.
[626] Vgl. F. BOVON, Das Evangelium nach Lukas, 235.
[627] H. SCHÜRMANN, Das Lukasevangelium, 269.
[628] E. SCHWEIZER, Das Evangelium nach Lukas, 70.
[629] A.a.O., 68.
[630] Vgl. ebd.
[631] F. BOVON, Das Evangelium nach Lukas, 235.
[632] Vgl. R. ZIMMERMANN, Kompendium der frühchristlichen Wundererzählungen, 546.
[633] Vgl. H. SCHÜRMANN, Das Lukasevangelium, 265.

Eine **Nachfolge im weiteren Sinn**, verstanden als „Nachahmung des Lebens und der Eigenschaften Jesu und das Einswerden mit ihm“,[634] gab es schon in der Alten Kirche und dem Mittelalter.[635] So verstanden sich etwa die Märtyrer*innen, die für ihren Glauben in Verfolgungssituationen gestorben sind,[636] als in der Nachfolge Jesu Christi stehend.[637] Insbesondere im Mönchtum wurde Askese, also eine weitreichende Enthaltsamkeit, als Teil der Nachfolge Christi angesehen.[638] Gehorsam, Armut und häufige Gebete sind einige Beispiele, in denen sich Mönche Jesus Christus zum Vorbild nahmen.[639] Die Nachfolge im weiteren Sinn muss allerdings nicht ein asketisches Leben fordern. Schon in den ersten Gemeinden wurde erkannt, dass sie in verschiedenen Varianten auftreten kann, von denen viele auch weltzugewandter sind.[640] So wird auch die ethische Orientierung an Jesu Christi Verhalten, etwa an seiner Barmherzigkeit, als Nachfolge gesehen.[641] Beispiele hierfür werde ich unter dem Kompetenzbereich „Ethik“ genauer betrachten.[642] Die Nachfolge im weiteren Sinn wurde so durch die komplette Kirchengeschichte hinweg als wichtiger Teil des Christseins angesehen.[643]

Eine zentrale Rolle wird der Nachfolge von Dietrich Bonhoeffer in den 1930er Jahren zugemessen.[644] Auch für Bonhoeffer sind alle Christ*innen zur Nachfolge in ihrem Leben aufgerufen, die sich in seinem Verständnis in der jeweiligen geschichtlichen Situation entfaltet, in der die Christ*innen leben. So sollen sie sich zwar voll auf Jesus Christus konzentrieren, was für Bonhoeffer jedoch kein striktes Gesetz bedeutet, dem zu folgen wäre, sondern eine Orientierung im alltäglichen Leben.[645] In dieser Weise können Christ*innen ihren Glauben in die Welt tragen.[646] Nach Bonhoeffer folgt so aus dem Bezug zur konkreten geschichtlichen

---

634 K.S. FRANK, Nachfolge Jesu II. Alte Kirche und Mittelalter, 687.
635 Vgl. a.a.O., 686f.
636 Vgl. Kapitel 6.4.
637 Vgl. K.S. FRANK, Nachfolge Jesu II. Alte Kirche und Mittelalter, 687f.
638 Vgl. a.a.O., 688f.
639 Vgl. a.a.O., 689.
640 Vgl. a.a.O., 689f.
641 Vgl. a.a.O., 690.
642 Vgl. Kapitel 5.4 und auch 3.3.
643 Vgl. K.S. FRANK, Nachfolge Jesu II. Alte Kirche und Mittelalter, 691.
644 Vgl. J.K. RICHES, Jesu Nachfolge III. Von der Reformation bis zur Gegenwart, 691f.
645 Vgl. a.a.O., 699f.
646 Vgl. a.a.O., 700.

Situation unmittelbar, dass unterschiedliche Formen der Nachfolge parallel zueinander existieren.[647] Beim Verständnis des heutigen weiteren Sinns der Nachfolge liegt der Fokus auf der ethischen Orientierung am Handeln Jesu Christi, was eine Annahme und Engagement zur Überwindung weltlicher Probleme mit sich bringt.[648] Ein dieses Verständnis von Nachfolge konkretisierendes Beispiel offenbart das Leben und Engagement von Schweitzer, das ich bereits unter dem Kompetenzbereich „Gott" entfaltet habe.[649]

4.5 Jesu Kreuzigung

Die Schüler*innen „setzen sich mit verschiedenen Deutungen des Kreuzes(todes) Jesu auseinander."[650] Der Fachbegriff für Jesu Leidensweg, der in seinem Tod am Kreuz gipfelt, lautet **Passion**.[651] Von dieser Leidensgeschichte berichten alle vier kanonischen Evangelien.[652] Das Markusevangelium erzählt in seinem 14. und 15. Kapitel von den Umständen, die zur **Kreuzigung Jesu** führten, und von dieser selbst (vgl. **Mk 14f.**). Der Erzählung zufolge wird Jesus von einem seiner Jünger (Judas) verraten (vgl. Mk 14,45) und vor den Hohenpriestern verhört, wobei er sich als Sohn Gottes zu erkennen gibt (vgl. Mk 14,61f.). Diese Selbstbezeichnung wird als Gotteslästerung ausgelegt und nach Jesu Tod getrachtet (vgl. Mk 14,64). Die Hohenpriester führen ihn daraufhin zu Pilatus (vgl. Mk 15,1), der Jesus fragt, ob er „der König der Juden" (Mk 15,2) sei, was Jesus bejaht (vgl. ebd.). Gemäß eines damaligen Brauches wurde zum Passahfest ein Straftäter freigelassen, weshalb Pilatus Jesus dem Volk zur Freilassung vorschlägt (vgl. Mk 15,9). Das Volk entscheidet sich jedoch – angeheizt von den Hohenpriestern – für die Freilassung eines anderen Gefangenen und fordert Jesu Kreuzigung (vgl. Mk 15,11–14). Jesus wird so schließlich von den Römern zur „Stätte Golgatha, das heißt übersetzt: Schädelstätte" (Mk 15,22) vor den Toren Jerusalems geführt und dort gekreuzigt (vgl. Mk 15,24). Mit den Worten: „Mein Gott, mein Gott, warum hast du mich verlassen?" (Mk 15,34), stirbt Jesus zur sechsten

---

647 Vgl. ebd.

648 Vgl. J.K. Riches, Nachfolge Jesu IV. Ethik, 703.

649 Vgl. Kapitel 3.3; J.K. Riches, Nachfolge Jesu IV. Ethik, 705.

650 Nds. Kultusministerium (Hg.), Kerncurriculum, 24.

651 Vgl. F. Johannsen, Das Wort vom Kreuz ist eine Torheit, 157.

652 Vgl. B. Husmann/M. Hülsmann, Der Glaube an Jesus Christus, 8.

Stunde, um 15 Uhr (vgl. Mk 15,34–37). Er wird schließlich in einer Steinhöhle begraben (vgl. Mk 15,46).

Die Todesstrafe, verhängt in Form einer Kreuzigung, ist eine Strafe, die von den Römern ausschließlich für politische Verbrechen verhängt wurde.[653] Die Region rund um Jerusalem war zur Zeit von Jesu Kreuzigung durch die Römer besetzt,[654] sodass diese auch die juristische Verantwortung in ihr besaßen. Aus diesem Grund waren die Hohenpriester selbst nicht in der Position, Jesus töten zu können. Die Bezeichnung als „König der Juden" (Mk 15,26) wird in künstlerischen Darstellungen mit den Buchstaben *INRI* abgekürzt, die „für das lateinische *Iesus Nazarenus Rex Iudaeorum,* auf Deutsch: Jesus aus Nazareth, König der Juden",[655] stehen. Die Römer hatten die politische Macht inne, sich selbst als König zu bezeichnen war also eine politische Anmaßung. Die vermeintliche Gotteslästerung, die die Hohenpriester gestört haben soll, wäre für die Römer allerdings nicht von Interesse gewesen und hätte keine Kreuzigung nach sich gezogen.[656] Dennoch wirkt der Ablauf der Erzählung, als seien die jüdischen Hohenpriester die „Schuldigen", die Jesu Tod herbeigeführt hätten. Diese antijudaistische Tendenz innerhalb der Erzählung lässt sich damit erklären, dass sich die späteren urchristlichen Gemeinden im Streit vom Judentum trennten,[657] sodass die jüdischen Repräsentanten zu Unrecht angeprangert werden. Der Evangelist konstruiert auch in diesem Sinne sein **Messiasgeheimnis**: Jesus wird innerhalb des Evangeliums von niemandem als Messias erkannt, nicht einmal von seinen Jüngern, doch nach Jesu Tod erkennt ein römischer Hauptmann ihn mit den Worten: „Wahrlich, dieser Mensch ist Gottes Sohn gewesen!" (Mk 15,39). Einerseits wird damit versucht, die Römer von der Schuld am Tod Jesu freizusprechen und diese den jüdischen Hohenpriestern „in die Schuhe zu schieben", was als Anbiederung der frühen Christ*innen an das Römische Reich verstanden werden kann, innerhalb dessen sie ihren Glauben verbreiten wollten.[658] Außerdem versucht der Evangelist, mit dem Messiasgeheimnis „deutlich zu machen: Jesus wird nur dann angemessen als Sohn Gottes verstanden, wenn man ihn in seinem Leiden und Tod wahr-

---

653 Vgl. ebd.
654 Vgl. W. FOERSTER, Herodes und seine Nachfolger, 266.
655 B. HUSMANN/M. HÜLSMANN, Der Glaube an Jesus Christus, 8.
656 Vgl. ebd.
657 Vgl. ebd.
658 Vgl. ebd.

nimmt.“[659] Es muss also das Ende Jesu am Kreuz bekannt sein, bevor sich wirklich erschließt, wieso er in der überlieferten Form in der Welt aufgetreten ist und seine Botschaft vom Reich Gottes verbreitet hat.[660]

Insgesamt stellte Jesu Kreuzigung für die Menschen, die an ihn geglaubt haben, und allen voran „für seine Jünger eine Katastrophe“[661] dar. Unabhängig davon, ob sie ihn als Messias gesehen haben oder nicht, haben diese Menschen geglaubt, dass Jesus etwas Besonderes ist und müssen schockiert gewesen sein, als er wie ein normaler Mensch gestorben ist. Es stellte sich also die Frage, wie Jesu Tod gedeutet werden könnte.[662] Hülsmann stellt übersichtlich mögliche **Deutungsangebote** zusammen, die an Vorstellungen des Alten Testaments anknüpfen:[663]

(a) Im Buch Genesis fordert Gott Abraham auf, ihm seinen einzigen Sohn Isaak zu opfern (vgl. Gen 22,2). Abraham will dieser Aufforderung nachkommen (Gen 22,9f.), doch kurz vor der Tötung wird er von einem Engel Gottes davon abgehalten (vgl. Gen 22,11) und ihm offenbart, dass mit dem Befehl nur geprüft wurde, wie groß Abrahams Liebe zu Gott ist (vgl. Gen 22,12). Das Johannesevangelium bezieht sich auf diese Erzählung und folgert daraus, Gott liebe die Welt so sehr, dass er seinen einzigen Sohn aus Liebe für sie gegeben habe (vgl. Joh 3,16).

Hülsmann stellt gegenüber, dass Abraham bereit war, seinen Sohn aus Gehorsam zu töten, während Gott selbiges mit seinem Sohn aus reiner Liebe getan hat.[664] Jesu Kreuzigung solle damit ausdrücken, dass Gottes Liebe „bedingungslos und total“[665] sei, wie Abrahams Gehorsam es auch war. In Jesu Kreuzigung zeige sich so, dass Gott die Menschen sogar noch mehr liebe als seinen eigenen Sohn.[666]

(b) Jesus wurde laut aller Evangelien am Passahfest gekreuzigt.[667] Dieses Fest wird in Ex 12 eingesetzt (vgl. Ex 12,14). Der Ursprung des

[659] Ebd.
[660] Vgl. Kapitel 4.3.
[661] M. HÜLSMANN, Moment mal! Grundbegriffe und biblische Basistexte, 45.
[662] Vgl. a.a.O., 45f.
[663] Vgl. a.a.O., 46.
[664] Vgl. ebd.
[665] Ebd.
[666] Vgl. ebd.
[667] Vgl. ebd.

Festes liegt in der letzten der zehn Plagen, in welcher Gott alle erstgeborenen Ägypter und Tiere erschlagen will (vgl. Ex 12,12). Diese letzte Plage besiegelt die die Befreiung der Israeliten aus Ägypten (vgl. Ex 12,31). Die Israeliten sollen dabei verschont bleiben. Um israelitische Haushalte zu kennzeichnen, sollen große Häuser einzeln oder benachbarte, kleinere Familien gemeinsam ein Lamm schlachten (vgl. Ex 12,3–6), mit dessen Blut die Türpfosten und die Türschwelle bestrichen werden (vgl. Ex 12,7). Das Tier soll dann gemeinsam gegessen werden (vgl. Ex 12,8–10). Gott beauftragt die Israeliten und all ihre Nachkommen, diesen Gedenktag in aller Zukunft zu feiern (vgl. Ex 12,14), um sich an die Befreiung aus Ägypten zu erinnern (vgl. Ex 12,17).

In der Übertragung auf Jesus wird darauf verwiesen, dass die Passahlämmer in Ägypten geschlachtet wurden, um Menschen vor dem Tod zu bewahren, nämlich konkret die Erstgeborenen der Israeliten.[668] Außerdem diente Gottes Vorgehen gegen die Ägypter dazu, die Israeliten aus der Sklaverei zu befreien.[669] Jesus wird nun zugeschrieben, „das wahre Passahlamm“[670] gewesen zu sein, da auch er dieselbe Funktion einnehmen würde: Jesus habe die Menschen ebenfalls „vor dem Tod und vor anderen gottfeindlichen Mächten, die den Menschen knechten“,[671] gerettet. Hülsmann weist drauf hin, dass Sünden in dieser Deutung keine Rolle spielen.[672]

(c) Im Buch Levitikus gibt Gott anlässlich eines großen Versöhnungstages Anweisungen, was die Israeliten zu diesem durchzuführen haben. Dabei fordert er auch Tieropfer (vgl. Lev 16). In diesen Ausführungen wird ein Bock benannt, der als Sündopfer geschlachtet werden soll (vgl. Lev 16,15). Mit seinem Blut soll das Heiligtum von den Sünden der Israeliten gereinigt werden (vgl. Lev 16,16). Nach dieser Reinigung soll ein zweiter Bock verwendet werden, dem symbolisch alle Sünden auf den Kopf gelegt werden und der in die Wüste getrieben wird (vgl. Lev 16,21). In der Wüste soll er dann bleiben, sodass er die Sünden der Israeliten „in die Wildnis“ (Lev

[668] Vgl. ebd.
[669] Vgl. ebd.
[670] Ebd.
[671] Ebd.
[672] Vgl. ebd.

16,22) davonträgt. Dieser Vorgang der Entsühnung soll einmal jährlich in Israel wiederholt werden (vgl. Lev 16, 34).

Übertragen auf Jesus wird ihm so zugeschrieben, jener zweite Bock gewesen zu sein, der die Sünden der Menschen auf sich nahm und sie weg von ihnen in die Wildnis trug.[673] Jesus habe die Sünden aller Menschen mit seinem Tod so in das Reich des Todes getragen, womit diese weit von uns entfernt wären. Hülsmann verweist darauf, dass Jesus im Johannesevangelium von Johannes dem Täufer als „Gottes Lamm, das der Welt Sünde trägt!“ (Joh 1,29), bezeichnet wird, womit diese Deutung nahegelegt wird.[674]

(d) Im Buch Jesaja wird vom stellvertretenden Leiden eines Knechtes von Gott erzählt. Dieser Knecht wird verachtet (vgl. Jes 53,3), übernimmt aber die Krankheiten und Schmerzen der Israeliten (vgl. Jes 53,4). Die Ursache für das Leid des Knechtes wird in den Sünden der Menschen gesehen, für die Gott ihn stellvertretend bestraft, wodurch alle anderen Menschen geheilt werden (vgl. Jes 53,5). Gott lässt den Knecht alle Sünden übernehmen (vgl. Jes 53,6), weil dieser dazu explizit „willig“ (Jes 53,7), also freiwillig bereit ist.

Innerhalb des Urchristentums wurde Jesus mit diesem Gottesknecht gleichgesetzt, da auch er unschuldig gewesen sei, aber stellvertretend für alle anderen Menschen in Form seiner Kreuzigung gelitten habe, um ihre Sünden auf sich zu nehmen.[675]

(e) Weniger auf eine einzelne Erzählung als vielmehr auf ein alttestamentliches Grundmotiv bezieht sich die Deutung zur Besiegelung eines Bundes. Im Alten Testament wird jeder Bund mit Blut besiegelt.[676] Als Beispiel führt Hülsmann Noah an: Nach der Sintflut opfert Noah Tiere als Brandopfer (vgl. Gen 8,20), woraufhin Gott verspricht, nicht noch einmal die Erde so zu vernichten, wie er es in der Sintflut getan hat, sondern diese fortan zu erhalten (vgl. Gen 8,21f.). Auch an Abraham erinnert Hülsmann: Abraham opfert ebenfalls mehrere Tiere (vgl. Gen 15,10), bevor Gott mit ihm einen Bund schließt und ihm verspricht, seinen Nachkommen die Region rund um das heutige Israel als Heimat zu schenken (vgl. Gen 15,18).

---

673 Vgl. ebd.
674 Vgl. ebd.
675 Vgl. ebd.; F. JOHANNSEN, Das Wort vom Kreuz ist eine Torheit, 160.
676 Vgl. M. HÜLSMANN, Moment mal! Grundbegriffe und biblische Basistexte, 46.

Auch auf den zentralen Bund des Alten Testaments verweist Hülsmann: Zur Besiegelung dieses Bundes verbrennt Mose Stiere als Brandopfer (vgl. Ex 24,5) und besprengt das Volk mit dem Blut der Tiere (vgl. Ex 24,8).[677] Das Motiv der Besiegelung jedes Bundes mit Blut wird ebenfalls im Neuen Testament aufgegriffen, indem Paulus im ersten Korintherbrief auf Jesu Worte beim letzten Abendmahl verweist und im Hinblick auf den Kelch schreibt: „Desgleichen nahm er auch den Kelch nach dem Mahl und sprach: Dieser Kelch ist der neue Bund in meinem Blut; das tut, sooft ihr daraus trinkt, zu meinem Gedächtnis“ (1. Kor 11,25).

Eine besonders historisch oft vorzufindende Deutung geht in diesem Sinne davon aus, dass der Bund Israels vom Sinai durch einen neuen Bund, den Gott mit allen Menschen geschlossen und mit Jesu Blut am Kreuz besiegelt habe, abgelöst worden sei.[678] Von einer Ablösung zu sprechen, ist jedoch nicht zeitgemäß, da dies einer Substitutionstheorie entsprechen würde, die bereits überwunden wurde.[679] Heute wird davon ausgegangen, dass der „alte“ Bund Gottes mit dem Volk Israel niemals aufgelöst wurde, sondern in Jesu Christi „Heilsgeschichte“[680] alle anderen Völker durch Gottes grenzenlose Liebe in diesen aufgenommen wurden.[681] Die Art dieser Aufnahme werde ich zum Verhältnis von Judentum und Christentum weiter entfalten,[682] an dieser Stelle soll die Feststellung genügen, dass dieses moderne Verständnis eine Deutung der Bundeserweiterung anstelle eines neuen Bundesschlusses nahelegt. So lässt sich die Deutung zur Erweiterung des Bundes mit der oben erläuterten Deutung auf Grundlage von Gen 22 verbinden, die ebenfalls Gottes grenzenlose Liebe fokussiert. Diese Liebe zeigt sich demnach, indem Gott seinen Bund mit Israel, der weiterhin Bestand hat, auf alle Menschen ausdehnt. So gedeutet, könnte dann diese Erweiterung des Bundes mit Jesu Blut besiegelt worden sein.

---

[677] Vgl. ebd.

[678] Vgl. ebd.

[679] Vgl. dazu Kapitel 7.1.

[680] K. BARTH, KD III/3, 208.

[681] Vgl. ebd.

[682] Vgl. dazu Kapitel 7.1.

Ein weiteres Modell stellt die **Satisfaktionstheorie**[683] dar, die auch als **Satisfaktionslehre**[684] bezeichnet wird. **Anselm von Canterbury** betont mit ihr Ende des 11. Jahrhunderts gegenüber früheren Verständnissen, dass Gott keineswegs (wie in diesen gedacht) die Menschen vom Teufel durch Jesu Kreuzigung freikaufen müsse.[685] Er kommt daher zu dem Schluss, dass wir Menschen, weil wir von Gott geschaffen wurden,[686] ihm etwas schuldig sind: „[…] die freie Unterordnung und Hingabe des Willens."[687] Sünden definiert von Canterbury darüber, dass wir unsere Schuldigkeit in Form der genannten Unterordnung nicht vollständig erfüllen, womit wir Gottes Ehre verletzen.[688] Daraus folgert von Canterbury, dass Gott uns entweder ewig verwerfen muss oder es eine „unendliche Genugtuung"[689] zur Wiedergutmachung braucht.[690] Da Gott uns in seinem Verständnis zu ewigem Heil erwählt hat, schließt von Canterbury jedoch die ewige Verwerfung aus.[691] Der Mensch ist allerdings nicht in der Lage, seine Sünden wieder gut zu machen.[692] Auf dieser Annahme aufbauend bedient sich von Canterbury des Sachverhalts, dass Jesus Christus wahrer Mensch und auch wahrer Gott ist,[693] er also als wahrer Mensch stellvertretend für alle Menschen eine Wiedergutmachung leisten kann, zu der er als wahrer Gott fähig ist, während es alle anderen Menschen nicht sind.[694] Dieser Ansatz ist logisch schlussfolgernd gedacht und vermochte lange zu überzeugen, inzwischen haben jedoch viele Theolog*innen (wie Barth, von Harnack und Ratzinger) darauf hingewiesen, dass er problematisch ist, da Gott gemäß unseres Gottesbildes eher in reiner Liebe vergeben müsste, als auf die Begleichung einer Schuld zu pochen.[695]

---

683 Vgl. L. HÖDL, Anselm von Canterbury, 774.
684 Vgl. F. JOHANNSEN, Das Wort vom Kreuz ist eine Torheit, 161.
685 Vgl. L. HÖDL, Anselm von Canterbury, 774.
686 Vgl. ebd.
687 Ebd.
688 Vgl. F. JOHANNSEN, Das Wort vom Kreuz ist eine Torheit, 161.
689 Ebd.; L. HÖDL, Anselm von Canterbury, 774.
690 Vgl. ebd.; F. JOHANNSEN, Das Wort vom Kreuz ist eine Torheit, 161.
691 Vgl. L. HÖDL, Anselm von Canterbury, 774.
692 Vgl. a.a.O., 775; F. JOHANNSEN, Das Wort vom Kreuz ist eine Torheit, 161.
693 Vgl. Kapitel 4.1.
694 Vgl. L. HÖDL, Anselm von Canterbury, 775; F. JOHANNSEN, Das Wort vom Kreuz ist eine Torheit, 161.
695 Vgl. L. HÖDL, Anselm von Canterbury, 775.

Es lässt sich insgesamt feststellen, dass die Deutungsangebote zu der Frage, wieso Jesus sterben musste, nicht eindeutig sind. Folglich sind viele persönliche Positionierungen zu dieser Frage denkbar, die etwa auf Basis der hier skizzierten Denkmodelle begründet werden können. Grundsätzlich muss natürlich bei einer Deutung auch einbezogen werden, dass Jesus Christus nicht tot geblieben, sondern wieder auferstanden ist, worauf ich im nächsten Kapitel eingehen werde.

4.6 Jesu Auferstehung

Die Schüler*innen „setzen sich mit verschiedenen Deutungen von Auferstehung auseinander."[696] Im 16. und letzten Kapitel des Markusevangeliums wird deutlich: Die Geschichte Jesu Christi endet nicht mit dessen Tod am Kreuz, sondern sie geht weiter. Die Erzählung der **Auferstehung** beginnt damit, dass drei Frauen Jesu Leichnam einbalsamieren wollen (vgl. Mk 16,1), aber feststellen, dass Jesu Grab geöffnet wurde (vgl. Mk 16,4). Es handelt sich hierbei um eine Grabhöhle – in der damaligen Zeit in Jerusalem keineswegs unüblich – die mit einem Stein verschlossen sein sollte, der aber offenbar entfernt wurde (vgl. ebd.). Das Evangelium erzählt, dass die Frauen in der Grabhöhle einen Jüngling (diese Bezeichnung entspricht einem Engel, was unter anderem die weiße Kleidung des Jünglings anzeigt,[697] und bei Matthäus auch als Engel benannt wird; vgl. Mt 28,5) vorfinden, der ihnen offenbart, dass Jesus auferstanden ist (vgl. Mk 16,5f.). Der Jüngling beauftragt sie, Jesu Jüngern die Botschaft zu überbringen, dass sie Jesus in Galiläa wiedersehen werden (vgl. Mk 16,7), jedoch fürchten sich die Frauen, fliehen und überbringen die Botschaft nicht (vgl. Mk 16,8). Anschließend erscheint der auferstandene Jesus Christus Maria von Magdala (vgl. Mk 16,9), zwei Jüngern (vgl. Mk 16,12) und schließlich allen elf verbliebenen[698] Jüngern (vgl. Mk 16,14). Er beauftragt sie, zu missionieren (vgl. Mk 16,15f.) und fährt in den Himmel auf (vgl. Mk 16,19). Die Erzählung der Auferstehung stimmt in den kanonischen Evangelien weitgehend, mit jeweils eigenen Akzentsetzungen überein (vgl. Mk 16,1–8; Mt 28,1–10; Lk 24,1–12; Joh 20,1–18).

---

[696] NDS. KULTUSMINISTERIUM (Hg.), Kerncurriculum, 24.

[697] Vgl. P. HOFFMANN, Auferstehung Jesu Christi, 498.

[698] Judas nimmt nach seinem Verrat (vgl. Mk 14,43–45) natürlich nicht mehr an dem Treffen der Jünger teil, bei dem der auferstandene Jesus diesen erscheint (vgl. Mk 16,14).

Insbesondere finden sich unter diesen „Akzentsetzungen“ angefügte Erzählungen von Erscheinungen des auferstandenen Jesus Christus.[699]

Die Erzählung vom leeren Grab entspricht weitgehend antiken Entrückungslegenden, in denen bedeutende Persönlichkeiten wie politische Herrscher von der irdischen Welt in eine himmlische Sphäre aufgenommen werden.[700] Es wird so mit ihr veranschaulicht, dass Jesus Christus auferstanden ist.[701] Es ist dabei nicht überraschend, dass die Frauen zunächst fliehen und die ihnen aufgetragene Botschaft nicht überbringen. Dieses Verhalten soll die Unglaublichkeit des Ereignisses unterstreichen. So stellt Paul Hoffmann fest, dass „auch die Ereignisse am geöffneten Grab Unverständnis und Unglauben der Jüngerschaft nicht überwinden können“.[702] Das geschieht erst mit den folgenden Erscheinungen des Auferstandenen.[703] Es darf also festgehalten werden, dass eine gewisse Form der Verwunderung und Zweifel an Jesu Auferstehung kein Phänomen der Neuzeit sind, sondern dass es auch den Menschen, die Jesus vor seiner Kreuzigung leibhaftig erlebt haben, schwer fiel, seine Auferstehung zu glauben, bis er sich ihnen direkt offenbarte. Diese Beobachtung darf jeden Menschen beruhigen, der heute Zweifel an Jesu Christi Auferstehung verspürt, indem sie ihm zeigt, dass er mit diesen keineswegs allein ist, sondern sogar biblische Vorbilder und Augenzeug*innen sich von Zweifeln nicht frei machen konnten.

Dass das Konzept der Auferstehung zu verstehen für die Urchrist*innen nicht weniger kompliziert war, als es dies für uns heute ist, zeigt auch ein Paulusbrief. Paulus antwortet so im **1. Kor 15** nicht nur auf die Frage, wie Jesu Christi Auferstehung zu verstehen ist, sondern auch, wie die Auferstehung jedes einzelnen Menschen verstanden werden kann. Er stellt fest, woran Christ*innen verbindlich zu glauben haben: „Dass Christus gestorben ist für unsere Sünden nach der Schrift; und dass er begraben worden ist; und dass er auferstanden ist am dritten Tage nach der Schrift; und dass er gesehen worden ist von Kephas, danach von den Zwölfen“ (1. Kor 15,3f.). Sicherlich hatten damals wenige Christ*innen Zweifel daran, dass Jesus gestorben ist. Der Verweis darauf, dass er be-

---

[699] Vgl. P. HOFFMANN, Auferstehung Jesu Christi, 500.

[700] Vgl. a.a.O., 499.

[701] Vgl. ebd.

[702] A.a.O., 500.

[703] Vgl. ebd.

graben wurde, unterstreicht, dass er wirklich tot und nicht etwa nur bewusstlos war. Paulus betont jedoch: Jesus ist auferstanden, dies ist der Kern des christlichen Glaubens und nicht verhandelbar. Hülsmann formuliert pointiert: „Ohne die Auferstehung Christi wäre der gesamte christliche Glaube Unsinn. Mit der Auferstehung steht und fällt das Christentum.“[704] Die Benennung von Zeugen, denen Jesus erschienen ist, soll dies unterstützen. Anschließend zählt Paulus im Brief an die Korinther diverse weitere Zeugen auf, die den auferstandenen Jesus gesehen haben, wobei er betont, dass „die meisten noch heute leben“ (1. Kor 15,6), womit erneut die Auferstehung bewiesen werden soll. Auch sich selbst benennt Paulus als Zeugen, der den Auferstandenen Jesus gesehen hat (vgl. 1. Kor 15,8). Paulus führt im Weiteren aus, wie die Auferstehung jedes einzelnen Menschen konkret zu verstehen ist. Er verweist zunächst in Form eines Gleichnisses darauf, dass auch Getreidekörner erst sterben müssen, bevor aus ihnen eine neue Getreidepflanze hervorgeht (vgl. 1. Kor 15,36f.). Paulus überträgt dies auf uns Menschen und unterscheidet zwischen einem „himmlische[n] Körper und irdische[n] Körper“ (1. Kor 15,40). Wir besitzen demzufolge jetzt einen irdischen Körper, nach der Auferstehung erhalten wir von Gott einen neuen, himmlischen. Diese Aussage ist ermutigend: Weder ein alter Mensch, dessen Alter ihn gebrechlich gemacht hat, muss also fürchten, mit diesem gebrechlichen Körper aufzuerstehen, noch ein Mensch, der beispielsweise aufgrund eines Unfalls eine körperliche Beeinträchtigung erlitten hat, mit dieser. Zurück im Bild des Getreidekorns stellt Paulus fest: „So auch die Auferstehung der Toten. Es wird gesät verweslich und wird auferstehen unverweslich“ (1. Kor 15,42). Der neue, himmlische Körper soll also ein ewiger Körper sein. In Bezug auf das Bild des Getreides stellt Hülsmann im Hinblick auf den irdischen Körper fest: „Bei der Auferstehung bildet dieser Körper gewissermaßen das Material für die Erschaffung des neuen Auferstehungsleibes.“[705] In seinen weiteren Ausführungen nutzt Paulus auch weitere Begrifflichkeiten: „Es wird gesät ein natürlicher Leib und wird auferstehen ein geistlicher Leib“ (1. Kor 15,44). Der Begriff „geistlich“ darf hier nicht in dem Sinne missverstanden werden, wir würden nur als Geister oder nur unsere Seelen allein würden wieder auferstehen. Paulus‘ vorangegangene Ausführungen machen eindeutig klar: Er ist

[704] M. HÜLSMANN, Moment mal! Grundbegriffe und biblische Basistexte, 47.
[705] A.a.O., 48.

überzeugt von einer körperlichen Auferstehung.[706] Hülsmann fasst so die theologischen Aussagen des Briefes von Paulus zusammen: Auferstehung bedeutet immer leibliche Auferstehung,[707] also keineswegs nur das Auferstehen der Seele. Körper und Seele bilden eine Einheit, die zusammen den Menschen ausmacht. Damit eine Auferstehung möglich ist, müssen beide zuerst sterben, bevor Gott sie wieder aufwecken kann.[708] Hülsmann grenzt Paulus‘ Verständnis damit von Vorstellungen wie jener ab, dass die Seele (wie von Teilen der antiken griechischen Philosophie angenommen) unsterblich wäre, im Tod den Menschen verlassen und in den Himmel auffahren würde oder es wie im Buddhismus und Hinduismus eine Reinkarnation[709] gäbe.[710] Gegenüber letzterem führt er aus, dass das christliche Verständnis von Zeit linear ist: Der Mensch wird geboren, er muss sterben und er wird von Gott zu einem ewigen Leben im Reich Gottes wieder aufgeweckt. Dies widerspricht der Wiederholbarkeit zyklischer Vorstellungen von Reinkarnation.[711] Insgesamt kann also festgestellt werden, dass das christliche Verständnis von der Auferstehung der Toten eine leibliche Auferstehung meint, in der wir einen neuen Leib erhalten, der nicht mit dem alten Leib identisch sein muss, den wir in unserem Leben besitzen, sondern als diesem überlegen beschrieben wird.

Eine theologisch spannende Erzählung zur Präzisierung der Auferstehungsvorstellung schließt sich im Lukasevangelium direkt an die dortige Erzählung von der Auferstehung an: Die Geschichte der **Emmausjünger** in **Lk 24,13–35**. In dieser befinden sich zwei Jünger auf dem Weg nach Emmaus (vgl. Lk 24,13). Auf dieser Reise begegnet ihnen der auferstandene Jesus, doch sie erkennen ihn zunächst nicht (vgl. Lk 24,15f.). Die Jünger erzählen dem ihnen zunächst unbekannt Erscheinenden von Jesu Kreuzigung und dem leeren Grab, das sie in Lukas‘ Version selbst gesehen haben (vgl. Lk 24,19–24). Auch Jesu Belehrung der Jünger über alttestamentliche Prophezeiungen lässt die Jünger ihn nicht erkennen (vgl. Lk 24,25–27). Erst als er am Abend des Tages das Brot bricht, erkennen sie ihn (vgl. Lk 24,30f.), woraufhin er verschwindet (vgl. Lk 24,31).

---

[706] Vgl. ebd.
[707] Vgl. ebd.
[708] Vgl. ebd.
[709] Vgl. Kapitel 2.5.
[710] Vgl. M. HÜLSMANN, Moment mal! Grundbegriffe und biblische Basistexte, 48.
[711] Vgl. ebd.

Über die Auferstehung sagt diese Erzählung aus, dass der neue Leib, den Jesus nach seiner Auferstehung hat, offensichtlich nicht identisch mit seinem vorherigen ist, da die Jünger ihn sonst erkannt hätten.[712] Diese Beobachtung deckt sich mit der von Paulus getätigten Unterscheidung zwischen natürlichem und geistlichem Leib. Der Leib, den Jesus hier annimmt, sieht aber zunächst vollkommen menschlich aus, sonst hätten die Jünger ihn schließlich nicht für einen normalen Menschen gehalten.[713] Dennoch hat er Fähigkeiten, die über die eines normalen Menschen hinausgehen, schließlich kann er plötzlich verschwinden (vgl. Lk 24,31).[714] In Bezug auf diesen letzten Punkt muss aber natürlich eingestanden werden, dass Jesus offenbar auch schon vor seiner Kreuzigung Fähigkeiten besaß, die über jene eines normalen Menschen hinausgingen, wie seine Wundergeschichten zeigen.[715] Es wird hier also im Hinblick auf Jesus unterstrichen, dass dieser wirklich auferstanden ist. Bezüglich der Frage, wie die Auferstehung zu verstehen ist, verdeutlicht auch der Evangelist, dass es sich um eine körperliche Auferstehung handelt.

Ein moderner Deutungsansatz, der insbesondere auch das Auferstehungsgeschehen in den Blick nimmt, ist Rudolf Bultmanns **Entmythologisierung**. Bultmann geht davon aus, dass das Neue Testament ein mythisches Weltbild besitzt, was sich unter anderem am Verständnis der Welt, an Wundererzählungen und am Dämonenglauben zeigt.[716] Bultmann stellt im Hinblick auf die mythologische Rede, in der das Neue Testament erzählt wird, fest: „Sofern es nun mythologische Rede ist, ist es für den Menschen von heute unglaubhaft, weil für ihn das mythische Weltbild vergangen ist.“[717] Das mythische Weltbild der damaligen Zeit kann für Bultmann heute nicht mehr anerkannt werden.[718] Er stellt daher die Frage, ob nicht trotzdem „die Verkündigung des Neuen Testaments eine Wahrheit hat, die vom mythischen Weltbild unabhängig ist; und es wäre dann die Aufgabe der Theologie, die christliche Verkündigung zu entmythologisieren.“[719] Dieser radikale Ansatz trifft Jesu Auferstehung deutlich, die

---

[712] Vgl. a.a.O., 50.
[713] Vgl. ebd.
[714] Vgl. ebd.
[715] Vgl. Kapitel 4.3.
[716] Vgl. R. BULTMANN, Neues Testament und Mythologie, 15.
[717] A.a.O., 16.
[718] Vgl. a.a.O., 16f.
[719] A.a.O., 16.

für Bultmann „kein geschichtliches Ereignis ist.“[720] Bultmann zweifelt also offen daran, ob Jesus auferstanden ist. Er führt aus: „Die mythische Eschatologie ist im Grunde durch die einfache Tatsache erledigt, daß Christi Parusie nicht, wie das Neue Testament erwartet, alsbald stattgefunden hat, sondern daß die Weltgeschichte weiterlief und – wie jeder Zurechnungsfähige überzeugt ist – weiterlaufen wird.“[721] Parusie bedeutet die erneute Rückkehr Jesu in unsere Welt und damit das Ende der Welt, wie wir sie kennen. Bultmann schlägt so die Möglichkeit vor, Kreuzigung und Auferstehung nicht historisch, sondern mythologisch zu verstehen.[722] Jesu Kreuzigung als Sohn Gottes zeigt so für Bultmann Gottes Liebe zu den Menschen: „Das in Christus sich ereignende Geschehen ist also die Offenbarung der Liebe Gottes, die den Menschen von sich selbst befreit zu sich selbst, indem sie ihn zu einem Leben der Hingabe im Glauben und in der Liebe befreit.“[723] Der Mensch erfährt sich als von Gott geliebt und so kann sein Glaube entstehen, der dann Einfluss auf sein Leben nimmt.[724] Die Geschichte der Kreuzigung ist damit für Bultmann ein Aufruf, diese Erkenntnis im eigenen Leben wirksam zu machen und das eigene Handeln an ihr zu orientieren.[725] Die Auferstehung wird in diesem Verständnis reduziert auf „nichts anderes als de[n] Glaube[n] an das Kreuz als Heilsereignis, an das Kreuz als Kreuz Christi“,[726] also an die Annahme der oben erläuterten Bedeutung. Bultmann folgert daher: „Das Osterereignis, sofern es als historisches Ereignis neben dem Kreuz genannt werden kann, ist ja nichts anders als die Entstehung des Glaubens an den Auferstandenen, in dem die Verkündigung ihren Ursprung hat.“[727] Der Glaube an die Auferstehung meint somit, an Jesu Botschaft zu glauben, nicht an seine Rückkehr von den Toten. Ein historisches Ereignis der Auferstehung gibt es für Bultmann folglich nicht.[728]

Ich habe Bultmanns Ansatz bereits oben als „radikal“ bezeichnet, folglich erhob sich gegen diesen auch vehementer Widerspruch. Exemplarisch

---

[720] A.a.O., 41.
[721] A.a.O., 18.
[722] Vgl. a.a.O., 42.
[723] A.a.O., 39.
[724] Vgl. a.a.O., 40.
[725] Vgl. a.a.O., 43.
[726] A.a.O., 46.
[727] Ebd.
[728] Vgl. a.a.O., 46f.

möchte ich hier Barths Kritik aufgreifen. Barth betont, dass nicht wie bei Bultmann der Glaube an Jesus das Besondere des Osterereignisses ist, sondern dass der Glaube von Jesu Christi geschichtlicher Erscheinung abhängt, die das Besondere Ereignis darstellt.[729] Barth erinnert süffisant daran, dass Bultmanns Ausführungen im Gegensatz zu den neutestamentlichen Zeugnissen stehen, die gerade Jesu Christi Auferstehung bezeugen.[730] An Bultmanns Ansatz, im Osterereignis nur eine Art „Abschließen“ der Jünger*innen mit dem toten Jesus zu sehen und es als die Entstehung des Glaubens an Gottes Liebe zu deuten, kritisiert Barth, dass so bei Bultmann knapp gilt: „Er, Jesus selber, ist in dieser Geschichte und Zeit faktisch nur im Glauben seiner Jünger auf dem Plan.“[731] Der auferstandene Jesus Christus wird so auf die Gedanken und Erinnerungen der Jünger*innen reduziert.[732] Energisch bringt Barth auf den Punkt: „Jesus selber war eben [für Bultmanns Position] nicht auferstanden. In seinem einfältigen, über das Alles hinausführenden Sinn ist dieser Satz nicht zu halten.“[733] Es scheint hier durch, dass Barth über diese Position energisch mit dem Kopf schüttelt. Dementsprechend setzt er seiner Zusammenfassung von Bultmann Position entgegen:

> „Jesus selber ist auferstanden und seinen Jüngern erschienen und dies ist der Inhalt der Ostergeschichte, der Osterzeit, des christlichen Glaubens und der christlichen Verkündigung damals und zu allen Zeiten, dies der Existenzgrund der Kirche und ihrer Sakramente, dies – wenn man es so nennen will – das ‚eschatologische Geschehen‘ in seiner offenbaren, in der österlichen Gestalt, dies die Tat Gottes – in der Gott in der Herrlichkeit seines fleischgewordenen Wortes zunächst dem Unglauben, dann, in dessen Überwindung dem Glauben der Jünger gegenüber trat, so daß sie mit ihrem Glauben nicht allein waren, so daß ihr Glaube durch ihn, in diesem Gegenüber, begründet, geweckt, geschaffen wurde – ihr Glaube, der nun doch erst sekundär darin bestand, daß sich Jesu Sterben und Auferstehen auch in ihrem Leben nachbildete, gewissermaßen abschattete – primär aber darin, daß sie sich für solche halten und als solche verhalten durften, für die Jesus gestorben und auferstanden war.“[734]

Barth begründet seine Haltung damit, dass sie sich einerseits mit den neutestamentlichen Schriften der Bibel deckt. Er meint sogar, man müsse

[729] Vgl. K. BARTH, KD III/2, 531.
[730] Vgl. ebd.
[731] A.a.O., 533.
[732] Vgl. ebd.
[733] A.a.O., 534.
[734] Ebd.

ihnen „höchste Gewalt antun“,[735] wolle man sie anders auslegen, wie Bultmann es tut. Darüber hinaus nennt Barth es einen logischen Fehlschluss, nur weil für uns die Auferstehung eines Menschen unvorstellbar ist, zu folgern, dass auch Jesus Christus nicht auferstanden wäre – als Gott ist er gerade verschieden von uns und kann daher auch auferstehen.[736] Aus dem Faktum, dass wir als Menschen nicht in der Lage sind, Jesu Auferstehung historisch zu beweisen, zu schließen, er sei nicht auferstanden, ist für Barth somit ein Fehler.[737] Barth erinnert ebenfalls daran, dass die Geschichte von Jesu Auferstehung keineswegs nur für uns heute schwer zu glauben ist, sondern bereits die biblischen Erzählungen davon sprechen, dass es auch den Menschen der damaligen Zeit schwerfiel, an sie zu glauben – diese Charaktere aber dennoch zum Glauben an diese frohe Botschaft für uns Menschen fanden. Es ist also falsch zu unterstellen, der Glaube an die Auferstehung wäre den Menschen vor 2000 Jahren nur aufgrund ihres mythischen Weltbildes leichter gefallen und heute nicht mehr haltbar. Die Zweifel waren in beiden geschichtlichen Epochen identisch, und in beiden geschichtlichen Epochen konnten beziehungsweise können dennoch Menschen zum Glauben finden.[738] Barth zweifelt außerdem an, dass es, wie bei Bultmann vorausgesetzt, ein modernes Denken gäbe, das dem mythischen des Neuen Testaments überlegen wäre, und erinnert daran, dass es auch in unserer Zeit unterschiedlichste Wahrnehmungen der Wirklichkeit gibt.[739] Darüber hinaus fragt Barth, wieso eigentlich etwas heute falsch sein müsse, das im mythischen Weltbild richtig war, und erinnert daran, dass es keineswegs nur die Pole „komplett richtig“ und „komplett falsch“ gibt.[740] Barth schließt damit, dass er feststellt, dass Bultmann durchaus darin zugestimmt werden kann, dass es ein Teil des besonderen Osterereignisses ist, dass der Glaube in den Jünger*innen entstand, dass dies aber keineswegs das ganze Osterereignis darstellt, sondern auf Grundlage seiner Argumentation am Glauben an die Auferstehung festgehalten werden muss.

Meine Ausführungen zu Bultmanns Position und Barths Kritik an dieser zeigen, wie auch heute noch um die Historizität der Auferstehung gestrit-

[735] Ebd.
[736] Vgl. ebd.
[737] Vgl. a.a.O., 535.
[738] Vgl. a.a.O., 535f.
[739] Vgl. a.a.O., 536.
[740] Vgl. ebd.

ten werden kann und unterschiedliche Positionen dazu denkbar sind, obwohl bereits vor knapp 2000 Jahren Theologen wie Paulus entsprechende Fragen (im hier vorgestellten Beispiel: aus der Gemeinde in Korinth) beantwortet haben. Derartige Diskussionen finden sich innerhalb der Theologie, aber natürlich auch sekundär in unterschiedlichen künstlerischen Darstellungen wie Liedern und Bildern, die das Osterereignis unterschiedlich deuten. Sowohl bei Bultmanns wie auch bei Barths Position handelt es sich ohne Frage um legitime Deutungen der Erzählung von Jesu Christi Kreuzigung und Auferstehung, zwischen denen eine Position eingenommen werden kann.

5. Ethik

5.1 Biblisch-theologische Grundlagen christlicher Ethik

Die Schüler*innen „stellen biblisch-theologische Grundlagen christlicher Ethik dar.“[741] Es wird somit gefragt, wie der weit gefasste Begriff der **Gerechtigkeit** zu verstehen ist und damit, was die Bibel und Theologie als „gerecht“ bezeichnen. Schon die Betrachtung des Themenbereiches Rechtfertigung offenbarte, dass zwischen der Gerechtigkeit vor Gott und der Gerechtigkeit zwischen Menschen differenziert werden muss.[742] Diese können einander entsprechen, müssen es aber nicht zwangsläufig.

Eine erste Orientierung kann in diesem Rahmen die bereits oben diskutierte **Gottesebenbildlichkeit** des Menschen (vgl. Gen 1,27f.) offenbaren, indem der Mensch sich als **Geschöpf Gottes** begreift. Als Geschöpf kann er sich im Sinne des Bewahrungsauftrags für den Erhalt der Schöpfung und aller Lebewesen innerhalb dieser einsetzen.[743]

Auch Jesu Christi Verhalten kann als Orientierung dienen. Jesus wuchs als Jude im System der jüdischen Gesetzgebung auf.[744] Diese basiert auf den Ausführungen in den fünf Büchern Mose, die auch die Zehn Gebote (vgl. Ex 20,1–17)[745] beinhalten.[746] Den Kern der jüdischen Gesetzgebung stellt die **Tora** dar. Tora bedeutet begrifflich „göttliche Weisung“,[747] wobei es sich etwa um Worte von Propheten oder Priestern handeln kann.[748] Die Tora wurde insbesondere im Umfeld des Tempels verkündet,[749] wobei jedoch sowohl öffentliche Verkündigungen wie auch die einzelne Unterweisung eines Gläubigen durch einen Priester denkbar waren.[750] In den ersten mündlichen Überlieferungen wurde so insbesondere unterwiesen, was als „Rein und Unrein“[751] sowie „Heilig und Profan“[752] zu gelten hat. Erst später wurde die Tora auch schriftlich festgehalten, sodass es

---

741 NDS. KULTUSMINISTERIUM (Hg.), Kerncurriculum, 26.

742 Vgl. Kapitel 2.3.

743 Zur Ebenbildlichkeit, Geschöpflichkeit und dem Bewahrungsauftrag vgl. Kapitel 2.1.

744 Vgl. Kapitel 4.2.

745 Vgl. Kapitel 2.4.

746 Vgl. W. HÄRLE, Ethik, 159.

747 R. RENDTORFF, Tora, 951.

748 Vgl. ebd.

749 Vgl. a.a.O., 952.

750 Vgl. ebd.

751 Ebd.

752 Ebd.

sich dann um „schriftlich fixierte Gesetze“[753] handelte. In der weiteren Entwicklung wurden zunächst die fünf Bücher Mose (für die der Fachbegriff **Pentateuch** verwendet wird) als Tora angesehen, später auch weitere Schriften.[754] Heute wird der Begriff Tora wieder primär für die fünf Bücher Mose benutzt, während **Tanach** als Oberbegriff die Gesamtheit aller Heiligen Schriften des Judentums bezeichnet und damit auch die prophetischen Bücher und weiteren Schriften einschließt.[755]

Sinnbildlich für die Rechtsvorschriften des Alten Testaments sind die Ausführungen im zweiten Buch Mose: „Entsteht ein dauernder Schaden, so sollst du geben Leben um Leben, Auge um Auge, Zahn um Zahn, Hand um Hand, Fuß um Fuß, Brandmal um Brandmal, Beule um Beule, Wunde um Wunde“ (Ex 21,23–25). Die Gesetze beinhalten also Vorschriften, die entstandenes Unrecht wiedergutmachen sollen und dabei Vergeltung erlauben.[756] Die Vergeltung wird zugleich gedeckelt: Die oben zitierten Verse verhindern eine Spirale der Gewalt, die immer schlimmere Vergeltungsmaßnahmen mit sich bringen würde, zugunsten einer klaren Begrenzung der Vergeltung.[757] Neben dieser Funktion verfolgen die Einzelvorschriften auch das Ziel, auf mögliche Straftäter*innen abschreckend zu wirken.[758] Problematisch sieht Härle an den Einzelvorschriften, dass die erlaubte Vergeltung viele Verbrechen nicht wiedergutmachen kann (wie im Falle eines Mordes, in dem eine Tötung der Mörderin oder des Mörders das Opfer nicht wieder lebendig macht) und die beschriebene Gewaltspirale Gewalt nur deckeln kann, aber nicht abmildert.[759] Zu diesen Geboten kamen im neunten bis siebten Jahrhundert vor Christus weitere Vorschriften, die den sozialen Ausgleich in den Blick nehmen, wie das Sabbatjahr (alle sieben Jahre ein Ruhejahr, in dem Äcker nicht bestellt werden; vgl. Lev 25,4) und Erlassjahr (alle 50 Jahre eine Entschuldung und Rückgabe von Besitztümern an die ursprünglichen Besitzer; vgl. Lev 25,10; beziehungsweise sogar ein Schulderlass gegenüber anderen Israeliten alle sieben Jahre; vgl. Dtn 15,1f.).[760] Bei

---

753 Ebd.

754 Vgl. ebd.

755 Vgl. G. STEMBERGER, Tanach, 636.

756 Vgl. W. HÄRLE, Ethik, 159f.

757 Vgl. a.a.O., 160.

758 Vgl. ebd.

759 Vgl. ebd.

760 Vgl. a.a.O., 161.

diesem Bestimmungen wird klar formuliert: „So übervorteile nun keiner seinen Nächsten, sondern fürchte dich vor deinem Gott; denn ich bin der HERR, euer Gott“ (Lev 25,17). Die soziale Komponente der Rechtssätze wird so unterstrichen, wobei eine Zielorientierung enthalten ist: „Es sollte überhaupt kein Armer unter euch sein“ (Dtn 15,4). Die Vorschriften folgen klar einem gedanklichen Begründungsschema, nach dem Gott derjenige ist, der sie festsetzt und wünscht, dass die Israeliten sie anerkennen und einhalten.[761]

Insgesamt finden sich so im Alten Testament 613 Einzelvorschriften.[762] Als „die wichtigsten religiösen und ethischen Gebote“[763] bezeichnet Härle den **Dekalog**, die **„Zehn Gebote“** in **Ex 20,2–17**, in Bezug auf die ich bereits oben erläutert habe, dass sie primär dazu dienen, die Freiheit der Menschen zu wahren.[764] Die Zahl Zehn ist dabei nicht absolut zu setzen, sodass Fragen wie: „Welches ist das achte Gebot?“, eher von Unwissen zeugen: „Geht man von den Gebots- und Verbotsformulierungen aus, die in den Dekalogtexten auftauchen, so kommt man auf 15, die sich in elf Geboten zusammenfassen lassen. Ordnet man aber das sinngemäß Zusammengehörige zusammen, so kommt man nur auf neun Gebote.“[765] Härle plädiert dafür, dass die Zahl Zehn nur gewählt wurde, da sie sich gut an den Fingern eines Menschen abzählen lässt, was beim Erinnern an die Gebote hilfreich sein konnte.[766] Die ersten Gebote beziehen sich auf das Verhältnis des Menschen zu Gott, die weiteren auf das Verhalten der Menschen untereinander.[767] Luther hat die Zehn Gebote in seinem „Kleinen Katechismus“ ausgelegt und dabei Änderungen an den Formulierungen vorgenommen, die den Sinn der Gebote erhalten, sie aber von Geboten für das Volk Israel auf Gebote für alle Menschen erweitern, wie etwa die Änderung vom Heiligen des Sabbats zum Heiligen des Feiertages.[768]

---

761 Vgl. a.a.O., 162.

762 Vgl. P. BILLERBECK/H.L. STRACK, Das Evangelium nach Matthäus erläutert aus Talmud und Midrasch, 901.

763 W. HÄRLE, Ethik, 164.

764 Vgl. Kapitel 2.4.

765 W. HÄRLE, Ethik, 165.

766 Vgl. ebd.

767 Vgl. a.a.O., 166.

768 Vgl. a.a.O., 169f. Härle bemerkt hier präzise, dass Luther nicht etwa unterstellt werden darf, die Gebote „verchristlicht“ zu haben, da er etwa den Sabbat keineswegs durch den Sonntag ersetzt hat. Stattdessen hat er diese verallgemeinert (vgl. a.a.O., 169).

Im Dekalog „definiert Gott sich selbst als Gott der Freiheit",[769] was in der ursprünglichen Formulierung durch den Verweis auf die Befreiung der Israeliten aus Ägypten geschieht (vgl. Ex 20,2).[770] Neben dem bereits oben thematisierten Bilderverbot[771] fordert Gott auf Grundlage der Befreiung, allein verehrt zu werden (vgl. Ex 20,3). Außerdem verbietet er den Missbrauch seines Namens zu eigenen Zwecken (vgl. Ex 20,7). Die folgenden Gebote beziehen sich auf den Umgang der Menschen miteinander.[772] Die Menschen sollen am Sabbat nicht arbeiten (vgl. Ex 20,10), was entgegen aller ökonomischen Interessen (für die zur Zeit der Entstehung des Dekalogs vorherrschende Landwirtschaft war dies noch kritischer als heute) dazu ermuntert, gemeinsam einen Tag der Woche das Leben zu genießen.[773] Die Eltern sollen geehrt werden (vgl. Ex 20,12), wobei Hülsmann in seiner Auslegung insbesondere daran erinnert, dass dies auch bedeuten kann, ihnen im Alter Dankbarkeit zu zeigen, wenn sie auf Unterstützung angewiesen sein sollten.[774] Den Menschen wird verboten, zu töten (vgl. Ex 20,13), womit im heutigen Wortgebrauch eher „morden" gemeint ist,[775] Ehe zu brechen (vgl. Ex 20,14), zu stehlen (vgl. Ex 20,15) und „falsch Zeugnis" (Ex 20,16) abzulegen, was nicht „Notlügen" im Alltag meint, sondern wobei eher an Zeugenaussagen vor Gericht zu denken ist.[776] Abgeschlossen werden die Zehn Gebote mit der Forderung, nicht das Eigentum anderer (zu dem im damaligen Weltbild auch Familienmitglieder, Bedienstete und Tiere zählten) zu begehren (vgl. Ex 20,17). Wenig sinnvoll scheint es mir zu sein, sich hier an wörtlichen Formulierungen (wie dem Ehebrechen) aufzuhängen und zu hinterfragen, inwiefern diese als göttliche Gebote zeitgemäß sind. Vergegenwärtigt man sich etwa an diesem Beispiel die wirtschaftliche Abhängigkeit, in der sich eine Frau zur Entstehungszeit der Gebote in der Regel von ihrem Mann befand, wird deutlich, dass auch dieses Gebot eher dazu diente, die Grundbedingungen ihres Lebens sicherzustellen. Die primäre

---

[769] M. HÜLSMANN, Moment mal! Grundbegriffe und biblische Basistexte, 53.

[770] Vgl. F. JOHANNSEN, Alttestamentliches Arbeitsbuch für Religionspädagogen, 144.

[771] Vgl. Kapitel 3.1.

[772] Vgl. F. JOHANNSEN, Alttestamentliches Arbeitsbuch für Religionspädagogen, 149; M. HÜLSMANN, Moment mal! Grundbegriffe und biblische Basistexte, 53.

[773] Vgl. F. JOHANNSEN, Alttestamentliches Arbeitsbuch für Religionspädagogen, 150.

[774] Vgl. M. HÜLSMANN, Moment mal! Grundbegriffe und biblische Basistexte, 53.

[775] Vgl. ebd.; F. JOHANNSEN, Alttestamentliches Arbeitsbuch für Religionspädagogen, 152.

[776] Vgl. a.a.O., 153f..

Intention des Gebots wäre also missverstanden, würde es heute als kategorisches Argument gegen Scheidungen angeführt werden.[777] Dennoch kann auch dieses Gebot heute eine sinnvolle Orientierung geben, schließlich wird es den meisten Menschen einen gewünschten Halt geben, wenn sie ihrem Partner oder ihrer Partnerin vertrauen dürfen, dass diese oder dieser treu ist. Die meisten Gebote (wie nicht zu morden) sind auch heute aktuell, für jene, die heute als problematisch angesehen werden könnten, habe ich oben Denkmöglichkeiten angedeutet, mit denen sie ebenfalls in die heutige Zeit übertragen werden können, sodass den Geboten unterstellt werden darf, noch heute aktuelle ethische Orientierungen zu bieten.

Eine weitere Orientierung kann die **Goldene Regel** bieten. Im Matthäusevangelium fordert Jesus: „Alles nun, was ihr wollt, dass euch die Leute tun sollen, das tut ihnen auch! Das ist das Gesetz und die Propheten“ (**Mt 7,12**). Die Goldene Regel in negativen Formulierungen wie, man solle anderen nichts antun, das man selbst nicht wünscht, ist in vielen Kulturen verbreitet.[778] Das Besondere an der christlichen Formulierung im Matthäusevangelium benennt Dieter Bauer darin, nicht egozentrisch darüber nachzudenken, wie andere Menschen einen selbst nicht behandeln sollen, sondern ein „Denken-vom-andern-her“[779] zu verfolgen. Er führt aus: „Ich mache meine Erwartungen an mein Gegenüber zum Maßstab.“[780] Härle unterbreitet, dass die negative Formulierung nur negative Handlungen ausschließt,[781] und weist darauf hin, dass die Wahrnehmung, was negativ ist, subjektiv variieren kann.[782] Die positive Formulierung des Matthäusevangeliums fordert jedoch konkret zu selbst als wünschenswert wahrgenommenen, guten Handlungen auf.[783] Der Verweis auf Gesetz und Propheten unterstreicht dabei, dass es sich bei der goldenen Regel um eine „Zusammenfassung der Toraweisung und der prophetischen Kritik“[784] handelt. Kritisch sieht Härle jedoch auch an der positiven Formulierung die Orientierung am subjektiven Maßstab der eigenen Wünsche,[785] sodass

---

777 Vgl. a.a.O., 152f..
778 Vgl. W. HÄRLE, Ethik, 175.
779 D. BAUER, Befreiende Rede auf dem Berg, 20.
780 Ebd.
781 Vgl. W. HÄRLE, Ethik, 175.
782 Vgl. a.a.O., 176.
783 Vgl. a.a.O., 177.
784 A.a.O., 178.
785 Vgl. ebd.

es ihm zufolge weitere ethische Ausführungen braucht, er aber der goldenen Regel dennoch zuspricht, eine gute erste Orientierung darzustellen.[786]

Eine weitere Orientierung bietet das **Doppelgebot der Liebe** in **Mk 12,29–31** und den entsprechenden Parallelen bei Matthäus und Lukas. Es knüpft an die alttestamentliche Formulierung: „Du sollst deinen Nächsten lieben wie dich selbst" (**Lev 19,18**), an, die im Markusevangelium von Jesus Christus aufgegriffen und als Antwort auf die Frage, welches Gebot das höchste sei, präsentiert wird:

> „Das höchste Gebot ist das: ‚Höre, Israel, der Herr, unser Gott, ist der Herr allein, und du sollst den Herrn, deinen Gott, lieben von ganzem Herzen, von ganzer Seele, von ganzem Gemüt und von allen deinen Kräften' (5. Mose 6,4–5). Das andre ist dies: ‚Du sollst deinen Nächsten lieben wie dich selbst' (3. Mose 19,18)" (Mk 12,29–31).

In der Fassung des Matthäusevangeliums wird die Rolle des zweiten Teils dieses Gebots sogar noch aufgewertet, indem hier anstelle von: „Das andre ist dies" (Mk 12,31), verwendet wird: „Das andere aber ist dem gleich" (**Mt 22,39**). Wer der Nächste sein soll, eröffnet die Erzählung vom **barmherzigen Samariter** (**Lk 10,25–37**), aus der sich ablesen lässt, dass der Nächste keineswegs im Sinne einer Verwandtschafts- oder Freundschaftsbeziehung zu verstehen ist. Im Gegenteil wird die Frage nach dem Nächsten in dieser Erzählung umgedreht, indem Jesus Christus fragt, wer dem Hilfsbedürftigen in ihr durch sein Handeln zum Nächsten geworden ist (vgl. Lk 10,36), was damit beantwortet wird, dass es derjenige ist, der ihn barmherzig behandelte (vgl. Lk 10,37) – in der Erzählung also der Samariter (vgl. Lk 10,33–35). Härle sieht in der Verbindung des Doppelgebots der Liebe mit der Erzählung vom barmherzigen Samariter so eine Präzisierung darin, in Hilfsbedürftigen, an denen man sich barmherzig zeigen kann, die Nächsten zu sehen, derer sich der im Doppelgebot der Liebe angesprochene Mensch annehmen soll.[787] Die 613 Einzelvorschriften des Alten Testaments, insbesondere die Zehn Gebote, können so in Ergänzung mit dem Doppelgebot der Liebe gedeutet werden. Das Doppelgebot der Liebe dient dann als höchstes Gebot, das über den anderen steht, während die anderen im Alltag bei „kleineren" ethischen Entscheidungen bemüht werden dürfen.[788]

---

786 Vgl. a.a.O., 179.
787 Vgl. a.a.O., 186f.
788 Vgl. a.a.O., 190f.

Eine letzte hier zu erwähnende Erzählung, die ebenfalls einen Teil der biblisch-theologischen Grundlagen christlicher Ethik darstellt, ist die Erzählung vom **Weltgericht** in **Mt 25,31–46**. Sie berichtet von einer zukünftigen Rückkehr Jesu (vgl. Mt 25,31), der als Richter über die Menschen richtet (vgl. Mt 25,32). Dabei spricht er einigen als gerecht bezeichneten Menschen (vgl. Mt 25,37) zu, ihn gespeist, seinen Durst gelöscht, ihn aufgenommen, gekleidet und während er krank war sowie im Gefängnis besucht zu haben (vgl. Mt 25,35f.). Auf die Rückfrage der Gerechten, die sich nicht erinnern können, Jesus diese Dienste erwiesen zu haben (vgl. Mt 25,37–39), antwortet er: „Was ihr getan habt einem von diesen meinen geringsten Brüdern, das habt ihr mir getan" (Mt 25,40). Jene Menschen, die sich nicht um ihre Mitmenschen gekümmert haben, werden anschließend in ein ewiges Feuer verworfen (vgl. Mt 25,41–46). Sich im Sinne der aufgezählten Möglichkeiten um Bedürftige zu kümmern, wird in der Erzählung also so gedeutet, dass diese „barmherzige Liebesübung die spezifische Erfüllung des göttlichen Willens ist".[789] Da Menschen, die sich so ihrer bedürftigen Mitmenschen annehmen, im Sinne Gottes handeln, wird ihnen die spätere Erhöhung versprochen. Die Verwerfung sollte meines Erachtens nicht einseitig ohne die Verheißung der Rechtfertigung aller Menschen[790] betrachtet werden. Bernhard Weiss betont demgegenüber allerdings, dass seines Erachtens diese ewige Strafe nicht, wie etwa im von mir genannten Sinne, abgemildert werden darf, sondern ausgehalten werden muss, dass die ewige Strafe Teil der biblischen Botschaft ist.[791] Wichtig ist bezüglich der Erzählung vom Weltgericht zusätzlich die Beobachtung, dass die Erzählung aussagt, der Menschensohn (Jesus Christus) würde bei seiner Rückkehr über „alle Völker" (Mt 25,32) richten. An anderen Stellen wird im Matthäusevangelium primär erwartet, dass er zukünftig über Israel als dessen (aus christlicher Perspektive gesprochen) Messias herrschen wird, hier wird jedoch explizit ausgesagt, dass seine Herrschaft und sein Gericht alle Menschen einschließen werden.[792] Eine Beschränkung auf Israel oder die Christenheit verbietet sich somit dem Text zufolge.[793]

---

789 B. WEISS, Das Matthäus-Evangelium, 433.
790 Vgl. Kapitel 2.3.
791 Vgl. B. WEISS, Das Matthäus-Evangelium, 436.
792 Vgl. CH. MÜNCH, Der Hirt wird sie scheiden, 508.
793 Vgl. ebd.

5.2 Grundformen ethischer Urteilsbildung

Die Schüler*innen „vergleichen Grundformen ethischer Urteilsbildung."[794] Kein Mensch ist in der Lage, in jedem Fall zu entscheiden, was „gut" und was „schlecht" ist. Folglich haben sich diverse Modelle entwickelt, die Orientierung dabei geben können, was als ethisch richtig und was als falsch angesehen werden kann. Härle skizziert so etwa als übergeordnete Kategorien die Güterethik, Pflichtethik und Tugendethik.[795]

Die Güterethik fügt er mit teleologischen Theorien zusammen (teleologisch = auf ein Ziel ausgerichtet) und beschreibt die **güterethische Position** wie folgt: „Gut ist eine Handlung dann, wenn sie etwas Gutes bewirkt oder hervorbringt."[796] Es wird also das Ergebnis einer Handlung beurteilt, nicht der Weg, auf dem dieses Ergebnis erreicht wurde. Die Konsequenzen sind so den Handlungen übergeordnet, wobei sowohl beabsichtigte wie auch nicht beabsichtigte Konsequenzen eingeschlossen sind.[797] Bei **teleologischen Theorien** werden auch die angestrebten Konsequenzen unabhängig davon berücksichtigt, ob sie wirklich erzielt wurden.[798] Ein prominentes Beispiel hierfür stellt der **Utilitarismus** dar, der nach dem größtmöglichen Glück für die größtmögliche Menge an Menschen strebt.[799] Es ist so gleichgültig, aus welcher Gesinnung heraus eine Handlung erwächst, solange sie das größtmögliche Glück erzielt.[800] Zugleich stellt sich die Frage, wie überprüft werden kann, ob das angestrebte Ziel erreicht wurde.[801] Max Weber hat 1919 die **Verantwortungsethik** von der Gesinnungsethik[802] abgegrenzt.[803] Héctor Wittwer definiert diese später wie folgt: „Der Verantwortungsethiker trifft seine Entscheidungen anhand der Folgen seines Handelns, für die er persönlich einsteht."[804] In Härles Sinne lässt sich dieses ethische Modell also einer güterethischen Position zuordnen, da auch die Verantwortungsethik die Konsequenzen

---

794 NDS. KULTUSMINISTERIUM (Hg.), Kerncurriculum, 26.
795 Vgl. W. HÄRLE, Ethik, 82.
796 Ebd.
797 Vgl. ebd.
798 Vgl. a.a.O., 83.
799 Vgl. ebd.
800 Vgl. H. BRAUN, Utilitarismus, 1216.
801 Vgl. W. HÄRLE, Ethik, 84.
802 Zur Gesinnungsethik vgl. die Ausführungen weiter unten in diesem Abschnitt.
803 Vgl. H. WITTWER, Verantwortung, 576.
804 Ebd.

der getroffenen ethischen Entscheidungen fokussiert. Weber ordnet die Verantwortungsethik der Politik zu,[805] sie lässt sich aber auch auf andere Bereiche übertragen, wie die weiteren güterethischen Positionen zeigen.

Die Pflichtethik sortiert Härle zusammen mit deontologischen Theorien in eine Kategorie ein. Die **Pflichtethik** definiert er wie folgt: „Gut ist eine Handlung dann, wenn sie einer gültigen ethischen Norm entspricht."[806] Gegenüber den erstgenannten Positionen ist also nicht die Konsequenz der Handlung entscheidend, sondern ob die Handlung selbst den anerkannten Normen entspricht. Kritisch wird an der Pflichtethik gesehen, dass unklar bleibt, wer über die Gültigkeit von Normen entscheidet, mit denen über die Handlungen geurteilt wird.[807] Die **deontologischen Theorien** (deontologisch = der Pflicht entsprechend) widersprechen somit den teleologischen Theorien im Hinblick darauf, dass ihnen zufolge nicht die Konsequenzen einer Handlung über deren Güte entscheiden, sondern die Passung der Handlung selbst zu Pflichten und Normen. In ihnen werden also weitere Kriterien als die Betrachtung der Konsequenzen angeführt.[808]

Die **Gesinnungsethik** blickt ebenso nicht auf den Erfolg einer Handlung. Stattdessen wird gefragt, inwiefern eine Handlung mit dem Gewissen des Handelnden vereinbar ist.[809] Entscheidend ist also die Absicht des Handelnden, nicht die Konsequenz der Handlung.[810] Die Gesinnungsethik wurde wie die Verantwortungsethik 1919 von Max Weber formuliert und von dieser abgegrenzt.[811] Der Gesinnungsethik zufolge handelt der Mensch nach seinen Grundsätzen, die in seinem Gewissen verankert sind, und vertraut darauf, dass Gott über den Erfolg und damit gute Konsequenzen seiner Handlung verfügt.[812] Kritisiert wird an diesem Ansatz, dass es so keine objektiv beurteilbaren Maßstäbe gibt, da das Gewissen der Menschen subjektiv sehr unterschiedlich ist. Aus theologischer Perspektive wird auch etwa bei Barth der Ansatz „als streitig mit der Botschaft von der Begnadung in Christus abgelehnt"[813] – diese Kritik ist so

---

805 Vgl. ebd.
806 W. HÄRLE, Ethik, 84.
807 Vgl. a.a.O., 85.
808 Vgl. a.a.O., 86.
809 Vgl. H. VAN OYEN, Gesinnungsethik, 1537.
810 Vgl. ebd.
811 Vgl. H. WITTWER, Verantwortung, 576.
812 Vgl. ebd.; M. WEBER, Politik als Beruf, 551.
813 H. VAN OYEN, Gesinnungsethik, 1538.

zu verstehen, dass ausgehend davon, dass Sünden durch Jesus Christus vergeben sind, fraglich wird, inwiefern ein Mensch damit für seine schlechten Absichten zur Rechenschaft gezogen werden kann.

Als letzte Kategorie benennt Härle die **Tugendethik**. Diese setzt positive Tugenden, wie die Ehrlichkeit, und negative Laster, wie die Unehrlichkeit, voraus und bewertet Handlungen daran, ob sie diesen entsprechen.[814] Härle erklärt, dass auch dieser Ansatz problembehaftet ist, indem zunächst fraglich ist, wie sich Tugenden und Laster definieren, wobei er erklärt, dass für deren Aufstellung Bezug auf die zuvor genannten Theorien genommen werden kann.[815]

Die genannten Grundformen der ethischen Urteilsbildung können auch wie bei Friedrich Daniel Ernst Schleiermacher kombiniert werden.[816] Härle vertritt die These, dass sie nie vollkommen getrennt werden können, sondern stets zusammengehören, wobei in jedem ethischen Modell eine Grundform fokussiert wird.[817] Auch Weber dachte bereits in diesem Sinne daran, dass die von ihm voneinander abgegrenzten Formen der Verantwortungs- und Gesinnungsethik einander ergänzen, um einen ethisch handelnden Menschen auszubilden.[818]

5.3 Ethische Problemstellungen

Die Schüler*innen „erörtern anhand eines exemplarischen Konfliktes ethische Problemstellungen."[819] Für eine solche Erörterung kann ein Schema wie die **Schritte der ethischen Urteilsbildung von Härle** hilfreich sein. Härles Modell beginnt mit der Problementstehung. Auf diese folgen sechs Schritte der ethischen Urteilsbildung, die in einer Überprüfung der gefundenen Lösung durch das eigene Handeln münden.[820] Der erste Schritt ist die Problembenennung.[821] Es wird so nach den Beteilig-

[814] Vgl. W. HÄRLE, Ethik, 87f.
[815] Vgl. a.a.O., 88.
[816] Vgl. a.a.O., 89; F.D.E. SCHLEIERMACHER, Ethik (1812/13), 218–225.
[817] Vgl. W. HÄRLE, Ethik, 89f.
[818] Vgl. H. WITTWER, Verantwortung, 576. Weber formuliert diese wünschenswerte Ergänzung der ethischen Modelle im Hinblick auf Politiker, die ihre Handlungen nach diesen ausrichten sollen (vgl. M. WEBER, Politik als Beruf, 559).
[819] NDS. KULTUSMINISTERIUM (Hg.), Kerncurriculum, 26.
[820] Vgl. W. HÄRLE, Ethik, 218.
[821] Vgl. ebd.

ten sowie dem Kontext gefragt und das Problem konkret benannt.[822] Im zweiten Schritt folgt die Problemanalyse.[823] Hierbei werden mögliche Ziele benannt, die das Problem lösen könnten, es wird untersucht, inwiefern diese einen Fortschritt darstellen würden, und welche Mittel für die angedachten ersten Lösungsskizzen benötigt würden.[824] Am Ende der Problemanalyse können eine oder mehrere Handlungsmöglichkeiten stehen. Im dritten Schritt denkt Härle eine Prüfung des Problems an, die er in zwei „Unterschritte" 3a und 3b unterteilt.[825] Unter 3a wird die Realisierbarkeit geprüft, etwa im Hinblick auf mögliche Folgen und zur Verfügung stehende Ressourcen.[826] In 3b wird dann die Verantwortbarkeit geprüft, wobei Härle betont, dass ethische Normen zwar Orientierung geben, jedoch auch zu hinterfragen sind.[827] Im vierten Schritt wird eine vorläufige Entscheidung getroffen, die sich auf die zuvor aufgestellten Handlungsalternativen bezieht, die im dritten Schritt geprüft wurden.[828] Härle beschreibt, dass es hierbei natürlich dazu kommen kann, dass keine Lösung gefunden wird, ein eindeutiger Fall auftritt, in dem es nur eine Lösung gibt, oder ein Fall auftritt, in dem mehrere Lösungen denkbar sind.[829] Er möchte bewusst keine abstrakten Kriterien benennen, nach denen die Entscheidung zu treffen ist, sondern unterstreicht, dass dies situativ unterschiedlich ist.[830] Im fünften Schritt wird die getroffene vorläufige Entscheidung dann noch einmal überprüft. Härle denkt dabei an „Überprüfungsinstanzen […], die im bisherigen Verfahren noch nicht vorkamen, aber sinnvollerweise Berücksichtigung finden sollten."[831] Er benennt so etwa, dass die Kommunikation mit anderen Subjekten, die sich ebenfalls ein ethisches Urteil zur vorliegenden Fragestellung gebildet haben, eine solche Überprüfungsinstanz darstellen kann, oder nennt auch den Vergleich zu Lösungen, die für vergleichbare ethische Problemstellungen gefunden wurden.[832] Der sechste Schritt ist schließlich die „(vor-

[822] Vgl. a.a.O., 220.
[823] Vgl. a.a.O., 218.
[824] Vgl. a.a.O., 221.
[825] Vgl. a.a.O., 218.
[826] Vgl. a.a.O., 222.
[827] Vgl. a.a.O., 223f.
[828] Vgl. a.a.O., 224.
[829] Vgl. a.a.O., 224f.
[830] Vgl. a.a.O., 225.
[831] Ebd.
[832] Vgl. a.a.O., 225f.

läufig) endgültige Entscheidung".[833] Das in Klammern gesetzte Wort „vorläufig" unterstreicht hier, dass auch diese Entscheidung nicht auf ewig Bestand haben muss, sondern Veränderungen im eigenen Leben oder in äußeren Einflüssen, wie beispielsweise ein technischer Fortschritt, es ermöglichen, dass eine Entscheidung zu einem späteren Zeitpunkt anders bewertet wird. Nachdem die vorläufig endgültige Entscheidung getroffen wurde, rahmt Härle sein Schema mit einer Überprüfung der Entscheidung durch Handeln ab und weist darauf hin, dass es möglich ist, dass nach diesem Handeln der Prozess der ethischen Urteilsbildung von vorne beginnt.[834]

Dieses Schema kann auf verschiedenste ethische Problemstellungen angewendet werden. Als ein Beispiel soll hier die Friedensethik anhand der Fragestellung untersucht werden, ob es ethisch vertretbar ist, einem militärisch unterlegenen Land Waffen zur Verteidigung gegen ein militärisch überlegenes Land zu liefern. Diese Fragestellung stellt die Problembenennung dar. So wäre zu fragen, wer die Beteiligten sind – primär die beiden Länder, sekundär auch das eigene Land, das durch eine Waffenlieferung indirekt in den Krieg eintreten würde. In einem zweiten Schritt ist das Problem zu analysieren. So wäre etwa festzustellen, dass das Ziel darin besteht, den Konflikt zu beenden und dabei so wenige Menschen wie möglich zu verletzen oder gar zu töten. Es kann als Handlungsmöglichkeit aufgezeigt werden, dass eine Waffenlieferung dem unterlegenen Land bei der Verteidigung von Menschenleben helfen, zugleich aber zu einer Verlängerung des Kriegs führen könnte. Andererseits wäre eine Ablehnung der Waffenlieferung als weitere Handlungsmöglichkeit denkbar, die möglicherweise für ein schnelleres Ende des Krieges sorgen, aber zugleich mehr Opfer erfordern würde. Auch ein eigenes aktives Eingreifen in den Krieg wäre eine Handlungsmöglichkeit. Werden die rechtlichen Rahmenbedingungen mit bedacht, könnte es jedoch sein, dass diese Möglichkeit entfällt, da die eigenen Gesetze einen direkten Eingriff untersagen. Im Schritt 3a wären dann die Realisierungsmöglichkeiten der beiden verbleibenden Optionen zu prüfen. Ein Unterlassen der Waffenlieferung wäre ohne Frage möglich. Bezüglich der Waffenlieferung ist zu fragen, ob das eigene Land überhaupt entsprechende Waffen besitzt oder herstellen könnte. In Schritt 3b ist die Verantwortbarkeit zu prüfen. Ist es

833 A.a.O., 227.

834 Vgl. a.a.O., 218.

verantwortbar, ein um Hilfe rufendes, unterlegenes Land nicht zu unterstützen? Und ist es auf der anderen Seite verantwortbar, Waffen zu liefern, mit denen in einem Krieg Menschen getötet werden? Angenommen, die Prüfung des Problems ergäbe, dass das eigene Land die Möglichkeit besäße, entsprechende Waffen zu liefern, und dies auch als verantwortbar erachtet werden würde, könnte die vorläufige Entscheidung getroffen werden, dass Waffen geliefert werden sollen. Im fünften Schritt ist diese Entscheidung zu prüfen, etwa indem auch Begründungen des überlegenen Gegners einbezogen werden oder untersucht wird, welcher Schaden im Falle der Lieferung der Waffen mit diesen angerichtet werden könnte. Es könnte auch gefragt werden, wie historisch in vergleichbaren Fällen vorgegangen wurde. Nach dieser Überprüfung kann die oben angenommene Entscheidung zugunsten einer Waffenlieferung beibehalten werden, indem etwa die Argumente der gegnerischen Seite als nicht stichhaltig verworfen werden oder davon ausgegangen wird, dass auch wenn die gelieferten Waffen Schaden anrichten, dieser geringer ist als der entstehende Schaden, würde das unterlegene Land dem Gegner wehrlos gegenüberstehen. Es ist aber auch möglich, dass sich die Entscheidung nun aufgrund der Überprüfung noch verändert und doch von einer Waffenlieferung abgesehen wird, da etwa die Argumente der gegnerischen Seite überzeugen oder die Angst vor dem Schaden überwiegt, der durch einen mit einer Waffenlieferung verlängerten Krieg entstehen könnte. Schlussendlich müsste eine Regierung die getroffene Entscheidung durchführen, etwa indem sie Waffen liefert, es besteht aber jederzeit die Möglichkeit, dass zukünftige Erkenntnisse zu neuen ethischen Problemen führen oder die getroffene Entscheidung als falsch erscheinen lassen, was dann eine neue ethische Urteilsbildung notwendig macht, in der beispielsweise gefragt werden könnte, ob eine Fortsetzung mit weiteren Waffenlieferungen ethisch vertretbar ist. Genauso gut kann die Entscheidung aber auch als richtig bewertet werden und somit Bestand haben.

5.4 Konsequenzen des christlichen Glaubens für das individuelle Leben

Die Schüler*innen „zeigen mögliche Konsequenzen der christlichen Hoffnung für das individuelle Lebenskonzept und das alltägliche Handeln von Christen auf.“[835] Unter dieser Kompetenz könnten etwa individuelle Biografien betrachtet werden, wie ich es oben bereits zum Thema Nachfolge am Beispiel von Albert Schweitzer getan habe, der ohne Frage Hoffnung aus seinem Glauben gezogen hat. Die Konsequenzen sind in diesem Fall sein Umgang mit Tieren wie auch sein Engagement beim Aufbau seines Tropenkrankenhauses.[836] Auch ein Engagement zur Bewahrung der Schöpfung im Rahmen des als Bewahrungsauftrag verstandenen Herrschaftsauftrages kann als Konsequenz des christlichen Glaubens für das individuelle Leben interpretiert werden.[837]

Eine kirchliche Einrichtung, die Möglichkeiten eröffnet, das eigene Handeln an der christlichen Hoffnung zu orientieren, ist die **Diakonie**. Begrifflich kann unter Diakonie „Liebestätigkeit“[838] verstanden werden, woraus Paul Philippi folgert, dass das Adjektiv diakonisch, das sich von Diakonie ableitet, „als ein motivanzeigendes Beiwort für dasjenige soziale Handeln, das aus christlichem Glauben erwächst“,[839] zu verstehen ist. Grundsätzlich werde ich den Begriff Diakonie als Teil des evangelischen Kirchenverständnisses noch weiter unten entfalten,[840] an dieser Stelle soll nur ein Beispiel für ihr Engagement aufgezeigt werden, das als ein vom christlichen Glauben geprägtes Handeln gedeutet werden kann. 1959 nahmen die christlichen Kirchen der reicheren Länder sich der Aufgabe an, die Kirchen in Entwicklungsländern zu unterstützen.[841] So wurde auf Anregung des diakonischen Werks Weihnachten 1959 erstmalig die Aktion „**Brot für die Welt**“ ins Leben gerufen, an der sich auch Freikirchen beteiligen.[842] Bereits die Namensgebung des Hilfsprojektes offenbart, dass es als Konsequenz des christlichen Glaubens aufgefasst wird: So verweist der Name zugleich auf „Jesus, das Brot des Lebens“,[843] und erinnert an die Wundererzählung von seiner Speisung der 5000.[844] „Brot für die Welt“ wurde zu einem Erfolgsprojekt, das von Jahr zu Jahr größe-

---

[835] NDS. KULTUSMINISTERIUM (Hg.), Kerncurriculum, 26.
[836] Vgl. Kapitel 3.3.
[837] Vgl. Kapitel 2.1.
[838] P. PHILIPPI, Geschichte der Diakonie, 621.
[839] Ebd.
[840] Vgl. Kapitel 6.3.
[841] Vgl. H.CH. VON HASE, Arbeitsfelder heutiger Diakonie, 676.
[842] Vgl. ebd.
[843] Ebd.
[844] Vgl. ebd.

re Spendensummen generiert,[845] sodass sich in ihm viele individuelle Christ*innen zusammentun, um bedürftige Kirchen in anderen Ländern zu unterstützen. Der Grundsatz des Projekts besteht darin, die Kirchen vor Ort in ihrer Selbsthilfe zu unterstützen, was konkret bedeutet, dass die Kirchen der Entwicklungsländer in der Regel selbst Projekte benennen, die ihnen helfen würden und für die sie Unterstützung benötigen, welche sie dann nach einer Prüfung gestellt bekommen.[846] Die Kirchen der Entwicklungsländer werden so in ihren Bedürfnissen ernst genommen und sind für die Durchführung der Hilfsprojekte selbst zuständig, während die Kirchen der reichen Länder sowie die in ihnen spendenden individuellen Christ*innen die benötigten Mittel zur Verfügung stellen.

Zum Abschluss dieses Kapitels möchte ich ein weiteres Beispiel eines Menschen vorstellen, dem meines Erachtens unterstellt werden kann, Konsequenzen aus dem christlichen Glauben für sein individuelles Leben gezogen zu haben. Es handelt sich dabei um **Desmond Tutu**. Dieser lebte in Südafrika, das von 1948 bis 1994 von der Apartheid geprägt war. Die Apartheid ist ein politisches System, das Dirk Jacobus Smit wie folgt beschreibt: „Es sanktionierte eine strikte Rassentrennung bei gleichzeitiger politischer Diskriminierung aller gesetzlich als Nichtweiße eingestuften Bevölkerungsteile".[847] Schon als Vorläufer gründeten sich ab 1881 erste Kirchen für Schwarze Menschen, sodass sich ebenfalls in Gottesdiensten eine Trennung nach Hautfarbe ergab.[848] Auch politisch reichen die Vorläufer weiter in die Vergangenheit zurück, sodass etwa ab 1913 entwickelte Gesetze die Schwarze Bevölkerung von Landbesitz und Wahlrecht ausschlossen.[849] Theologisch wurde die Trennung von Theolog*innen wie dem Niederländer Abraham Kuyper unterstützt, der die These vertrat: „Jede Rasse habe den gottgegebenen Auftrag, ihre Identität zu wahren."[850] Diese These konnte als Begründung einer weitgehenden Trennung im öffentlichen Leben genutzt werden. Nach einem Massaker 1960 wurden seitens der Kirchen erste Beschlüsse gefasst, die die Einheit der Kirchen betonten und feststellten, dass sich die Apartheid nicht biblisch begründen lässt, wogegen sich jedoch öffentlicher und politischer

---

845 Vgl. ebd.

846 Vgl. ebd.

847 D.J. Smit, Südafrika, 326.

848 Vgl. ebd.

849 Vgl. a.a.O., 327.

850 Ebd.

Widerspruch erhob, sodass auch innerhalb der Kirchen ein Streit um die Apartheid ausbrach.[851] Der 1931 geborene und 2021 verstorbene[852] Schwarze Desmond Mpilo Tutu war zunächst seit 1961 Geistlicher in einer anglikanischen Kirche. Er leitete anschließend von 1978 bis 1985 als Generalsekretär den Südafrikanischen Rat der Kirchen und wurde schließlich von 1986 bis 1996 Erzbischof von Kapstadt.[853] Ihm wird eine „führende Rolle im Widerstand gegen die Apartheid"[854] zugeschrieben, für die ihm 1984 sogar der Friedensnobelpreis verliehen wurde.[855]

Tutu erkennt die Notwendigkeit theologischer Forschung an, kritisiert diese jedoch, wenn sie zu akademisch wird und ihren Bezug zur Welt verliert.[856] In diesem Sinne sieht er es kritisch, wenn Theolog*innen im Studium dazu erzogen werden, wunderbar „Aussagen theologischer Größen der Vergangenheit und Gegenwart"[857] auswendig zu lernen, während ihre „eigene Lebenserfahrung [...] nicht als authentisches Rohmaterial für die Theologie anerkannt"[858] wird. Tutu ist überzeugt, dass Theolog*innen den Bezug zu ihrer Umwelt wahren müssen.[859] Er stellt in seinen Schriften eine „Schwarze Theologie"[860] vor, die er darüber definiert, dass sie sich primär an die Schwarzen Menschen richtet, die durch ihre Bezeichnung als „Schwarze" (gegenüber vorheriger Bezeichnungen wie „Nicht-Weiße") den Wert ihrer eigenen Identität erkennen.[861] Seine Theologie soll auf ihren Lebenserfahrungen fußen.[862] Die für uns heute so selbstverständliche Gleichberechtigung der Menschen unabhängig von ihrer Hautfarbe war in Tutus Umfeld keineswegs selbstverständlich, doch er erkannte sie als von Gott gegeben an: „Gott hat uns so gemacht wie wir sind, ein Volk, das sich seiner gottgegebenen Gefühle nicht schämt."[863] Die naheliegende Folgerung, dass die Theologie so auch kon-

[851] Vgl. a.a.O., 328.
[852] Vgl. H. NATIESTA, Eine verdrängte Erfolgsgeschichte, 56.
[853] Vgl. D.J. SMIT, Südafrika, 329.
[854] Ebd.
[855] Vgl. ebd.
[856] Vgl. D. TUTU, Versöhnung ist unteilbar, 12.
[857] Ebd.
[858] A.a.O., 13.
[859] Vgl. ebd.
[860] Ebd.
[861] Vgl. a.a.O., 14.
[862] Vgl. ebd.
[863] A.a.O., 15.

krete Konsequenzen für das eigene Leben aufweisen muss, ergibt sich nach Tutu damit unmittelbar aus seinem Verständnis der Theologie:

> „Christliche Theologie geschieht, wenn über die Lebenserfahrung einer bestimmten christlichen Gemeinschaft in bezug [sic!] auf Gottes Selbstoffenbarung, wie sie von der ganzen Kirche akzeptiert worden ist, nachgedacht wird. Theologie versucht, diese Erfahrung verständlich zu machen, so daß sie Auswirkungen auf den Lebensstil der Gemeinschaft haben wird.“[864]

Es folgt daraus, dass Theologie Tutu zufolge immer situationsbezogen sein muss und stets mehrere Theologien nebeneinander bestehen.[865] Die Praxisorientierung offenbart sich, wenn Tutu folgert:

> „Christus kam, um die Rettung zu bringen und den Menschen zu einem Ganzen zu machen. Seine Rettung bedeutet, den Menschen von Sünde und vom Bösen zu befreien bzw. ihn aus der Knechtschaft von Sünde und Bösem, wie auch aus sozialer, wirtschaftlicher und politischer Knechtschaft zu befreien, die ein ganz spezifischer Ausdruck von Sünde und Bösem ist.“[866]

Tutu liegt also nicht nur das „Seelenheil“ der Menschen am Herzen,[867] sondern er folgert ganz konkret, dass auch die wirtschaftlichen und politischen Missstände – zu seiner Zeit die Apartheid – zu überwinden sind, um den Menschen im Sinne Jesu Christi zu befreien. Dabei verwirft er Begründungen wie den Tun-Ergehen-Zusammenhang als Erklärung für das Leid der Schwarzen Menschen.[868] Er stellt jeder Vertröstung auf eine Zukunft entgegen: „Tatschlich muß die Lebensqualität jetzt und hier verbessert werden.“[869] Die „Einheit der Menschheit und in der Tat des ganzen Kosmos“[870] sieht er als Ziel, das er aus Eph 1,10 ableitet.[871] Dabei folgert er aus Jesu Christi Zugehen auf Ausgestoßene und dem Gleichnis vom verlorenen Schaf (vgl. Lk 15,3–7), dass jeder einzelne Mensch für Gott wichtig ist.[872] Bemerkenswert ist, dass Tutu nicht nur über die Erlösung der Unterdrückten nachdenkt, sondern auch über die Erlösung der Unterdrücker*innen, die er durch ihre grauenvollen Taten als entmenschlicht ansieht:

---

864 A.a.O., 16.
865 Vgl. a.a.O., 16–18.
866 A.a.O., 20f.
867 Vgl. a.a.O., 53.
868 Vgl. a.a.O., 44–52; zum Tun-Ergehen-Zusammenhang vgl. Kapitel 3.4.
869 D. TUTU, Versöhnung ist unteilbar, 53.
870 A.a.O., 21.
871 Vgl. ebd.
872 Vgl. a.a.O., 38f.

„Er ist in dem Maße entmenschlicht, wie seine Opfer entmenschlicht sind, und er wird seine Menschlichkeit nur in dem Maße wiedererlangen, wie seine Opfer sie wiedererlangen. Und was noch viel wichtiger ist, er bedarf dringend ihrer Vergebung. Von allen Menschen ist er am bemitleidenswertesten.“[873]

Tutu beteuert hier, dass seine aus dem Evangelium gewonnene Folgerung, Gott würde jeden Einzelnen lieben und jeder Einzelne sei erlösungsbedürftig, keinen Halt bei den unterdrückten Schwarzen Menschen macht, sondern auch die Unterdrücker*innen Bedarf an dieser haben.[874] Er vertritt so die These, dass unfreie Schwarze Menschen auch unfreie Weiße Menschen nach sich ziehen würden, deren Unfreiheit aus der Angst vor den unterdrückten Schwarzen Menschen resultiere.[875] Vergegenwärtigt man sich die systematische Unterdrückung, die Tutu umgab und ihn auch ganz persönlich als Schwarzen Menschen betraf, ist es bemerkenswert, wie sachlich er hier argumentiert. Rache lehnt er grundsätzlich ab, was er ebenfalls theologisch begründet: „Und dieses Evangelium ist unwiderruflich die Botschaft der Versöhnung.“[876] Ihm ist dabei bewusst, wie schwierig die Versöhnung ist, wobei er darauf verweist, dass auch Gottes Versöhnung mit den Menschen in Form ihrer Erlösung keineswegs leicht war, wie es der Tod Jesu am Kreuz zeigt.[877]

Tutu wird in der späteren Beurteilung zugeschrieben, einen „leidenschaftlichen Kampf gegen die Apartheid“[878] geführt zu haben. Die weitreichende Bedeutung von Tutus Forderungen zeigt die weitere Geschichte Südafrikas. Ab 1990 wurden die Apartheidsgesetze schrittweise aufgehoben, 1994 fanden demokratische Wahlen statt und 1997 wurde eine neue demokratische Verfassung verabschiedet.[879] Die „Wahrheits- und Versöhnungskommission“,[880] deren Vorsitzender Tutu wurde, war von 1995 bis 1998 mit der Aufarbeitung der Verbrechen der Unterdrücker*innen innerhalb der Apartheid beschäftigt, wobei sie sich auf „eine Suche nach Vergebung, Versöhnung und Heilung“[881] begab. Diese Ziele wollte sie

[873] A.a.O., 42.
[874] Vgl. a.a.O., 42f.
[875] Vgl. H. NIESTA, Eine verdrängte Erfolgsgeschichte, 57.
[876] D. TUTU, Versöhnung ist unteilbar, 54.
[877] Vgl. ebd.
[878] H. NIESTA, Eine verdrängte Erfolgsgeschichte, 56.
[879] Vgl. D.J. SMIT, Südafrika, 330.
[880] A.a.O., 331.
[881] Ebd.

erreichen, indem sie Opfer und Täter*innen in öffentlichen Gesprächen zusammenbrachte, um gemeinsam die Verbrechen der Apartheid aufzuarbeiten.[882] Neben finanziellen Entschädigungen der Opfer ist die bemerkenswerteste Entscheidung der Kommission, dass jene Täter*innen, die ihre Verbrechen „in vollem Umfang gestanden und bereuten“,[883] für diese nicht bestraft wurden. Wenig überraschend war diese Entscheidung umstritten und wurde insbesondere von einigen Opfern kritisch gesehen,[884] sie zeigt jedoch, wie Tutus theologische Einsichten, nach denen Gott jeden einzelnen Menschen liebt und erlöst, auf der politischen Ebene umgesetzt wurden. Der Wahrheits- und Versöhnungskommission wird heute zugeschrieben, Südafrika durch ihren Beitrag zur Versöhnung politisch stabilisiert zu haben.[885] Sicherlich ist dieses Ergebnis nicht Tutu allein zuzuschreiben, doch als federführender Kopf der Wahrheits- und Versöhnungskommission darf ihm unterstellt werden, dass er jene Konsequenzen, die er aus seinem christlichen Glauben für sein individuelles Leben gezogen hat, in ihre Arbeit einfließen lassen und damit zu der ungewöhnlichen und erfolgreichen Arbeit der Kommission beigetragen hat.

5.5 LK: Der Einfluss biblischer Hoffnungsbilder

Die Schüler*innen „stellen dar, inwieweit biblische Hoffnungsbilder die Wahrnehmung der gegenwärtigen Welt verändern.“[886] Ein Hoffnungsbild der Bibel stellt die **Paradiesvorstellung** dar. Rein begrifflich meinte „Paradies“ ursprünglich „einen umfriedeten Park.“[887] Mit solchen Parks wurden heilvolle Lebensräume, Tempel (durch ihre häufige Nähe zu diesen), Orte der Liebe und metaphorisch Geliebte selbst verbunden.[888] Später verlagerte sich diese Vorstellung: „[I]m Neuen Testament kann das ‚selige Jenseits‘ ganz allgemein als Paradies bezeichnet werden.“[889] Es stellt so in der jüdisch-christlichen Tradition eine gute Gegenwelt dar, die neben der schlechten Gegenwelt, der Hölle, besteht.[890] Gegenwelten

[882] Vgl. H. NATIESTA, Eine verdrängte Erfolgsgeschichte, 57.
[883] Ebd.
[884] Vgl. ebd.
[885] Vgl. a.a.O., 58.
[886] NDS. KULTUSMINISTERIUM (Hg.), Kerncurriculum, 26.
[887] F. STOLZ, Paradies I. Religionsgeschichtlich, 705.
[888] Vgl. ebd.
[889] Ebd.
[890] Vgl. ebd.

nehmen insgesamt oft die Funktion ein, einen Kontrast ihrer irrealen Wirklichkeit zu unserer Welt aufzuzeigen.[891] In diesem Sinne kann das Paradies auch als Welt der Toten aufgefasst werden.[892]

In der Bibel findet sich in **Gen 2,4b–3,24** der zweite Schöpfungsmythos, den ich bereits oben erläutert habe.[893] Er wird auch als **Paradiesgeschichte** bezeichnet.[894] Auch in ihm liegen Kontraste vor: Die Menschen sind nackt, besitzen aber keine Scham (vgl. Gen 2,25), und haben Zugang zu einem Baum, dessen Früchte ihnen Unsterblichkeit schenken (vgl. Gen 2,9; 3,22). Zugleich werden aber auch negative Aspekte benannt: Die Menschen sind naiv und gewinnen erst durch das zunächst verbotene Essen der Frucht vom Baum der Erkenntnis ihre Klugheit (vgl. Gen 3,6f.). Fritz Stolz erläutert in diesem Sinne, dass das Leben im Paradies folglich nicht als rundum besser dargestellt wird, sondern der Fokus darauf liegt, dass das Paradies eine Welt darstellt, die im Kontrast zu unserer Wirklichkeit steht.[895]

Ethisch relevant werden Vorstellungen vom Paradies als „(individuelle) Zukunftsdimensionen“,[896] etwa wenn in ihnen Benachteiligungen, die ein Mensch in seinem Leben erfährt, aufgehoben oder gar umgekehrt werden.[897] Dabei kann es sich um **individuelle Eschatologien** handeln, also um Vorstellungen, nach denen jedes Individuum einzeln zum Beispiel nach seinem Tod in ein Jenseitsreich wie das Paradies gelangt, oder um **kollektive Eschatologien**, in denen auf eine Verwandlung der ganzen Welt in einer nahen Zukunft gehofft wird.[898] Kollektive Eschatologien entstehen primär in Krisenzeiten,[899] etwa während sich ein Volk in einem Krieg befindet und dort unterlegen ist, oder in Zeiten, die von Armut, Pandemien oder Hungersnöten geprägt sind.

Auch innerhalb der Bibel liegt eine **Eschatologisierung** der Paradiesvorstellungen vor, also eine Verlagerung dieser in eine jenseitige Gegen-

---

891 Vgl. a.a.O., 706.
892 Vgl. ebd.
893 Vgl. Kapitel 2.1.
894 Vgl. F. STOLZ, Paradies II. Biblisch, 708.
895 Vgl. ebd.
896 F. STOLZ, Paradies I. Religionsgeschichtlich, 706.
897 Vgl. a.a.O., 706f.
898 Vgl. a.a.O., 707.
899 Vgl. ebd.

welt.[900] So hofft im Alten Testament Deuterojesaja darauf, dass Gott Israels Wüsten zu blühenden Gärten wie Eden verwandeln wird (vgl. Jes 51,3). Vorstellungen vom Paradies beziehen sich in der Regel auf kollektive Eschatologien (neben denen es auch individuelle Eschatologien gibt, die aber meist nicht in Beziehung zum Paradies stehen).[901] Im Neuen Testament finden sich hingegen auch solche individuellen Eschatologien, wie im Lukasevangelium, das gerechten Menschen verspricht, in das Paradies zu kommen (vgl. Lk 23,43), wobei es zugleich auch weiterhin kollektive Eschatologien wie in der Offenbarung gibt (vgl. Offb 2,7).[902]

Umstritten bleibt in der Kirchengeschichte, ob das Paradies als räumlicher oder geistiger Ort zu verstehen ist,[903] sowie die Beziehung zwischen Paradies und **Reich Gottes**: „Sowohl in Lk 23,42f. als auch in II Kor 12,2f. wird eine enge Verbindung, wenn nicht gar eine Identität, von Paradies und Reich Gottes angedeutet.“[904] Beide Begriffe können also gleichgesetzt oder als unterschiedlich aufgefasst werden. Letzteres geschah kirchengeschichtlich etwa bei Ambrosius, der das Paradies als „Vorraum des Reich Gottes“[905] auffasst. Beim Paradiesbegriff ist insgesamt jedoch stets Jesu Botschaft vom Reich Gottes mitzudenken.[906]

Auch in **Offb 21,1–8** findet sich eine kollektive Eschatologie unter der Überschrift „Das neue Jerusalem“. An dieser Stelle wird die Vision eines neuen Himmels und einer neuen Erde skizziert, die entstehen, nachdem unser Himmel und unsere Erde enden (vgl. Offb 21,1). Besonders ist an dieser Vorstellung, dass Gott selbst bei den Menschen im neuen Jerusalem wohnt (vgl. Offb 21,3), für sie also unmittelbar greifbar ist. Verbunden mit Gottes Präsenz wird das Ende von Tod, Trauer, Leid und Schmerz versprochen (vgl. Offb 21,4), wobei ungerechten Menschen wie Straftäter*innen der Zugang verwehrt wird (vgl. Offb 21,8). Es wird so ein Kontrast zu unserer Welt hergestellt, indem Leid und Tod nur in dieser, nicht jedoch in Gottes neu geschaffener Welt existieren.[907] Lohse weist darauf hin, dass die Vision dieser neuen Welt sich an die ersten

---

900 Vgl. F. STOLZ, Paradies II. Biblisch, 709.
901 Vgl. a.a.O., 710.
902 Vgl. ebd.
903 Vgl. A. LOUTH, Paradies IV. Theologiegeschichtlich, 714f.
904 A.a.O., 715.
905 Ebd.
906 Vgl. Kapitel 4.3.
907 Vgl. T. HOLTZ, Die Offenbarung des Johannes, 133–135.

urchristlichen Gemeinden richtet, „die noch in Not und Verfolgung stehen“.[908] Das neue Jerusalem ist also eindeutig auch die Skizze einer Gegenwelt. Gott wendet sich in dieser im Gegensatz zu alttestamentlichen Vorstellungen nicht nur seinem Volk Israel zu, sondern allen Menschen.[909] Als Funktion der Textstelle definiert Lohse in Bezug auf den siebten Vers: „Ohne Ende gibt er [Gott] seine barmherzige Gnade. Diese wahrhaftige Verheißung soll der streitenden und kämpfenden Kirche den Mut stärken.“[910] Bei der Formulierung jener im achten Vers Verworfenen meint Lohse, „Anklänge an die zehn Gebote deutlich zu erkennen“,[911] die Textstelle steht also in der Tradition des Alten Testaments. Insgesamt liegt hier somit ein Beispiel vor, in dem das biblische Hoffnungsbild der bedrängten urchristlichen Gemeinde Mut zusprechen sollte.

Ein bekanntes Beispiel dafür, welchen Einfluss biblische Hoffnungsbilder wie die Paradiesvorstellung auf die Wahrnehmung der Gegenwart nehmen können, präsentiert Gerd Presler in Form der Taten von **Martin Luther King**.[912] Der Theologe King, der für die Gleichberechtigung von Schwarzen Menschen und Weißen Menschen in den USA des 20. Jahrhunderts protestierte, beschrieb 1963 in seiner bekannten Rede „I have a dream“ eine für damalige Verhältnisse utopisch und paradiesisch scheinende Vorstellung, in der zukünftige Generationen Schwarzer und Weißer US-Amerikaner einander als Brüder begegnen.[913] Er sah sie in seiner Zeit partiell in allen Situationen anbrechen, in denen sich Menschen für die Gleichberechtigung und gegen Diskriminierung eingesetzt haben. Presler fällt im Hinblick auf King das Urteil: „Er wußte um die kleinen Schritte, in denen immer wieder kleine Paradiese ermutigend aufflammten“.[914] King darf also unterstellt werden, sich in seiner Rede an biblischen Hoffnungsbildern orientiert, seine Hoffnung auf ein vorerst utopisch scheinendes Paradies in seine Welt transportiert und aus dieser Hoffnung Kraft gezogen zu haben.

---

[908] E. LOHSE, Die Offenbarung des Johannes, 109.
[909] Vgl. ebd.
[910] Ebd.
[911] A.a.O., 110.
[912] Vgl. G. PRESLER, Paradies V. Praktisch-theologisch, 720.
[913] Vgl. ebd.
[914] Ebd.

6. Kirche und Kirchen

6.1 Das evangelische Kirchenverständnis

Innerhalb des Kompetenzbereiches Kirche und Kirchen sollen die Schüler*innen „grundlegende Aspekte und Herausforderungen des evangelischen Kirchenverständnisses“[915] entfalten. Aus der „jüdische[n] Reformbewegung um Jesus“,[916] also letztlich einer jüdischen Sekte, entwickelte sich „zwischen 30 und 50 n. Chr.“[917] das Christentum als eigene Religion. Die ersten christlichen Gemeinden werden mit dem Begriff **Urchristentum** bezeichnet, während der Begriff **Urgemeinde** explizit die ersten christlichen Gemeinden in Jerusalem und Judäa meint.[918] Das „Urchristentum“ ist also ein etwas weiter gefasster Begriff als die „Urgemeinde“. Innerhalb der Bibel wird die Urgemeinde in der Apostelgeschichte und den Paulusbriefen erwähnt.[919] Die **Apostelgeschichte** ist eine Fortsetzung des Lukasevangeliums: Der Evangelist erzählt in ihr, wie sich das Urchristentum nach Jesu Himmelfahrt entwickelt hat.[920]

Die Apostelgeschichte beginnt mit dem Pfingstwunder. **Pfingsten** kann als „Geburtstag der Kirche“[921] bezeichnet werden. In der Erzählung sind alle zwölf Jünger Jesu versammelt (wobei Matthias Judas ersetzt hat; vgl. Apg 1,25f.), als plötzlich der Heilige Geist in Form von Feuerzungen aus dem Himmel auf sie hinab kommt (vgl. Apg 2,3). Er ermöglicht es den Jüngern, in ihnen zuvor fremden Sprachen zu predigen (vgl. Apg 2,4). Die Umstehenden sind darüber zunächst sehr irritiert (vgl. Apg 2,6–13), bis Petrus auftritt und den Menschen von Jesu Tod und Auferstehung berichtet (vgl. Apg 2,14–36). Mit diesen Erzählungen erreicht er das Herz der Umstehenden (vgl. Apg 2,37), woraufhin er sie auffordert, Buße zu tun und sich auf Jesu Christi Namen taufen zu lassen, womit er ihnen die Vergebung ihrer Sünden verspricht (vgl. Apg 2,38). Die Apostelgeschichte erzählt, an diesem Tag hätten sich etwa 3000 Menschen taufen lassen (vgl. Apg 2,41). Unabhängig vom fragwürdigen historischen Gehalt[922]

---

915 NDS. KULTUSMINISTERIUM (Hg.), Kerncurriculum, 28.

916 H. NOORMANN, Kirchengeschichte, 15.

917 Ebd.

918 Vgl. F. VOUGA, Urchristentum, 411.

919 Vgl. a.a.O., 413.

920 Vgl. M. HÜLSMANN, Moment mal! Grundbegriffe und biblische Basistexte, 62.

921 Ebd.

922 Roloff erklärt, dass diese Zahl nicht real sein kann, da Jerusalem zu dieser Zeit gerade einmal 30.000 Einwohner*innen besaß (vgl. J. ROLOFF, Die Apostelgeschichte, 63f.).

dieser hohen Anzahl an Menschen ist durch die ersten Taufen die Jerusalemer Urgemeinde entstanden.

Vom Leben in der Urgemeinde erzählt die Apostelgeschichte in ihrem weiteren Verlauf (vgl. **Apg 2,37–47**). Jürgen Roloff arbeitet in seinem Kommentar fünf Merkmale der Urgemeinde heraus.[923] Diese zeichnete sich zuerst durch die „Lehre der Apostel“[924] aus. Jesu Jünger waren Teil der Urgemeinde und predigten in ihr (vgl. Apg 2,42). Besonders ist das im Vergleich zu heutigen Gemeinden, indem so Augenzeugen von Jesu Taten Teil der Gemeinde waren.[925] Die Urgemeinde fühlte sich darüber hinaus durch „Jesu Werk und Gabe zur Gemeinschaft zusammengeschlossen“.[926] Als drittes Merkmal benennt Roloff das „Brotbrechen“,[927] also gemeinsame Mahlzeiten, die auch an Jesu Mahlgemeinschaften erinnern konnten.[928] Das vierte Merkmal besteht im gemeinsamen Gebet (vgl. Apg 42,2), das letzte darin, dass die Apostel auch Wunder vollbrachten (vgl. Apg 2,43).[929] Berichtet wird außerdem von einer „totalen Gütergemeinschaft“,[930] die darin bestand, dass alle Mitglieder ihren Besitz verkauften und den Erlös an bedürftige Gemeindemitglieder spendeten (vgl. Apg 2,45). Dass diese Gütergemeinschaft denkbar (wenn auch gewiss nicht bei allen Urchrist*innen vorzufinden[931]) war, lässt sich damit erklären, dass die ersten Christ*innen „die jüdische Botschaft von der nahen Gottesherrschaft“[932] aufgriffen. War ein Gläubiger in dieser **Naherwartung** überzeugt, Gottes Herrschaft würde unmittelbar bevorstehen, wird er weniger stark an seinem Besitz festgehalten haben als wir heute. Es darf den ersten Gemeinden zugesprochen werden, eine sehr enge Gemeinschaft gepflegt zu haben, die heute in kaum einer Gemeinde denkbar ist.

Als enge Gemeinschaft versteht auch **Paulus** die Kirche, wenn er in seinem ersten Korintherbrief die Gemeinde als „**Leib Christi**“ (1. Kor

---

923 Vgl. a.a.O., 65.
924 A.a.O., 66.
925 Vgl. M. HÜLSMANN, Moment mal! Grundbegriffe und biblische Basistexte, 62.
926 J. ROLOFF, Die Apostelgeschichte, 66.
927 Ebd.
928 Vgl. a.a.O., 66f.
929 Vgl. a.a.O., 67.
930 Ebd.
931 Vgl. ebd.
932 H. NOORMANN, Kirchengeschichte, 15.

12,27) bezeichnet. Paulus beschreibt in seiner Erläuterung hierzu (vgl. **1. Kor 12,12–31**), dass alle Christ*innen durch den Heiligen Geist „zu einem Leib getauft sind“ (1. Kor 12,13), was unabhängig davon gilt, ob sie zuvor Heid*innen oder Jüd*innen waren oder aus welchen gesellschaftlichen Schichten sie stammten (vgl. 1. Kor 12,13). Er führt im Weiteren innerhalb dieses Bildes aus, dass die Christ*innen so aufeinander angewiesen sind, wie in einem Leib die einzelnen Glieder. Rhetorische Fragen wie: „Wenn der ganze Leib Auge wäre, wo bliebe das Gehör? Wenn er ganz Gehör wäre, wo bliebe der Geruch?“ (1. Kor 12,17), offenbaren eine Wertschätzung der Vielfalt der einzelnen Gemeindemitglieder. Dabei spricht Paulus den schwächsten Mitgliedern zu, die wichtigsten zu sein (vgl. 1. Kor 12,22). Die Angewiesenheit aufeinander spricht er auch klar aus: „Und wenn ein Glied leidet, so leiden alle Glieder mit, und wenn ein Glied geehrt wird, so freuen sich alle Glieder mit“ (1. Kor 12,26). Er bezieht sich schließlich auch auf die unterschiedlichen Ämter innerhalb der Gemeinde, die er als von Gott eingesetzt auffasst (vgl. 1. Kor 12,28–30), womit die Bedeutung ihrer Vielfalt unterstrichen wird.

Paulus‘ Bild aus dem Korintherbrief greift **Luther** in seiner Lehre „**Vom Priestertum aller Gläubigen**“ auf,[933] die er 1520 in seiner Schrift „An den christlichen Adel deutscher Nation von des christlichen Standes Besserung“[934] veröffentlicht. Er folgert aus Paulus‘ Bild von der Gemeinde als Leib Christi, dass alle Christ*innen einen gleich großen Wert für die Gemeinde besitzen und sich nur in ihren Ämtern unterscheiden.[935] Luther begründet dies angelehnt an Paulus‘ Aussagen und auf Basis von 1. Petr 2,9 und Offb 5,10 damit, dass in der Taufe jede Christin und jeder Christ selbst zum Priester geweiht wird[936] und damit in der Not selbst taufen darf,[937] wobei mit dem Priestertum auch insbesondere einhergeht, die Bibel selbst auslegen zu können. Harry Noormann fasst den besonderen Gehalt dieser Aussage wie folgt zusammen: „Die These, dass alle, Laien, Priester, Bischöfe und Fürsten ‚geistlichen Standes‘ seien, folglich fähig und berufen, in geistlichen Fragen zu urteilen, konnte in der Konsequenz keinen Lebensbereich unberührt lassen.“[938] Die Annahme, jede Christin

---

[933] Vgl. M. LUTHER, WA 6, 407.
[934] A.a.O., 404–469.
[935] Vgl. a.a.O., 407.
[936] Vgl. ebd.
[937] Vgl. a.a.O., 408.
[938] H. NOORMANN, Kirchengeschichte, 71.

und jeder Christ sei zum Priester geweiht, spricht also nicht nur allen Christ*innen eine prinzipielle Gleichheit zu, sondern sie enthält auch eine Aufforderung: Jede Christin und jeder Christ soll selbst in der Bibel lesen, sich mit ihren Aussagen auseinandersetzen, sich selbst ein Urteil über diese bilden und nicht blind dem Urteil eines anderen, zum Beispiel dem des Gemeindepastors, Glauben schenken. Luther schreibt, dass sich Priester und Bischöfe so nur durch ihr Amt von den anderen Christ*innen unterscheiden, aber keinen eigenen Stand bilden,[939] der ihnen eine höhere Position als den restlichen Gemeindemitgliedern zusprechen würde. Priestertum und Bischofsamt sind für Luther folglich nur Ämter, die ihre Daseinsberechtigung darin besitzen, für die Gemeinde nützlich zu sein.[940] Sie können den Gemeindemitgliedern also bei der Auslegung helfen, ihnen aber nicht diktieren, wie die Bibel auszulegen ist. Luthers Verständnis der Kirche passt hier zum *sola scriptura* seiner Rechtfertigungslehre, mit dem er betont, dass die Kirche keinen absoluten Wahrheitsanspruch besitzt, sondern nur das Evangelium predigen soll, das Gottes alleinige Offenbarung darstellt.[941]

Luthers Lehre vom Priestertum aller Gläubigen spielt für die heutige evangelische Kirche weiterhin eine bedeutende Rolle. So bilden Pfarrer*innen für sie weiterhin keinen besonderen Stand, sondern nur ein Amt, das die Funktion einnimmt, das Evangelium zu verkündigen und die **Sakramente** (Taufe und Abendmahl) durchzuführen, wobei an Luthers Grundsatz festgehalten wird, dass beides in Notsituationen auch von jeder anderen Christin und jedem anderen Christen übernommen werden darf.[942] Die Urteilsbildung der einzelnen Christ*innen auf Basis ihrer Bibellektüre wird weiterhin explizit gewünscht: „Auch wenn hauptsächlich Pfarrerinnen und Pfarrer die Verkündigung übernehmen, ist jeder Christ und jede Christin frei, sich sein eigenes Urteil über die Lehre der Kirche zu bilden."[943] Strukturell ist dieser Ansatz ebenfalls verankert, indem Synoden und Kirchenvorstände die einzelnen Gemeinden und die Kirche leiten, also nicht einzelne Geistliche, sondern Gremien, in denen sowohl Geistliche als auch Nichtgeistliche vertreten sind.[944]

---

939 Vgl. M. LUTHER, WA 6, 408.

940 Vgl. ebd.

941 Vgl. zur Rechtfertigungslehre Kapitel 2.3.

942 Vgl. EKD (Hg.), Priestertum aller Gläubigen, 1.

943 Ebd.

944 Vgl. ebd.

Ein historisch wichtiger Impuls zum evangelischen Kirchenverständnis, der vollkommen in Luthers Tradition steht, wurde in der ***Confessio Augustana***, zu Deutsch dem **Augsburger Bekenntnis**, von Philipp Melanchton formuliert.[945] Ihre inhaltlichen Aussagen gehen letztlich auf Luther zurück.[946] Melanchton stellt in diesem Bekenntnis 1530 die Lehre der Protestanten vor.[947] Der damalige deutsche Kaiser erkannte es 1555 an, sodass Protestant*innen, die sich auf das Bekenntnis beriefen, nicht mehr verfolgt wurden, sondern ihr Glaube respektiert wurde.[948] Im achten Artikel der *Confessio Augustana* wird die Kirche definiert „als die Versammlung aller Gläubigen und Heiligen".[949] Schon davor wird im siebten Artikel beschrieben, was die Kirche in diesem Verständnis ausmacht:

> „Es wird auch gelehrt, daß allezeit eine heilige, christliche Kirche sein und bleiben muß, die die Versammlung aller Gläubigen ist, bei denen das Evangelium rein gepredigt und die heiligen Sakramente laut dem Evangelium gereicht werden. Denn das genügt zur wahren Einheit der christlichen Kirche, daß das Evangelium einträchtig im reinen Verständnis gepredigt und die Sakramente dem göttlichen Wort gemäß gereicht werden. Und es ist nicht zur wahren Einheit der christlichen Kirche nötig, daß überall die gleichen, von den Menschen eingesetzten Zeremonien eingehalten werden, wie Paulus sagt: ‚Ein Leib und ein Geist, wie ihr berufen seid zu einer Hoffnung eurer Berufung; ein Herr, ein Glaube, eine Taufe' (Eph 4,4.5)."[950]

Die Bemerkung zur Einheit kann als Erwiderung gegenüber der These, es dürfe nur eine christliche Kirche (die katholische) geben, verstanden werden. Darüber hinaus werden hier zwei Kennzeichen des evangelischen Kirchenverständnisses benannt: In der Kirche muss das Wort Gottes verkündet werden, was etwa in der Predigt im Gottesdienst geschieht. Außerdem müssen die beiden **Sakramente** Taufe und Abendmahl in ihr gefeiert werden.[951] Weitere Voraussetzungen werden damit „nebensächlich",[952] auch hierbei darf an Bestandteile des katholischen Kirchenverständnisses wie die Beichte oder die Voraussetzung, dass Priester männlich sein müssen, gedacht werden. Die Kirche wird insgesamt als „Versammlung aller Gläubigen"[953] definiert. Sobald sich also Gläubige zu-

---

[945] Vgl. M. HÜLSMANN, Moment mal! Grundbegriffe und biblische Basistexte, 64.
[946] Vgl. U. KÜHN, Protestantische Kirchen, 264.
[947] Vgl. M. HÜLSMANN, Moment mal! Grundbegriffe und biblische Basistexte, 64.
[948] Vgl. ebd.
[949] P. MELANCHTON, CA 8.
[950] A.a.O., CA 7.
[951] Vgl. M. HÜLSMANN, Moment mal! Grundbegriffe und biblische Basistexte, 64.
[952] Ebd.
[953] P. MELANCHTON, CA 7.

sammenfinden, die sich mit der Bibel auseinandersetzen oder die Sakramente feiern, ist somit für Melanchton eine Kirche vorhanden. Das gilt unabhängig davon, ob es im Rahmen der Institution Kirche (zu Melanchtons Zeit: der katholischen Kirche), in einem Kirchgebäude oder in einem vollkommen anderen Kontext stattfindet. Diesem Verständnis darf zugesprochen werden, sehr aktuell zu sein, da so die Kirche auch in neueren Gottesdienstformen[954] gedacht werden kann.

Das heutige Kirchenverständnis kann an den vier „**Grundformen kirchlichen Lebens**“[955] festgemacht werden, die oft auch als „**Grundvollzüge**“[956] bezeichnet werden. Im Evangelischen Erwachsenenkatechismus werden die Grundformen kirchlichen Lebens wie folgt vorgestellt: Die erste Grundform ist die Feier, die auch mit dem griechischen Begriff *leiturgia* bezeichnet wird.[957] Bei dieser Feier ist insbesondere an den Gottesdienst zu denken, der als „Mitte und Ausgangspunkt der Gemeinde“[958] bezeichnet wird. Die zweite Grundform ist die Gemeinschaft, die auch mit dem griechischen Begriff *koinonia* bezeichnet wird.[959] Der Mensch ist ein Gemeinschaftswesen, das in Beziehung zu Gott und seinen Mitmenschen steht.[960] Die Gemeinschaft mit anderen Glaubenden ist entsprechend ebenfalls essenziell für das kirchliche Leben.[961] Die dritte Grundform ist die Fürsorge, die auch mit dem griechischen Begriff *diakonia* bezeichnet wird.[962] Innerhalb des Erwachsenenkatechismus wird diese sehr pointiert mit den Worten: „Das verändernde Potenzial des Evangeliums drängt zu tatkräftiger Liebe“,[963] ausgedrückt. Auf die Aufgabenfelder der Diakonie werde ich weiter unten noch genauer eingehen.[964] Die letzte Grundform ist das Zeugnis, das auch mit dem griechi-

---

954 Vgl. Kapitel 6.2.

955 A. BRUMMER/M. KIEßIG/M. ROTHGANGEL (Hg.), Evangelischer Erwachsenenkatechismus, 611.

956 EKD (Hg.), Die Kirchen als gesellschaftspolitischer Dialogpartner, 1.

957 Vgl. A. BRUMMER/M. KIEßIG/M. ROTHGANGEL (Hg.), Evangelischer Erwachsenenkatechismus, 611.

958 Ebd.

959 Vgl. ebd.

960 Vgl. Kapitel 2.1 und 2.2.

961 Vgl. A. BRUMMER/M. KIEßIG/M. ROTHGANGEL (Hg.), Evangelischer Erwachsenenkatechismus, 611.

962 Vgl. ebd.

963 Ebd.

964 Vgl. Kapitel 6.3.

schen Begriff *martyria* bezeichnet wird.[965] Auf Jesu Christi Missionsbefehl im Matthäusevangelium aufbauend, in dem ihm die Worte: „Mir ist gegeben alle Gewalt im Himmel und auf Erden. Darum gehet hin und machet zu Jüngern alle Völker: Taufet sie auf den Namen des Vaters und des Sohnes und des Heiligen Geistes und lehret sie halte alles, was ich euch befohlen habe" (Mt 28,18–20), zugeschrieben werden, wird so begründet, dass die Kirche die Geschichte Jesu Christi und das in ihr offenbar werdende Heil zu erzählen hat.[966]

6.2 Perspektiven einer zukunftsfähigen Kirche

Die Schüler*innen „entwerfen Perspektiven für eine zukunftsfähige Kirche."[967] Meines Erachtens ist diese inhaltsbezogene Kompetenz die am schwierigsten fassbare, da kaum auf wenigen Seiten dargestellt werden kann, wie die Kirche der Zukunft aussehen wird und jede Ausführung hierzu nur als rein spekulative Möglichkeit formuliert werden kann. Ich möchte dennoch einige wenige Impulse aufgreifen, die den theologischen Diskurs über die Kirche der Zukunft prägen.

Unter der Überschrift „Kirche – wohin?" beobachtet Thomas Kamphausen, dass eine merkwürdige Dialektik innerhalb des Gemeinschaftsempfindens junger Menschen im Hinblick auf die Kirche besteht. Er stellt fest, dass Jugendliche und junge Erwachsene grundsätzlich ein hohes Interesse an gemeinschaftlichen Aktivitäten besitzen.[968] Einerseits ist dabei an die Gemeinschaft in der Schule oder Universität zu denken, andererseits an sportliche Aktivitäten, den Abend in einer Bar oder beim Feiern bis hin zu der Kommunikation in digitalen sozialen Netzwerken. Diesem Interesse an gemeinschaftlichen Aktivitäten steht gegenüber, dass gerade Jugendliche und junge Erwachsene den Glauben oftmals „als absolute Privatsache"[969] auffassen. Gemeinschaftsangebote der Kirche, wie der klassische Gottesdienst am Sonntag, reizen sie so kaum. Der Ansatz, den Glauben als reine Privatsache zu betrachten, entspringt einer **Individualisierung**, innerhalb derer Elemente des Glaubens durchaus im indi-

---

[965] Vgl. A. BRUMMER/M. KIEßIG/M. ROTHGANGEL (Hg.), Evangelischer Erwachsenenkatechismus, 611.
[966] Vgl. ebd.
[967] NDS. KULTUSMINISTERIUM (Hg.), Kerncurriculum, 28.
[968] Vgl. TH. KAMPHAUSEN, Kirche – wohin, 1.
[969] Ebd.

viduellen Leben wichtig sind, die Kirche als Gemeinschaft aber nur eine untergeordnete Rolle spielt. Kamphausen betont, dass kirchliche Aktivitäten so für jungen Menschen dann relevant werden, „wenn sie medial gut vermittelt sind, zum Beispiel herausragende Beispiele für soziales Engagement oder kirchliche Großveranstaltungen."[970] Es sei hierbei etwa an den Deutschen Evangelischen Kirchentag gedacht, der als Großveranstaltung alle zwei Jahre in der Regel mehr als 100.000 Besucher anzieht. Kamphausen kommt in seiner Position zu dem Schluss, dass es nicht die Aufgabe der Menschen wäre, sich den Angeboten der Institution Kirche anzunähern, sondern dass diese vor der Aufgabe steht, auf die Menschen mit ihren heutigen Interessen zuzugehen, worin er den „Versuch, die Botschaft Jesu neu in unserer Zeit und in unsere Zeit hinein zu sagen und zu leben",[971] sieht. Es sei daher als erste These formuliert, dass die Kirche der Zukunft adressatenbezogene Angebote entwerfen muss, die besonders junge Menschen in ihrem grundsätzlich sehr ausgeprägten Interesse an gemeinschaftlichen Aktivitäten abholen, diese aber nicht für einen klassischen Gottesdienst wird begeistern können, sondern neue Formen erfinden muss, für die etwa der „Festivalcharakter" des Kirchentags ein Beispiel sein kann. Dieser Ansatz betont somit den **Eventcharakter**, der eine Kirche der Zukunft auszeichnen könnte.

Eine ähnliche Stimme findet sich bei Christopher Schlicht und Maximilian Bode, die sich Gedanken über eine zukunftsfähige Kirche machen. Die beiden Pastoren sehen das Ziel der Kirche darin, ein Ort zu sein, an „dem es wirklich um unsere Gefühle und Probleme geht."[972] Sie wünschen sich dafür Freiräume, innerhalb derer sie „verständliche Predigten, die von echten Gefühlen handeln",[973] entwickeln wollen. Dafür nutzen sie die **sozialen Medien**, in denen sie ihren Alltag präsentieren und zeigen, dass sie „normale" Menschen sind, deren Leben sich nicht signifikant von dem ihrer Gemeindemitglieder unterscheidet. Ihre Gottesdienste sollen ebenso zugänglich sein, wofür sie ihren Ansatz wie folgt formulieren: „Darum fragen wir nach jedem Gottesdienst, ob jemand etwas nicht verstanden hat. All das fliegt raus oder wird fortan erklärt."[974] Ich denke, diese Nutzung der sozialen Medien und **adressatenbezogene Gestaltung** der Got-

---

[970] Ebd.
[971] Ebd.
[972] M. BODE/CH. SCHLICHT, Kirche, wie wir sie brauchen, 26.
[973] Ebd.
[974] Ebd.

tesdienste zeigen die besondere Nähe der beiden Pastoren zu ihren Gemeindemitgliedern. Es wird so Neues ausprobiert, aber zugleich auch kritisch hinterfragt,[975] sodass den beiden Pastoren die Adressatenbezogenheit ihrer kirchlichen Arbeit wichtiger ist als althergebrachte Konventionen. Sie sagen selbst: „Und das Geniale ist: Die Botschaft der Liebe Gottes ändert sich nicht. Nur die Art und Weise, wie wir davon erzählen."[976] Diese Ausführung mag phasenweise klingen, als würde das Ausprobieren des Neuen Jesu Botschaft verfälschen, doch das ist offensichtlich nicht im Interesse der Pastoren. Die Inhalte, die sie predigen, sollen eindeutig aus Jesu Christi Botschaft erwachsen, den Unterschied macht nur ihre Inszenierung aus. Dieses Beispiel offenbart also als zweite These, dass für die Kirche der Zukunft die Adressatenbezogenheit ihrer Angebote wichtiger wird als Traditionen, solange die christliche Botschaft dabei nicht verfälscht wird.

Als dritte Stimme möchte ich hier die Position von Jan Hermelink vorstellen, der in seinem Artikel unter der Überschrift „Evangelische Kirche zwischen heute und morgen" auf die Struktur blickt, in der eine zukünftige Kirche seiner Einschätzung zufolge existieren könnte. Er stellt fest, dass Kirche uns oft vorgegeben wird: Aufgrund unseres Wohnortes werden wir einer Gemeinde zugeordnet, bei einem Umzug werden wir in der Regel in eine neue Gemeinde eingeordnet.[977] Nach einer Überarbeitung der Verfassung der Evangelisch-lutherischen Landeskirche Hannovers im Jahr 2019 stellt er fest, dass diese geänderte Verfassung einen neuen Spielraum für die Zuordnung zu Gemeinden eröffnet. Im 19. Artikel der Verfassung werden nun „Ortsgemeinde" und „Personalgemeinde" als mögliche Organisationsformen der Kirchengemeinden benannt, wobei die Ortsgemeinde sich klassisch auf den räumlichen Bereich bezieht, während die Personalgemeinde eine Gemeinde meint, der sich Mitglieder aus anderen Gründen zuordnen.[978] Als ein Beispiel führt Hermelink die Evangelischen Studierendengemeinden an,[979] in denen sich Studierende in ihrer Universitätsstadt zusammenfinden. Hermelink stellt fest, dass derartige „Formen von Kirche wachsenden Zuspruch erfahren"[980] und

[975] Vgl. ebd.
[976] A.a.O., 27.
[977] Vgl. J. HERMELINK, Evangelische Kirche zwischen heute und morgen, 10.
[978] Vgl. ebd.
[979] Vgl. ebd.
[980] Ebd.

heutige Christ*innen „sich nicht mehr passiv zuordnen“[981] lassen. Anknüpfend an Kamphausens Ausführungen ist es wenig überraschend, dass etwa Studierende durchaus Interesse an gemeinschaftlichen Angeboten einer Studierendengemeinde besitzen, innerhalb derer sie in ihrer Universitätsstadt neue Kontakte knüpfen können. So kann die Studierendengemeinde für sie attraktiver werden als die Dorfgemeinde ihres Heimatdorfes. Als Vorteil der Personalgemeinden benennt Hermelink, dass innerhalb dieser neue Gottesdienstformen aus den Bedürfnissen der jeweiligen Zielgruppe der Gemeinde entstehen können.[982] Dieser Position kann ich nur zustimmen, nachdem ich auch selbst als Student in einer Studierendengemeinde Angebote wie den gemeinsamen Besuch eines Weihnachtsmarktes nach einem Gottesdienst, einen „Service of nine lessons and carols“ in der Weihnachtszeit und ein gemeinsames Adventskranzbinden nach einem Abendgottesdienst erleben durfte, in dem sicherlich einige Studierende genau wie ich zum ersten Mal in ihrem Leben einen Adventskranz gebunden haben und über die Anleitung der Pastorin dankbar waren. Derartige Angebote mögen in einer Gemeinde mit einer anderen Zielgruppe vollkommen uninteressant sein. Es liegt so eine perfekte „**Kundenorientierung**“ innerhalb der Personalgemeinden vor. Hermelink möchte jedoch keineswegs den klassischen Sonntagsgottesdienst abschaffen. Er stellt fest, dass dieser weiterhin „die zentrale Praxis der Kirche“[983] ist und so auch für adressatenbezogene Angebote einen Orientierungsrahmen in Form der gewohnten Ordnung und Rituale sowie das entsprechende Kirchengebäude den Raum für alle Angebote liefern kann.[984] Im Hinblick auf die Möglichkeiten der adressatenbezogenen Angebote von Personalgemeinden stellt Hermelink fest, dass eine regionale Ebene der kirchlichen Organisation so an Bedeutung gegenüber lokalen und zentralen Ebenen gewinnt.[985] Lokal finden sich vermutlich in den meisten Dorfgemeinden zu wenige Mitglieder etwa für eine Studierenden- oder Gospelgemeinde, regional ist dies möglich. Zentral kann die Form von einzuführenden Personalgemeinden hingegen nicht vorgegeben werden, da sich große regionale Unterschiede finden: Beispielsweise ist es in Universitätsstädten sinnvoll, Studierendengemeinden zu gründen, in

[981] Ebd.

[982] Vgl. a.a.O., 11.

[983] Ebd.

[984] Vgl. ebd.

[985] Vgl. a.a.O., 13.

Regionen, die keine Universität besitzen, würden diese kaum Zulauf finden. Die aufgezeigten Wahlmöglichkeiten der Personalgemeinden scheinen mir eine zeitgemäße Antwort auf die zunehmende Individualisierung des Glaubens darzustellen, welche die Evangelisch-lutherische Landeskirche Hannovers aus gutem Grund in ihre Verfassung aufgenommen hat.

Auch was die **Finanzierung** der Kirche der Zukunft angeht, mutmaßt Hermelink bevorstehende Veränderungen. Er stellt fest, dass die Kirchensteuer innerhalb der einzelnen Landeskirchen 40 bis 85 Prozent des Haushalts deckt.[986] Neben staatlichen Zuschüssen beschreibt er die Bedeutung **zweckgebundener Einnahmen**, die insbesondere den diakonischen Bereich finanzieren, wobei er als Beispiele Kita-Beiträge, Schulgelder und Beiträge aus Kranken- sowie Sozialversicherungen (hier sei an die Finanzierung von Krankenhäusern oder Pflegeheimen in kirchlicher Trägerschaft gedacht) nennt.[987] Hermelink mutmaßt, dass die Kirche der Zukunft sich deutlich weniger als heute aus Kirchensteuern finanzieren kann, sondern dafür solche zweckgebundenen Einnahmen benötigen wird.[988] Hierbei können andere Länder als Vorbilder dienen, in denen es schon jetzt keine Kirchensteuer zur Finanzierung gibt. Im Rahmen der oben beschriebenen „Kundenorientierung" könnte dann auch gefragt werden, ob in einer Zeit ohne Kirchensteuer etwa eine kirchliche Hochzeit gegen Zahlung einer „Servicepauschale" denkbar wäre. Sicherlich bringt auch dies Nachteile mit sich, etwa indem die in Relation zum Einkommen erhobene Kirchensteuer mehr sozialen Ausgleich schafft als eine Arbeit der Kirche auf Basis von „Servicegebühren". Dieses Beispiel soll lediglich aufzeigen, dass auch zukünftige Veränderungen der Finanzierung denkbar sind, deren Vor- und Nachteile die entsprechenden kirchlichen Gremien zu prüfen haben.

Keine meiner Ausführungen in diesem Kapitel möchte den Anspruch erheben, zu beschreiben, wie die Kirche der Zukunft aussehen wird. Hier sollen nur Denkanstöße gesammelt sein, die Möglichkeiten aufzeigen, wie die Kirche sich entwickeln könnte und deren Vor- und Nachteile von Schüler*innen im Rahmen einer Abiturprüfung diskutiert werden könnten. Dabei sind ohne Frage viele weitere, auch regional sehr unterschiedliche Anknüpfungspunkte denkbar. Dogmatisch gesprochen mag es Got-

[986] Vgl. ebd.
[987] Vgl. ebd.
[988] Vgl. a.a.O., 14.

tes Vorsehung überlassen bleiben, die Kirche in eine glückliche Zukunft zu führen, während wir Menschen sicherlich nicht fehlerfrei darin sein werden, neue Modelle auszuprobieren.

6.3 Die gesellschaftliche Mitverantwortung der Kirche

Die Schüler*innen „erörtern, wie die Evangelische Kirche in Deutschland ihren Auftrag zur gesellschaftlichen Mitverantwortung und Weltgestaltung wahrnimmt."[989] Für dieses Engagement gibt es natürlich vielfältige Beispiele, von denen hier nur einige skizziert werden sollen.

Das vermutlich bekannteste Beispiel für gesellschaftliche Mitverantwortung der Kirche stellt die **Diakonie** dar. Diakonie beschreibt soziales Handeln, das als Konsequenz des christlichen Glaubens angesehen wird.[990] Vorläufer heutiger Diakon*innen, als von der Gemeinde gewählte Personen, gab es bereits in den ersten urchristlichen Gemeinden, wobei der Fokus von deren Tätigkeiten noch im Zusammenhang der Mahlgemeinschaften stand.[991] Von Anfang an wurden solche Aufgaben auch von Frauen übernommen.[992] Die Zuständigkeiten änderten sich im Laufe der Kirchengeschichte, wobei Diakon*innen in der Regel anderen Würdenträger*innen innerhalb der Gemeinden untergeordnet blieben.[993] Die diakonische Arbeit bezog sich auf die Unterstützung hilfsbedürftiger Menschen in unterschiedlichen Facetten.[994] Als eigenständiges kirchliches Organ wurde 1945 das „Hilfswerk" gegründet,[995] aus dem 1976 das „Diakonische Werk" erwuchs. Dieses setzt sich selbst eine Orientierung an Jesu Christi Handeln in Nächstenliebe zum Ziel und möchte damit Menschen in Notsituationen beistehen.[996] Konkrete Handlungsbereiche sind das Engagement der einzelnen Christ*innen im familiären, nachbarschaftlichen oder kommunalen Umfeld sowie im Gemeindekontext, bei dem gegen Verfolgung, Hunger und Ungerechtigkeit vorgegangen wird; das berufliche Engagement in der Pflege, Erziehung, dem sozialen Be-

---

989 NDS. KULTUSMINISTERIUM (Hg.), Kerncurriculum, 28.
990 Vgl. P. PHILIPPI, Geschichte der Diakonie, 621.
991 Vgl. a.a.O., 621f.
992 Vgl. a.a.O., 626.
993 Vgl. a.a.O., 622–629.
994 Vgl. a.a.O., 624–642.
995 Vgl. a.a.O., 641.
996 Vgl. H.CH. VON HASE, Arbeitsfelder heutiger Diakonie, 660.

reich und der Entwicklungshilfe; die Gemeindearbeit sowie schließlich Dienstgemeinschaften in Form des Berufsstandes als Diakon*in und die Mitarbeit in diakonischen Projekten.[997] Das Pendant zur evangelischen Diakonie ist auf der katholischen Seite die **Caritas**, wobei der Deutsche Caritasverband bereits seit 1897 besteht.[998] In vielen anderen Ländern gibt es ebenfalls entsprechende Verbände sowie seit 1951 einen internationalen Dachverband.[999] Auch auf der protestantischen Seite finden sich in vielen (insbesondere westeuropäischen und nordamerikanischen) Ländern Entsprechungen zu den deutschen diakonischen Einrichtungen[1000] sowie ökumenische diakonische Hilfswerke und Projekte.[1001]

Das „Diakonische Werk der Evangelischen Kirche in Deutschland"[1002] beinhaltet sowohl fest angestellte Arbeitskräfte als auch ehrenamtlich engagierte Menschen.[1003] Konkrete von diesem getragene Einrichtungen sind unter anderem Krankenhäuser, Behinderteneinrichtungen,[1004] Kinder- und Jugendheime,[1005] Pflegeheime,[1006] Altentagesstätten,[1007] Kindertagesstätten,[1008] Beratungsdienste[1009] wie Telefonseelsorge, Suchtkrankenhilfe oder Bahnhofsmission,[1010] Schulen,[1011] Fortbildungs- und Ausbildungsstellen im sozialen Bereich.[1012] Auch die Diakonie innerhalb der einzelnen Kirchengemeinden ist hier zu nennen, zum Beispiel in Form von Angeboten für Kinder oder der ambulanten Kranken- und Altenpflege.[1013] Es wird deutlich, dass ein sehr großes Spektrum an Angeboten vorliegt, die der Diakonie zugeordnet sind. Diverse Projekte wie „Brot

[997] Vgl. ebd.
[998] Vgl. a.a.O., 664.
[999] Vgl. a.a.O., 664f.
[1000] Vgl. a.a.O., 665–669.
[1001] Vgl. a.a.O., 668.
[1002] A.a.O., 669.
[1003] Vgl. ebd.
[1004] Vgl. a.a.O., 670.
[1005] Vgl. a.a.O., 671.
[1006] Vgl. a.a.O., 671f.
[1007] Vgl. a.a.O., 675.
[1008] Vgl. a.a.O., 672.
[1009] Vgl. a.a.O., 673f.
[1010] Vgl. a.a.O., 675.
[1011] Vgl. a.a.O., 674f.
[1012] Vgl. a.a.O., 675.
[1013] Vgl. a.a.O., 672f.

für die Welt“ stellen Beispiele für eine übergreifende Gemeindediakonie dar.[1014]

Ein weiteres Beispiel für die Übernahme gesellschaftlicher Mitverantwortung durch die Kirche stellt die **Seelsorge** dar. Biblisch wird Gott selbst als erster Seelsorger angesehen.[1015] Jesus Christus wird zugeschrieben, „seine Jünger (und mit ihnen alle Glaubenden) mit dem Amt des Hirten- und Seelsorgedienstes (Joh 21,15ff.; Eph 4,11f.; 1 Petr 5,2–4)“[1016] betraut zu haben, sodass die heutige Seelsorge als „Nachahmung“[1017] von Jesu Christi Handeln verstanden wird. In Abgrenzung zur Diakonie steht im Fokus der Seelsorge heute eher das Gespräch als das Handeln.[1018] Seelsorge wird in Artikel 140 des deutschen Grundgesetzes vorgesehen.[1019] Seelsorgerliche Gespräche können zum Beispiel zwischen Pastor*innen und ihren Gemeindemitgliedern zustande kommen[1020] und sind im Gegensatz zu therapeutischen Gesprächen, wie etwa bei Psycholog*innen, für Seelsorge Suchende kostenlos.[1021] Weitere Besonderheiten bestehen darin, dass die Seelsorger*innen oft die Seelsorge Suchenden persönlich (aus dem Gemeindekontext) kennen,[1022] was bei Psycholog*innen gewiss seltener der Fall ist. Seitens der Kirche besteht eine Verpflichtung zur Verschwiegenheit über den Inhalt seelsorgerlicher Gespräche, die auch staatlich vor Gerichten anerkannt wird.[1023] Für die Form des Gesprächs gibt es unterschiedliche Modelle, die Inhalte können sich ebenfalls auf ein weites Spektrum beziehen.[1024] Seelsorgegespräche können in zufälligen, spontanen Kontexten, gewissermaßen „zwischen Tür und Angel“ stattfinden, als Hausbesuch bei dem Seelsorge Suchenden oder in kirchlichen Gebäuden wie dem Gemeindehaus.[1025] Es gibt auch explizite kirchliche Beratungsstellen, die sich auf einen Bereich der Seelsorge fokussieren, wie „Partnerschafts-, Erziehungs-, Kinder-, Jugend-, Sucht- und

---

[1014] Vgl. a.a.O., 678. Vgl. zu „Brot für die Welt“ auch die Ausführungen in Kapitel 5.4.
[1015] Vgl. J.A. STEIGER, Seelsorge I. Kirchengeschichtlich, 7.
[1016] Ebd.
[1017] Ebd.
[1018] Vgl. E. HAUSCHILDT, Seelsorge II. Praktisch-theologisch, 32.
[1019] Vgl. a.a.O., 43.
[1020] Vgl. a.a.O., 33.
[1021] Vgl. a.a.O., 34.
[1022] Vgl. ebd.
[1023] Vgl. ebd.
[1024] Vgl. die Erläuterungen a.a.O., 34–41.
[1025] Vgl. a.a.O., 41f.

Schuldnerberatung."[1026] Auch die Notfallseelsorge ist zu benennen. Wie es der Name verrät, handelt es sich hierbei um Seelsorge in Notfällen wie Verkehrsunfällen oder Naturkatastrophen. Dabei richtet sich das Gesprächsangebot sowohl an die Opfer als auch an die Helfer*innen, die ihre Erlebnisse im Rahmen der Rettungsoperation ebenfalls schwer belasten können.[1027] Auch in staatlichen Institutionen spielt die Seelsorge eine Rolle, zum Beispiel als Militärseelsorge, Gefängnisseelsorge, Krankenhausseelsorge, Seelsorge in Pflegeheimen, Polizeiseelsorge, Grenzschutzseelsorge und Schulseelsorge.[1028] Insbesondere die vier hier zuerst genannten Formen verfolgen den Ansatz, Seelsorgeangebote für Menschen zu eröffnen, denen der Zugang zu diesen aufgrund ihrer derzeitigen Situation erschwert ist,[1029] zum Beispiel innerhalb der Militärseelsorge bei Soldat*innen, die sich in einem Auslandseinsatz befinden. Es gibt auch Angebote, in denen das Gespräch zwischen Seelsorger*in und Seelsorge Suchendem nicht als direktes Gespräch geführt wird, sondern als Telefonseelsorge oder in digitalen Formaten.[1030] Insgesamt kann also festgestellt werden, dass die Kirche im Rahmen der Seelsorge gesellschaftliche Mitverantwortung trägt, indem sie in multiplen Kontexten Gesprächsangebote eröffnet, an die sich jeder Mensch wenden kann, der sich wünscht, ein Thema, das ihn unmittelbar betrifft, mit einer Person zu besprechen, die nicht aus dem unmittelbaren Umfeld stammt, auf deren Verschwiegenheit aber zugleich vertraut werden kann.

Als letztes Instrument der gesellschaftlichen Mitverantwortung der Kirche sollen hier noch die **EKD-Denkschriften** vorgestellt werden. Die beste Definition dessen, was sich unter diesen Denkschriften verbirgt, liefert die EKD als deren Herausgeber selbst auf ihrer Internetseite:

> „Wer wissen will, was zu zentralen, vornehmlich gesellschaftlichen und sozialethischen Fragen in der evangelischen Kirche Konsens ist, muss zu den so genannten Denkschriften greifen. Dabei handelt es sich um Ausarbeitungen von Fachgremien der Evangelischen Kirche in Deutschland (EKD), die sich der Rat (Gremium, das die Geschäfte zwischen den jährlich stattfindenden Synoden führt) zu Eigen macht. Denkschriften gibt es seit 1962. Die nach wie vor bekannteste und zum Zeitpunkt ihrer Veröffentlichung heftig diskutierte Denkschrift ist die so genannte Ost-Denkschrift, die 1965 unter dem Titel ‚Die Lage der Vertriebenen und das Verhält-

[1026] A.a.O., 42.
[1027] Vgl. a.a.O., 43.
[1028] Vgl. ebd.
[1029] Vgl. ebd.
[1030] Vgl. a.a.O., 46.

> nis der Deutschen zu ihren östlichen Nachbarn' veröffentlicht wurde. Unter den bislang mehr als zwanzig erschienenen Denkschriften, haben folgende einen besonderen Stellenwert erlangt: ‚Frieden wahren, fördern und erneuern' (1981), ‚Evangelische Kirche und freiheitliche Demokratie' (1985) sowie ‚Gemeinwohl geht vor Eigennutz' (1991)."[1031]

Es werden also zu Themen, die zur jeweiligen Zeit von besonderem gesellschaftlichem Interesse sind, Expertengremien gebildet, die mögliche Positionen zu diesen gesellschaftlichen Fragen aufzeigen. Die oben genannten Schriften zeigen, wie sehr sich die Themen der Denkschriften in ihren jeweiligen historischen Kontext fügen: von der Klärung des Verhältnisses zu den östlichen Nachbarn nach dem zweiten Weltkrieg bis zum Ost-West-Konflikt. Es gibt keine festgelegten zeitlichen Abstände, in denen die Denkschriften erscheinen, sondern diese richten sich nach dem gesellschaftlichen Bedarf. Die reine Anzahl von durchschnittlich etwa einer Denkschrift alle drei Jahre[1032] zeigt, dass diese nicht inflationär verfasst, sondern als für besonders relevant erachtete Themen aufgespart werden. Als bemerkenswert erachte ich, dass die Wahl der Themen meiner Einschätzung zufolge oftmals als ihrer Zeit voraus bezeichnet werden kann: So wurde etwa 2009, also neun Jahre vor dem Aufkommen von „Fridays for Future" und den heutigen Debatten zum Thema Nachhaltigkeit, eine Denkschrift unter dem Titel: „Umkehr zum Leben: nachhaltige Entwicklung im Zeichen des Klimawandels",[1033] und 2011, also neun Jahre bevor die Corona-Pandemie uns offenbarte, dass das deutsche Gesundheitssystem beispielsweise im Hinblick auf die Arbeitsbedingungen der in ihm Beschäftigten Defizite aufweist, eine Denkschrift unter dem Titel: „‚Und unsern kranken Nachbarn auch!': aktuelle Herausforderungen der Gesundheitspolitik",[1034] veröffentlicht. Die Denkschriften werden als „Dokumente für die öffentliche Diskussion und Meinungsbildung"[1035] bezeichnet, sie möchten also Menschen dabei unterstützen, sich selbst eine Meinung zu der aufgeworfenen Thematik der Denkschrift zu bilden. Das Recht, derartige Positionen zu veröffentlichen, kann die Kirche sich unter Berufung auf den „Loccumer Vertrag" herausnehmen, der 1955 zwischen dem Land Niedersachsen und dessen evangelischen Landeskir-

---

1031 EKD (Hg.), Denkschrift, 1.

1032 Im Zitat werden „mehr als zwanzig" (ebd.) Denkschriften seit 1962 benannt, also in mehr als 60 Jahren, was im Schnitt rund einer Denkschrift alle drei Jahre entspricht.

1033 EKD (Hg.), Umkehr zum Leben.

1034 EKD (Hg.), „Und unsern kranken Nachbarn auch!".

1035 H. SCHRÖER, Denkschriften, 494.

chen geschlossen und in dem ein „Öffentlichkeitsauftrag" der Kirche seitens des Staates anerkannt wurde.[1036] Die Denkschriften sind so ein Instrumentarium für sozialethische Äußerungen der Kirche geworden.[1037]

6.4 LK: Kirche und Staat

Die Schüler*innen „stellen das Verhältnis von Kirche und Staat in einer exemplarischen geschichtlichen Situation dar."[1038] Eine erste Haltung des Christentums zum Staat findet sich überraschenderweise bereits im Markusevangelium: in der Erzählung **„Die Frage nach der Steuer"** (**Mk 12,13–17**). In dieser versuchen Jesu Gegner, ihm eine Falle damit zu stellen, ihn zu fragen, ob dem römischen Kaiser Steuern gezahlt werden sollten (vgl. Mk 12,13f.). Diese Frage ist heikel: „Hätte Jesus diese Frage bejaht, hätte er sich bei breiten Kreisen des jüdischen Volkes, die die Steuern für den römischen Kaiser aus religiösen und nationalen Gründen ablehnten, unbeliebt gemacht."[1039] Die naheliegende Alternative einer Verneinung wäre jedoch ebenfalls problembehaftet gewesen, denn in diesem Fall hätte ihm politische Aufwiegelung unterstellt und er von den Römern verhaftet werden können.[1040] Jesus durchschaut die Falle jedoch und antwortet unter Verweis darauf, dass die Silbergroschen der damaligen Zeit Bild und Aufschrift des Kaisers trugen (vgl. Mk 12,15): „So gebt dem Kaiser, was des Kaisers ist, und Gott, was Gottes ist!" (Mk 12,17). Hülsmann erklärt, dass diese deutsche Übersetzung die genaue Antwort nur teilweise erfasst, da „im Hebräischen und Aramäischen bei derartigen syntaktischen Parallelkonstruktionen der Akzent der Aussage auf der zweiten Hälfte des Satzes liegt."[1041] Das Verhältnis des einzelnen Menschen zu Gott wird also übergeordnet, alles andere ist nachrangig, aber im Rahmen dieser Nachrangigkeit spricht nichts dagegen, Steuern zu zahlen.[1042] So konnte Jesus weder unterstellt werden, das Gottesverhältnis zu vernachlässigen, da es in seiner Antwort klar priorisiert wird, noch ein politischer Aufrührer zu sein, da er die Notwendigkeit der Steuerzahlung

---

[1036] Vgl. ebd.
[1037] Vgl. a.a.O., 496f.
[1038] NDS. KULTUSMINISTERIUM (Hg.), Kerncurriculum, 28.
[1039] M. HÜLSMANN, Konfession: evangelisch, 193.
[1040] Vgl. a.a.O., 193f.; H. NOORMANN, „So gebt dem Kaiser, was dem Kaiser zusteht, und Gott, was Gott zusteht!", 214.
[1041] M. HÜLSMANN, Konfession: evangelisch, 194.
[1042] Vgl. ebd.

anerkennt. Grundsätzlich darf dem Christentum auf dieser Grundlage zugesprochen werden, ein positives Verhältnis zum Staat anzustreben.

Wichtig bleibt jedoch, die klare Wertung aufrecht zu erhalten: Das Gottesverhältnis ist wichtiger als weltliche Belange. In diese Richtung denkt auch die Apostelgeschichte, die den Aposteln eine Auseinandersetzung mit den Hohenpriestern zuschreibt, in der die Aussage: „Petrus aber und die Apostel antworteten und sprachen: Man muss Gott mehr gehorchen als den Menschen" (**Apg 5,29**), getätigt wird. Es liegt somit eine klare Linie vor: Weltliche Belange (und damit auch Staaten) sind zulässig und ihre Ansprüche legitim, solange sie keine Ansprüche erheben, die nicht mit dem Gottesverhältnis des einzelnen Menschen vereinbar sind.

Auch Paulus positioniert sich zum Staat. In **Röm 13,1–7** vertritt er die Position, dass jede Obrigkeit von Gott eingesetzt ist (vgl. Röm 13,1), womit ein Widerstand gegen diese als Widerstand gegen eine göttliche Anordnung interpretiert wird (vgl. Röm 13,2). Dem Staat wird dabei eine Funktion zugesprochen: Er soll mit Gewalt gegen diejenigen vorgehen, die Böses tun (vgl. Röm 13,4). Auch auf das Zahlen von Steuern geht Paulus ein und bejaht es ebenfalls (vgl. Röm 13,6). Dem Staat wird so zugeschrieben, zum Besten der Menschen zu existieren und daraus die Forderung abgeleitet, ihn zu unterstützen.[1043] Diese umfassende Anerkennung des Staates kann als eine blinde Unterstützung jedes Regimes missverstanden werden, in diesem Sinne ist sie aber nicht gemeint. So schlussfolgert Barth aus Paulus' Worten in Röm 13, dass der Staat, wenn er Gerechtigkeit widerspiegelt, zugleich „ein Gleichnis, eine Entsprechung, ein Analogon zu dem […] Reich Gottes"[1044] darzustellen hat. Die Funktion des Staates liegt somit darin, für Recht und Frieden zu sorgen.[1045] Diese Interpretation deckt sich mit Paulus' Ausführungen, nach denen der Staat bösen Werken entgegengerichtet ist, nicht guten (vgl. Röm 13,3). Es wird so ein Kriterium ausgegeben, anhand dessen sich entscheidet, ob ein Staat zu unterstützen oder abzulehnen ist. Im Hinblick auf das oben benannte mögliche Missverständnis muss also zunächst geprüft werden, ob ein Staat diese ihm von Gott gegebene Aufgabe erfüllt. Barth erklärt so etwa in seiner Zeit im Hinblick auf das „Dritte

---

[1043] Vgl. K. BARTH, Christengemeinde und Bürgergemeinde, 54; A. JEROMIN, „Es wird regiert …", 538.

[1044] K. BARTH, Christengemeinde und Bürgergemeinde, 65.

[1045] Vgl. ebd.; A. JEROMIN, „Es wird regiert …", 543.

Reich", das offensichtlich nicht nach Recht und Frieden für alle Bürger*innen in seinen Grenzen gestrebt hat: „Diese Diktatur kann nicht mehr als eine Ausführung eines göttlichen Auftrags, sie kann also gerade nicht mehr als ‚Obrigkeit' im Sinne von Röm. 13 verstanden werden."[1046] Röm 13 darf also nicht als blindes Vertrauen in jede politische Ordnung missverstanden werden, sondern ist als eine Anerkennung von staatlichen Ordnungen zu verstehen, die als Gleichnis des Reiches Gottes danach streben, Recht und Frieden zu wahren.[1047]

Gegenüber diesen positiven theologischen Positionierungen liegt der erste belegte Moment, an dem sich auf der staatlichen Seite historisch die Frage nach dem Verhältnis zum Christentum stellte, in einer etwa 110 n. Chr. verfassten Anfrage von Plinius dem Jüngeren, der zu dieser Zeit römischer Statthalter von Bithynien war, an den römischen Kaiser Trajan vor, in der Plinius um Richtlinien „für den behördlichen Umgang mit so genannten Christen"[1048] bittet. Die Urchrist*innen erfuhren kaum Anerkennung ihres Glaubens. Noormann fasst in Anlehnung an Jesu Kreuzigung zusammen: „Einen hingerichteten Rebellen als Gott anzubeten, lockte bestenfalls Kopfschütteln und Spott hervor. Der gekreuzigte Gott stand im denkbar krassesten Gegensatz zu den strahlend mächtigen Götterheroen der antiken Staatsreligion."[1049] In der Antike war es üblich, dass Götter sich in ihrer Macht gegenseitig überboten. Es war entsprechend sehr befremdlich, dass die Christ*innen von einem Gott predigten, der am Kreuz Schwäche gezeigt hatte. Es resultierten verschiedene **Christenverfolgungen** durch die römische Staatsmacht, die insbesondere darüber begründet wurden, dass die Christ*innen aus römischer Perspektive die vorhandene Ordnung störten und sich weigerten, dem Kaiser Opfer darzubringen.[1050] Im ersten Jahrhundert wurden so zunächst Einzelpersonen verfolgt,[1051] was besonders durch Kaiser Nero geschah, der im Jahr 64 n. Chr. den Christ*innen ungerechtfertigt zuschrieb, für einen Großbrand in Rom verantwortlich gewesen zu sein.[1052] Christ*innen ließen sich leicht identifizieren, weil sie sich aufgrund ihres monotheistischen Glaubens

1046 K. BARTH, Die Kirche und die politische Frage von heute, 84.
1047 Vgl. ebd.; A. JEROMIN, „Es wird regiert ...", 547f.
1048 H. NOORMANN, Kirchengeschichte, 16.
1049 A.a.O., 25.
1050 Vgl. a.a.O., 28.
1051 Vgl. ebd.
1052 Vgl. a.a.O., 29.

weigerten, dem Kaiserkult (zu Neros Zeit: „vor dem Herrscherstandbild auf dem Markt die Knie zu beugen und ihm zu huldigen“[1053]) nachzukommen. Im zweiten Jahrhundert kam es zu Prozessen, in denen Menschen nur aufgrund ihres christlichen Glaubens zu schweren Strafen wie körperlichen Verletzungen oder gar der Tötung durch Verbrennung oder wilde Tiere verurteilt wurden.[1054] Diese Personen, die trotz der Grausamkeiten, die ihnen angetan wurden, an ihrem Glauben festhielten, werden als **Märtyrer*innen** bezeichnet, von denen viele in den folgenden Jahrhunderten als Heilige verehrt wurden.[1055] Schließlich wurde im dritten Jahrhundert versucht, das Christentum systematisch auszulöschen.[1056] Die Kaiser Decius und später Valerian forderten dazu alle Menschen innerhalb des Römischen Reiches auf, öffentlich Opfer für die römischen Götter zu erbringen, wofür die Bürger*innen eine Bescheinigung erhielten.[1057] Die Christ*innen konnten dieser Aufforderung aufgrund ihres Glaubens natürlich nicht nachkommen.

Eine gravierende Veränderung im Umgang mit den Christ*innen stellte sich mit der **Konstantinischen Wende** ein. Rund um das Jahr 300 n. Chr. war das Römische Reich in vier Teile mit jeweils eigenen Herrschern geteilt.[1058] Auch wenn das Ende der Christenverfolgung im Römischen Reich auf ein Edikt zurückgeführt werden kann, das Galerius, einer der weiteren drei Herrscher, kurz vor seinem Tod 311 erließ,[1059] wird es doch stark mit Konstantin verbunden, der ab 312 um die alleinige Herrschaft kämpfte.[1060] In der Schlacht an der Milvischen Brücke (vor Rom) schienen Kaiser Konstantins Siegchancen gering zu sein.[1061] Letztlich war er jedoch siegreich, da sein Gegner Maxentius fiel.[1062] Der von Eusebius überlieferten Sage zufolge soll Konstantin vor der Schlacht an der Milvischen Brücke nach Gebeten ein Christusmonogramm (Überlappung der griechischen Buchstaben *X* [=*Chi*] und *ρ* [=*Rho*], die den Beginn des Namens „Christus“ ergeben) zusammen mit dem Versprechen, mit die-

---

1053 Ebd.
1054 Vgl. a.a.O., 30.
1055 Vgl. ebd.
1056 Vgl. a.a.O., 28.
1057 Vgl. a.a.O., 30f.
1058 Vgl. H. DIERK, Die „Konstantinische Wende“, 86.
1059 Vgl. a.a.O., 87.
1060 Vgl. a.a.O., 88.
1061 Vgl. ebd.
1062 Vgl. ebd.

sem Zeichen siegen zu können, am Himmel erschienen sein.[1063] Nachdem Konstantin dieses Christusmonogramm als Wappen genutzt habe, hätte Gott ihm im Kampf beigestanden und den fliehenden Maxentius durch den Einsturz der Milvischen Brücke erschlagen.[1064] Unabhängig vom Wahrheitsgehalt dieser Sage wurden 313 n. Chr. von Konstantin, der damit den Westen des Römischen Reiches beherrschte, und Licinius, der sich inzwischen im Osten durchgesetzt hatte, das **Mailänder Edikt** erlassen, welches das Christentum mit den anderen Religionen gleichstellte, allen Bürger*innen im Römischen Reich zugestand, die eigene Religion frei zu wählen und folglich jede Verfolgung beendete.[1065] Konstantin bevorzugte das Christentum sogar,[1066] was besonders ab 324 n. Chr. deutlich wurde, nachdem er auch Licinius besiegt hatte und damit das ganze Römische Reich regierte.[1067] Schließlich ließ sich Konstantin sogar direkt vor seinem Tod christlich taufen.[1068] Die auf ihn folgenden Kaiser verfolgten mehrheitlich ebenfalls eine Politik, die das Christentum gegenüber anderen Religionen bevorzugte.[1069]

Mehr als ein Jahrtausend später verfasste Luther 1523 seine Schrift **„Von weltlicher Obrigkeit, wie weit man ihr Gehorsam schuldig sei“**, in der er seine so genannte **„Zwei-Regimenter-Lehre“** beschreibt,[1070] die auch als „Zwei-Reiche-Lehre“[1071] bezeichnet wird. Er bezieht sich in dieser auf Röm 13,1–7, das er dem „weltlichen Regiment“ zuordnet.[1072] Im „weltlichen Regiment“ sieht Luther die staatliche Ordnung als notwendig an, um das Böse zu bekämpfen.[1073] Jeder Mensch gehört für Luther unabhängig von seinem Glauben zu diesem weltlichen Regiment, da ihm zufolge alle Menschen Sünden begehen.[1074] Neben dem „weltlichen Regiment“ sieht

---

[1063] Vgl. A. JAKLITSCH, Kirche in ihrem Anspruch und Auftrag, 25.

[1064] Vgl. a.a.O., 25f.

[1065] Vgl. H. DIERK, Die „Konstantinische Wende“, 88f.; H. NOORMANN, Kirchengeschichte, 32.

[1066] Vgl. ebd.

[1067] Vgl. H. DIERK, Die „Konstantinische Wende“, 90.

[1068] Vgl. a.a.O., 92f.

[1069] Vgl. a.a.O., 93f.

[1070] Vgl. H. NOORMANN, Kirchengeschichte, 77.

[1071] A. JEROMIN, „Es wird regiert …“, 498.

[1072] Vgl. H. NOORMANN, Kirchengeschichte, 77.

[1073] Vgl. ebd.

[1074] Vgl. M. HONECKER, Grundriß der Sozialethik, 18; A. JEROMIN, „Es wird regiert …“, 499.

Luther ein „geistliches Regiment“ in den Christ*innen, die in Nächstenliebe miteinander umgehen.[1075] Dies betrifft nicht per se alle Gläubigen, sondern nur jene, die er als „wahre Christen“ bezeichnet, weil sie vom Heiligen Geist erfüllt sind und in dessen Sinne handeln, sprich in Nächstenliebe.[1076] Heute könnte unter dieser Differenzierung verstanden werden, dass die Christenheit sich insgesamt über die reine Religionszugehörigkeit definiert, während die „wahren Christen“ Menschen bezeichnen könnten, die insofern vom christlichen Glauben durchdrungen sind, dass sie versuchen, diesen soweit es möglich ist in ihren Alltag zu transportieren, etwa indem sie in Nächstenliebe handeln. Diese „wahren Christen“ bräuchten Luther zufolge eigentlich kein Gesetz, da sie ihr Leben am Evangelium orientieren.[1077] Allerdings sieht Luther von ihnen nur so wenige existieren, dass er feststellen muss, dass es ausgeschlossen ist, die ganze Welt nur mit dem Evangelium zu regieren.[1078] Luther kommt so zu dem Schluss, dass Gott die Welt folglich durch seine beiden Regimente regieren muss, indem er weltlich Gesetz und Staatsgewalt erhält, um Ordnung und Frieden zu schaffen,[1079] während sein Wort im geistlichen Regiment Glauben schafft[1080] und Heil bewirkt.[1081] Es können daher beide Regimente im einzelnen Menschen am Werk sein.[1082] Jürgen Moltmann erfasst Luthers Position damit, dass der einzelne Mensch zwar in seinen Werken eine „Weltperson“[1083] und damit sein Leib dem weltlichen Regiment zugehörig ist, während er in seinem Glauben „Christperson“[1084] und damit seine Seele dem geistlichen Regiment unterstellt ist.[1085]

Einige spätere Deutungen von Luthers „Zwei-Regimenter-Lehre“ haben die beiden Regimenter vollständig voneinander abgegrenzt.[1086] Paul Alt-

[1075] Vgl. H. Noormann, Kirchengeschichte, 77.
[1076] Vgl. V. Leppin, Grenzen und Möglichkeiten der Obrigkeit, 252.
[1077] Vgl. a.a.O., 254; A. Jeromin, „Es wird regiert …“, 499.
[1078] Vgl. M. Luther, WA 11, 252; vgl. dazu auch V. Leppin, Grenzen und Möglichkeiten der Obrigkeit, 254.
[1079] Vgl. M. Luther, WA 11, 251; A. Jeromin, „Es wird regiert …“, 499.
[1080] Vgl. J. Moltmann, Politische Theologie – Politische Ethik, 130.
[1081] Vgl. a.a.O., 129. Luther spricht in diesem Zusammenhang davon, dass die Menschen fromm werden (vgl. M. Luther, WA 11, 252).
[1082] Vgl. A. Jeromin, „Es wird regiert …“, 499f.
[1083] J. Moltmann, Politische Theologie – Politische Ethik, 131.
[1084] Ebd.
[1085] Vgl. ebd.; A. Jeromin, „Es wird regiert …“, 500.
[1086] Vgl. a.a.O., 517.

haus verstand in diesem Sinne Luthers zwei Regimenter als zwei Welten, die parallel nebeneinander bestehen würden: einen Bereich des Glaubens, der letztlich auf den privaten Bereich reduziert wird, und einen weltlichen Bereich des Staates, in dem der Glaube ihm zufolge keine Rolle spiele.[1087] Es handelt sich hierbei um einen Entwurf, der zunächst galant wirkt, da er vermeintliche Konflikte zwischen beiden Bereichen unterbindet. In einer anderen Ausarbeitung habe ich jedoch die Schwierigkeiten, die dieser Ansatz mit sich bringt, wie folgt benannt:

> „Schwierig ist dabei, dass so das Liebesgebot auf den Bereich des Glaubens reduziert wird, wobei neben diesem die weltlichen Regimente als Ordnungen bestehen, die nicht angezweifelt, sondern als in der Schöpfung gegeben angesehen werden und Eigengesetzlichkeiten aufweisen.[1088] Aus heutiger Perspektive wird dieser Differenzierung zugeschrieben, ‚den Glauben weltlos und die Welt glaubenslos'[1089] zu machen. Die weltlichen Ordnungen können so bestehen, ohne sich vor Grundprinzipien des Glaubens, wie dem genannten Doppelgebot der Liebe, rechtfertigen zu müssen, während der Glauben zwar neben ihnen besteht, in der alltäglichen Welt allerdings nicht gebraucht wird, da sich diese mit ihren eigenen Ordnungen ihm entzieht."[1090]

Eine solche Unterscheidung war nicht in Luthers Sinne, da Luther sich keinen Bereich der Welt vorstellen konnte, den Gott nicht aktiv regiert. Sie stellt eine spätere Fehlinterpretation dar.[1091] Dass ein solches Verständnis sehr missbrauchsanfällig ist, indem der Kirche schnell zugeschrieben werden kann, für Gerechtigkeit nur auf das Reich Gottes vertrösten, im hier und jetzt aber keine Stellung zu politischen Entscheidungen beziehen zu sollen, ist naheliegend und im „Dritten Reich" auch so geschehen. Die auf Barth zurückgehende „**Barmer Theologische Erklärung**" spricht sich daher 1934 dagegen aus, Luthers Regimenter getrennt voneinander zu betrachten. Sie stellt eine Reaktion auf die Positionen der zur Zeit des „Dritten Reiches" den Nationalsozialisten nahestehenden Bewegung der „Deutschen Christen" dar, die 1933 eine Loslösung der Kirche vom Alten Testament und der paulinischen Theologie forderte.[1092] In Abgrenzung zu diesem Gipfel der Verfehlungen der „Deutschen Christen" formuliert die Barmer Theologische Erklärung, dass die Bibel das

[1087] Vgl. J. MOLTMANN, Politische Theologie – Politische Ethik, 135; A. JEROMIN, „Es wird regiert …", 503.
[1088] Vgl. H.-R. REUTER, Grundfragen und Methoden der Ethik, 52.
[1089] J. MOLTMANN, Politische Theologie – Politische Ethik, 135.
[1090] A. JEROMIN, „Es wird regiert …", 504.
[1091] Vgl. ebd.
[1092] Vgl. H. NOORMANN, Kirchengeschichte, 131.

Zentrum aller theologischen Verkündigung ist, es also neben deren Erzählungen von Jesus Christus keine weiteren Offenbarungsquellen gibt.[1093] Außerdem wird, anknüpfend an Calvins Verständnis der Königsherrschaft Christi, festgestellt, dass die ganze Welt Jesu Christi „Rechtfertigung und Heiligung“[1094] bedarf, folglich muss auch die Politik seiner Herrschaft untergeordnet sein.[1095] Es folgt letztlich aus diesen beiden Aspekten, dass die Kirche ihre Botschaften nicht auf das reduzieren darf, was dem aktuellen Zeitgeist entspricht, also nicht blind derzeitigen weltanschaulichen oder politischen Überzeugungen folgen soll.[1096] Es werden darüber hinaus kirchliche Führer*innen mit Herrschaftsbefugnissen, wie der von den „Deutschen Christen“ eingesetzte Reichsbischof, abgelehnt.[1097] Im Hinblick auf das Verhältnis der Kirche zum Staat ist die fünfte These der Erklärung am ergiebigsten, da in ihr das Gewaltmonopol des Staates anerkannt und damit begründet wird, dass es in der noch nicht erlösten Welt nötig ist, da der Staat die Funktion hat, „für Recht und Frieden zu sorgen“.[1098] Die Kirche soll den Staat „an Gottes Reich, an Gottes Gebot und Gerechtigkeit und damit an die Verantwortung der Regierenden und Regierten“[1099] erinnern. Kirche und Staat erhalten also jeweils eigene Funktionen.[1100] Zum Abschluss der Erklärung wird betont, dass die Kirche Jesus Christus darin vertritt, „die Botschaft von der freien Gnade auszurichten an alles Volk“,[1101] was als höchste Aufgabe der Kirche angesehen wird.[1102] Insgesamt wird somit in der Barmer Theologischen Erklärung strukturiert begründet, dass Kirche und Staat jeweils eigene Aufgaben besitzen, die sich ergänzen und die nicht von der jeweils anderen Institution übernommen werden können.

1093 Vgl. M. EICHHORN, Es wird regiert!, 241; A. JEROMIN, „Es wird regiert …“, 520.
1094 A. BURGSMÜLLER/R. WETH (Hg.), Die Beschlüsse zur Theologischen Erklärung von Barmen, 35.
1095 Vgl. A. JEROMIN, „Es wird regiert …“, 520.
1096 Vgl. A. BURGSMÜLLER/R. WETH (Hg.), Die Beschlüsse zur Theologischen Erklärung von Barmen, 36.
1097 Vgl. a.a.O., 37; A. JEROMIN, „Es wird regiert …“, 521.
1098 A. BURGSMÜLLER/R. WETH (Hg.), Die Beschlüsse zur Theologischen Erklärung von Barmen, 38.
1099 Ebd.
1100 Vgl. A. JEROMIN, „Es wird regiert …“, 521f.
1101 A. BURGSMÜLLER/R. WETH (Hg.), Die Beschlüsse zur Theologischen Erklärung von Barmen, 39.
1102 Vgl. M. EICHHORN, Es wird regiert!, 241.

Ein letzter Meilenstein in der Geschichte von Kirche und Staat, der hier vorgestellt werden soll, ist die **Kirche im Sozialismus** am Beispiel der **DDR**. Die DDR wird heute als Diktatur eingestuft,[1103] in der die einzige Partei, die SED, herrschte und jede andere Institution und Gruppe in ihre Ideologie einordnete.[1104] Da die EKD schon damals bundesweit organisiert war, wurde die Kirche in der DDR „von der SED-Regierung dementsprechend als vom Westen gesteuerte, feindliche Organisation angesehen."[1105] Die DDR war so ein atheistischer Staat, der die Kirche rundum zu behindern versuchte, beispielsweise in Form einer Streichung des Religionsunterrichts in den Schulen, der klaren Benachteiligung von Pastor*innen, dem Verbot von Veranstaltungen und einer Erschwerung der Durchführung des Konfirmandenunterrichts.[1106] Trotz dieser schwierigen Bedingungen bot die Kirche jedoch weiterhin einen Raum, in dem ein freieres Leben und freiere Meinungsäußerungen als in nahezu jedem anderen gesellschaftlichen Bereich möglich waren.[1107] Die Kirche wandelte dabei auf einem schmalen Grat zwischen der notwendigen Kooperation mit dem Staat und den eigenen Überzeugungen.[1108] Heute wird ihr trotz der deutlichen, vom Staat ausgehenden Behinderungen zugeschrieben, sich an diesen eher angepasst zu haben.[1109] Es wird aber zugleich auch eingestanden, dass dies notwendig war, da der atheistische Staat der Kirche keine anderen Möglichkeiten ließ.[1110] Dennoch erhoben sich in den 1970er Jahren staatskritische Stimmen aus dem kirchlichen Umfeld, aus dem auch die Friedensbewegung „Schwerter zu Pflugscharen" entstand.[1111] Schließlich begannen 1981 in der Leipziger Nikolaikirche Friedensgebete, die in den 1980er Jahren stetig wuchsen und zu Massendemonstrationen wurden.[1112] 1989 wurden stets montagabends die Friedensgebete in der Nikolaikirche abgehalten und anschließend für Freiheit und Menschenrechte in der DDR demonstriert, wobei am 9.10.1989 über

---

[1103] Vgl. H. DAM/K. KUNTER, Kirchengeschichte des 20. Jahrhunderts, 79.
[1104] Vgl. ebd.
[1105] P. KLIEMANN, Glauben ist menschlich, 230.
[1106] Vgl. ebd.
[1107] Vgl. a.a.O., 231.
[1108] Vgl. ebd.
[1109] Vgl. H. DAM/K. KUNTER, Kirchengeschichte des 20. Jahrhunderts, 79.
[1110] Vgl. a.a.O., 80.
[1111] Vgl. ebd.
[1112] Vgl. P. KLIEMANN, Glauben ist menschlich, 232.

70.000 Menschen an diesen Demonstrationen teilnahmen.[1113] Die Kirchen drängten dabei die Protestierenden dazu, rein friedlich zu demonstrieren, was den positiven Effekt hatte, dass der Staat keinen Anlass finden konnte, die Proteste mit Gewalt zu bekämpfen.[1114] Die Kirche wurde so „für einen Moment"[1115] sehr öffentlichkeitswirksam, indem sich die Massendemonstrationen und Friedensgebete um sie herum formierten.[1116]

Losgelöst von diesem historischen Abriss möchte ich zum Abschluss dieses Kapitels noch drei Modelle vorstellen, in die das Verhältnis von Staat und Kirche zueinander eingeteilt werden kann: die Staatskirche, die Volkskirche und die Freikirche.

Eine **Staatskirche** bezeichnet ein Zusammenspiel von Staat und Kirche als Gesamtkörperschaft.[1117] Der Staat nimmt dabei Einfluss auf die Kirche und kann beispielsweise höhere Ämter innerhalb dieser besetzen.[1118] Die Kirche soll staatlichen Zwecken dienen.[1119] Es ist möglich, dass mehrere Staatskirchen nebeneinander existieren.[1120] Ein Beispiel für eine Staatskirche liegt im Römischen Reich nach der Konstantinischen Wende vor, da in diesem das Christentum anerkannt und auch für staatliche Zwecke eingespannt wurde.[1121] Nach der Reformation durften im Anschluss an den Augsburger Religionsfrieden 1555 in Deutschland Fürsten über die Konfession ihres Herrschaftsbereiches verfügen, sodass sich katholische oder evangelische Staatskirchen bildeten.[1122] Später gab es in einigen Territorien mit der Duldung konfessioneller Minderheiten auch zwei Staatkirchen.[1123] Ein heutiges Beispiel einer Staatskirche stellt die Church of England dar, deren Oberhaupt die englische Königin oder der englische König ist, die oder der zugleich auch die Bischöfe ernennt.[1124]

1113 Vgl. H. DAM/K. KUNTER, Kirchengeschichte des 20. Jahrhunderts, 83.
1114 Vgl. P. KLIEMANN, Glauben ist menschlich, 232.
1115 H. DAM/K. KUNTER, Kirchengeschichte des 20. Jahrhunderts, 80.
1116 Vgl. a.a.O., 80f.
1117 Vgl. CH. LINK, Staatskirche, 66.
1118 Vgl. ebd.
1119 Vgl. ebd.
1120 Vgl. ebd.
1121 Vgl. a.a.O., 67.
1122 Vgl. a.a.O., 68.
1123 Vgl. ebd.
1124 Vgl. a.a.O., 71.

Heute werden Staatskirchen oft als Relikte vergangener Zeiten wahrgenommen, da viele Staaten eine Trennung von Staat und Kirche forcieren.[1125] Auch in Deutschland existiert seit der Einführung der Weimarer Verfassung 1919 keine Staatskirche mehr.[1126]

Der Begriff **Volkskirche** geht auf Schleiermacher zurück, der zu Beginn des 19. Jahrhunderts die These aufstellte, diese würde in Zukunft die Staatskirche ablösen.[1127] Er verfolgt dabei die Idee, dass zwar der Staat seinen Bürger*innen nicht mehr vorschreiben würde, welchen Glauben sie zu haben hätten (wie zuvor beim staatskirchlichen landesherrlichen Kirchenregiment), woraus eine Kirche erwachsen würde, die sich „am Gemeingeist des Volkes"[1128] orientiert. Die Kirche soll somit nicht mehr vom Staat geleitet werden, sondern von einer Synode, die diesen Gemeingeist widerspiegelt.[1129] Landeskirchen sind dabei denkbar.[1130] Ein Wunschdenken bestand zum Ende des 19. Jahrhunderts darin, eine protestantische Volkskirche könne das ganze deutsche Volk in sich vereinen, doch schon in dieser Zeit kam ein Pluralismus auf, der dies nicht zuließ.[1131] Eine Volkskirche zeichnet sich dadurch aus, dass die Zugehörigkeit zu dieser innerhalb eines Volkes den Normalfall darstellt, die Gläubigen in der Regel schon als Kind und ohne direkte eigene Zustimmung getauft werden, die Gesellschaft durch die Kirche geprägt wird (etwa in der Erziehung, Lebensgestaltung, Kultur, Ethik und weiteren Bereichen) und dass die Kirche auch von der Gesellschaft gefördert wird.[1132] Ein Beispiel für Volkskirchen finden wir im heutigen Deutschland innerhalb der evangelischen Landeskirchen und der römisch-katholischen Kirche.[1133] Mit der zunehmenden Säkularisierung wird es aber zunehmend fraglich, inwiefern der Status als Volkskirche noch lange bestehen bleibt oder überhaupt jetzt noch haltbar ist.[1134] Eine Volkskirche muss keine Staatskirche sein,[1135] andersherum kann aber eine Staatskirche auch

[1125] Vgl. ebd.
[1126] Vgl. a.a.O., 72.
[1127] Vgl. W. HUBER, Volkskirche, 249.
[1128] Ebd.
[1129] Vgl. a.a.O., 249f.
[1130] Vgl. a.a.O., 250.
[1131] Vgl. ebd.
[1132] Vgl. H. WITTRAM, Volkskirche, 278.
[1133] Vgl. ebd.
[1134] Vgl. a.a.O., 279.
[1135] Vgl. a.a.O., 278.

Volkskirche sein, da in dieser naturgemäß der überwiegende Teil der Bevölkerung einem Glauben folgt.

Der Begriff **Freikirche** beschreibt Kirchen, die in der Regel vom Staat zwar anerkannt werden, aber keine Privilegien in diesem (wie Volks- und Staatskirchen) besitzen.[1136] Freikirchen sind oft in einer Region besonders stark verbreitet.[1137] Sie entstehen meist in Abgrenzung zu bereits vorhandenen anderen Kirchen.[1138] Im Gegensatz zu Sekten berufen sie sich nicht auf weitere Offenbarungsquellen, sondern bleiben ihrem christlichen Fundament treu, innerhalb dessen sie eigene Schwerpunkte wie die Beschränkung auf Erwachsenentaufen setzen.[1139] Beispiele stellen die unterschiedlichen Baptisten dar[1140] sowie die Quäker, Methodisten und viele mehr.[1141] Insbesondere in den USA sind Freikirchen heute stark verbreitet.[1142] Auch in Deutschland sind sie nicht mit dem Staat verbunden,[1143] es liegt also eine klare Trennung zwischen Kirche und Staat vor. Es gibt sowohl lutherische, reformierte wie auch katholische Freikirchen.[1144] Positiv gewürdigt wird an den Freikirchen, dass sie ähnlich wie Jesus und die ersten Christ*innen eine Reform der Kirche anstreben, also letztlich näher am Urchristentum zu verorten sind als die Großkirchen, und so aus dem Dialog der etablierten Großkirchen mit ihnen auch neue Impulse für die Erneuerung der Kirche der Zukunft insgesamt entstehen können.[1145]

1136 Vgl. H. SCHWARZ, Freikirche, 550.
1137 Vgl. ebd.
1138 Vgl. ebd.
1139 Vgl. ebd.
1140 Vgl. a.a.O., 552.
1141 Vgl. a.a.O., 553f.
1142 Vgl. a.a.O., 554–556.
1143 Vgl. a.a.O., 558.
1144 Vgl. a.a.O., 559.
1145 Vgl. a.a.O., 560f.

7. Religion und Religionen

7.1 Christentum und Judentum

Die Schüler*innen „beschreiben das besondere Verhältnis zwischen Christentum und Judentum."[1146] Das Verhältnis von Judentum und Christentum ist traurigerweise durch den historisch immer wiederkehrenden Antisemitismus nachhaltig belastet.[1147] So wurden Jüd*innen historisch oft fälschlicherweise als „Mörder Jesu Christi", als seine Feinde oder die Feinde der Kirche dargestellt.[1148] Diese Belastung des Verhältnisses ist umso trauriger, wenn man sich vergegenwärtigt, dass Jesus selbst Jude war, für den sein jüdischer Hintergrund eine essenzielle Rolle spielte.[1149] Allein diese Beobachtung belegt, dass die oben genannten antijudaistischen Vorwürfe vollkommen haltlos sind.

Theologisch stellt den größten Streitpunkt zwischen Judentum und Christentum dar, dass das Christentum in Jesus Christus den Sohn Gottes sieht, der nach Röm 9–11 durch seine Passion alle Menschen in den Bund Gottes mit dem Volk Israel aufgenommen hat.[1150] Das Judentum misst Jesus diese Rolle nicht zu und hat das Selbstverständnis, allein das von Gott erwählte Volk zu sein, wie es Israel im zweiten Buch Mose versprochen wurde: „Werdet ihr nun meiner Stimme gehorchen und meinen Bund halten, so sollt ihr mein Eigentum sein vor allen Völkern; denn die ganze Erde ist mein. Und ihr sollt mir ein Königreich von Priestern und ein heiliges Volk sein. […]" (Ex 19,5f.). Dieses unterschiedliche Heilsverständnis ist nicht miteinander vereinbar. Ein Dialog zwischen beiden Religionen ist jedoch besonders aus christlicher Perspektive unerlässlich, wie es John T. Pawlikowski auf den Punkt bringt: „Da sich das Christentum als Erweiterung des Judentums versteht, ist eine Beziehungslosigkeit den Juden gegenüber nicht möglich."[1151] Der Begriff der „Erweiterung" bezieht sich hier auf die gemeinsamen Wurzeln.

Die gegenseitige Beziehung ist aufgrund der grauenvollen Taten der oben erläuterten Shoah nicht mehr ohne diese zu denken.[1152] Sie belastet das

---

[1146] NDS. KULTUSMINISTERIUM (Hg.), Kerncurriculum, 30.
[1147] Vgl. J.T. PAWLIKOWSKI, Judentum und Christentum, 386f.
[1148] Vgl. a.a.O., 387.
[1149] Vgl. Kapitel 4.2.
[1150] Vgl. J.T. PAWLIKOWSKI, Judentum und Christentum, 387.
[1151] Ebd.
[1152] Zur Shoah vgl. Kapitel 3.5.

Verhältnis der beiden Religionen nachhaltig.[1153] Nach dem Zweiten Weltkrieg kamen jedoch in der christlichen Theologie diverse Stimmen auf, die eine sehr wertschätzende Haltung gegenüber dem Judentum einnehmen. Ein Beispiel hierfür findet sich bei Barth, der seinen Ausführungen die Prämisse voranstellt, dass Jesus Jude war. Barth folgert daraus, dass es ohne das Judentum weder das Neue Testament noch die Kirche gegeben hätte.[1154] Er sieht in der Existenz des Volkes Israel einen Zeugen für Gottes Regieren der Welt,[1155] was er damit begründet, dass dem Volk Israel von Gott im Bund die bleibende Existenz versprochen wurde, und feststellt, dass im Gegensatz zu historischen Großreichen, die deutlich mächtiger als Israel waren und dies direkt bedrohten, Israel bis heute überdauert hat, während das Römische Reich, Persien, Babylon und weitere Großreiche historisch verschwanden.[1156] Barth führt so die Fortexistenz Israels im Gegensatz zu den genannten Großreichen, von denen zwar die Nachfahren ihrer Bewohner leben, die man jedoch eher mit historischen Epochen verbindet als Israel, das ein heute noch genauso aktuelles Volk darstellt, auf Gottes Unterstützung dieses Volkes zurück.[1157]

Barth folgert, dass wenn Gottes Treue ewig gilt, auch sein Bund mit dem Volk Israel ewig halten muss, es also das Judentum als Bundespartner braucht.[1158] Wenn Barth so die Fortexistenz des Judentums als Hinweis (nicht als Beweis!) auf Gottes Regieren deutet, er spricht von einer „Spur der göttlichen Regierung des ganzen Weltgeschehens",[1159] wird deutlich, dass er das Judentum sehr wertschätzt. Dabei stehen sich Gottes Erwählung Israels zu seinem Bundesvolk und der christliche Glaube an Jesus Christus keineswegs gegenüber. Barth schreibt: „Indem die Erwählung und der Bund – in Jesus Christus nicht aufgehoben, sondern erfüllt! – bestehen, bestehen auch die Juden in der Weltgeschichte."[1160] Gott bleibt für Barth so eindeutig seinem Volk treu und Jesu Christi Rolle wird darin gesehen, den Bund als (göttlicher) Mensch zu erfüllen. Diese Erfüllung

---

1153 Vgl. J.T. PAWLIKOWSKI, Judentum und Christentum, 390.
1154 Vgl. K. BARTH, KD III/3, 240.
1155 Vgl. zu den folgenden Bemerkungen zu Barths Verständnis Israels als Zeuge für Gottes Regieren auch meine ausführlichere Untersuchungen in A. JEROMIN, „Es wird regiert …", 358–365.
1156 Vgl. K. BARTH, KD III/3, 239.
1157 Vgl. a.a.O., 246.
1158 Vgl. a.a.O., 247.
1159 A.a.O., 248.
1160 A.a.O., 247.

des Bundes ist nach Barth so zu verstehen, dass die Israeliten zunächst, stellvertretend für alle Menschen, den Bund mit Gott nicht halten konnten, sondern diesen genauso brachen, wie ihn auch jedes andere Volk gebrochen hätte, etwa indem sie sich nicht vollständig an Gottes Gebote hielten.[1161] Jesus Christus handelte daraufhin Gottes Wünschen entsprechend,[1162] er ist also der erste und einzige Mensch, der den Bund erfüllt. Gott übernimmt also in Gestalt von Jesus Christus den menschlichen Teil der Verpflichtungen des Bundes.[1163] Durch diese stellvertretende Erfüllung ist der Bund allerdings nicht nur für die Israeliten erfüllt, sondern für alle Menschen.[1164] Barth sieht in der Heilsgeschichte von Jesu Christi Erfüllung des Bundes ein Ereignis, das so gewaltig ist, dass es die ganze Weltgeschichte in die Bundesgeschichte Israels einbezieht, es überströmt also gewissermaßen alle Grenzen, sodass das von Gott geschenkte Heil danach weder auf Israel noch später die Kirche oder eine andere Gruppe von Menschen beschränkt sein kann.[1165]

Besonders vor Barths Zeit waren Positionen vertreten, die der **Substitutionstheorie** zuzurechnen sind. Diese „besagt, Gott habe das nicht an Christus gläubige jüdische Volk verstoßen und an dessen Stelle die Kirche erwählt; das Christentum habe also das Judentum ersetzt.“[1166] In diesem Verständnis wird also davon ausgegangen, Gottes Heil habe zunächst dem Volk Israel gegolten und sei nach Jesu Christi Auftreten auf die christliche Kirche übergegangen. Schon meine Ausführungen zum Antijudaismus[1167] dürften als Beleg dafür genügen, dass eine solche Sichtweise keinesfalls haltbar ist. Auch Barths in diesem Kapitel aufgezeigte Argumentation offenbart, dass unter keinen Umständen von einem „Ersetzen“ Israels durch die christliche Kirche gesprochen werden darf, sondern das Christentum die eigenen jüdischen Wurzeln in Ehren zu halten hat.

[1161] Vgl. a.a.O., 204; E. BUSCH, Der eine Gnadenbund Gottes, 347; A. JEROMIN, „Es wird regiert ...“, 308.

[1162] Vgl. U.H.J. KÖRTNER, Der handelnde Gott, 30; A. JEROMIN, „Es wird regiert ...“, 291.

[1163] Vgl. E. BUSCH, Der eine Gnadenbund Gottes, 350; A. JEROMIN, „Es wird regiert ...“, 291.

[1164] Vgl. K. BARTH, KD III/3, 205; E. BUSCH, Der eine Gnadenbund Gottes, 346.

[1165] Vgl. K. BARTH, KD III/3, 208.

[1166] M. HÜLSMANN, Was hat das Christentum dem Judentum zu verdanken, 84. Hülsmann fasst die Position in diesem Zitat nur zusammen, er stimmt ihr keineswegs zu (vgl. ebd.).

[1167] Vgl. Kapitel 3.5.

Der Substitutionstheorie stehen Verständnisse der **Hineinnahme** gegenüber.[1168] Diesen ist Barths Verständnis zuzuordnen, indem er wie oben beschrieben davon ausgeht, dass Gottes Heil zwar zunächst nur seinem Bundesvolk Israel galt, aber im Christusereignis ein Überströmen der göttlichen Gnade offenbar wurde, das die ganze Welt in sich schließt, sodass alle Menschen, unabhängig davon, was sie glauben oder ob sie überhaupt an einen Gott glauben, in das Heil, das Gott im Bund zugesagt hat, eingeschlossen werden. Israel bleibt so nach Barth das von Gott erwählte Volk,[1169] die Jüd*innen erlangen Gottes Heil also weiterhin als von Gott erwähltes Volk, doch auch für alle anderen Völker hat sich durch Jesus Christus ein Heilsweg eröffnet, den sie beschreiten können, ohne Jüd*innen zu werden. Der Glaube an Gott hat bei Barth lediglich eine Erkenntnisfunktion. In ihm kann ein Mensch die Gnade erkennen, mit der Gott ihm begegnet, sein Heil erhält er aber durch das Überströmen der Gnade auch ohne den Glauben.[1170] Eine logische Konsequenz besteht im Verständnis der Hineinnahme darin, dass eine christliche Mission innerhalb des Judentums obsolet ist: Wenn Jüd*innen aufgrund ihrer Erwählung bereits einen Heilsweg besitzen, besteht kein Bedarf, ihnen einen zweiten Heilsweg aufzuzeigen. Unterschiedliche Perspektiven gibt es innerhalb der Denkstrukturen der Hineinnahme im Hinblick auf die Frage, ob so ein doppelter Heilsweg vorliegt, wie es teilweise schematisch dargestellt wird, um die Gleichwertigkeit beider Traditionen auszudrücken.[1171] Diese unterschiedlichen Denkmuster werden auch als „eine Ein-Bund- oder eine Zwei-Bünde-Theologie“[1172] bezeichnet, wobei die „Ein-Bund-Theologie“ betont, dass Jüd*innen und Christ*innen beide Teil derselben Bundestradition sind, indem das Christusereignis Nichtjüd*innen den Zugang zu diesem eröffnet hat[1173] – Barth wäre hier einzuordnen. Die „Zwei-Bünde-Theologie“ sieht zwei unterschiedliche Bünde, die „beide für das volle Hervortreten der Herrschaft Gottes letztlich von entscheidender Bedeutung sind.“[1174] In beiden Fällen wird aber vorbehaltlos die Bedeutung des Bundes Gottes mit Israel wertgeschätzt.

[1168] Vgl. M. HÜLSMANN, Was hat das Christentum dem Judentum zu verdanken, 84.
[1169] Vgl. K. BARTH, KD III/3, 247; A. JEROMIN, „Es wird regiert …“, 361f.
[1170] Vgl. K. BARTH, KD III/3, 208.
[1171] Vgl. dazu beispielsweise M. HÜLSMANN, Was hat das Christentum dem Judentum zu verdanken, 84.
[1172] J.T. PAWLIKOWSKI, Judentum und Christentum, 391.
[1173] Vgl. a.a.O., 391f.
[1174] A.a.O., 392.

Pawlikowski vertritt die These, dass beide Konzepte den Sachverhalt nicht vollständig erfassen und jeweils neue Gefahren (wie eine ungerechtfertigte Vernachlässigung der Abstammung des Christentums aus dem Judentum bei der „Zwei-Bünde-Theologie“ oder eine ungerechtfertigte Eingliederung des Judentums ins Christentum bei einer „Ein-Bund-Theologie“) in sich bergen, sodass ein Denken in diesen Kategorien kaum zielführend ist.[1175] Insgesamt sollte daher der Fokus eher darauf gelegt werden, die Hineinnahme zu unterstreichen, wobei deren Art durchaus ein Geheimnis bleiben darf, und sich zugleich von jedweder Substitutionstheorie abzugrenzen.

Das Verständnis der Hineinnahme spiegelt sich auch in der Verfassung der Evangelisch-lutherischen Landeskirche Hannovers wider. So heißt es in deren fünftem Abschnitt des vierten Absatzes: „Die Landeskirche ist durch Gottes Wort und Verheißung mit dem jüdischen Volk verbunden. Sie achtet seine bleibende Erwählung und seinen Dienst als Volk und Zeuge Gottes.“[1176] Besonders der Begriff des „Zeugen“ erinnert sehr an Barths Verständnis.[1177] Die bleibende Erwählung verbietet ein Denken innerhalb einer Substitutionstheorie. Auch auf der Internetseite der hannoverschen Landeskirche finden sich Erläuterungen zum Selbstverständnis der Kirche im Hinblick auf das Verhältnis zum Judentum, die mit „Achtung und Wertschätzung“[1178] überschrieben sind und das in der Verfassung festgelegte Verständnis ausführen. Sehr schön wird an dieser Stelle ausgedrückt: „Die Landeskirche Hannovers weiß, was sie dem Judentum und den jüdischen Geschwistern verdankt: dass sie Zeugnis geben von Gott – dem Gott der Väter Abraham, Isaak und Jakob und der Mütter Sara, Rebekka, Lea und Rahel.“[1179] Hier wird darauf verwiesen, dass das Judentum und das Christentum die Schriften des von uns so genannten Alten Testaments als Grundlage ihrer Religion teilen. Neben der bleibenden Erwählung wird auch darauf verwiesen, dass die Kirche sich ihrer Schuld im Antisemitismus vergangener Zeiten bewusst und dieser in unserer heutigen Zeit kompromisslos zu bekämpfen ist,[1180] was

[1175] Vgl. ebd.
[1176] EVLKA (Hg.), KVerf, 6.
[1177] Vgl. zu Barths Verständnis des Judentums als Zeuge für Gottes Regieren A. JEROMIN, „Es wird regiert …“, 358–365.
[1178] EVLKA (Hg.), Kirche und Judentum, 1.
[1179] Ebd.
[1180] Vgl. ebd.

ebenso auch in die Kirchenverfassung aufgenommen wurde.[1181] Es wird so erklärt, dass die oben von mir zitierte Passage zur Anerkennung der bleibenden Erwählung erst 2013 in die Kirchenverfassung aufgenommen wurde,[1182] wobei in den Erläuterungen klare Ziele formuliert werden: „Alle Formen von Antijudaismus und Antisemitismus zu bekämpfen, keine Mission unter Jüdinnen und Juden zu betreiben sowie Theologie und Gottesdienstpraxis zu erneuern."[1183] Wird das oben aufgegriffene Konzept der Hineinnahme bedacht, ist klar, wieso christliche Mission im Judentum abgelehnt werden muss. Zur Erneuerung der Theologie scheint mir eine Besinnung auf Barths Position einen guten Ausgangspunkt zu eröffnen. Interessant ist auch, dass die Landeskirche in diesem Kontext auf das elfte Kapitel des Römerbriefes verweist, in dem Paulus anerkennt, dass Gottes Erwählung aufgrund seiner Treue unwiderruflich ist (vgl. Röm 11,29).[1184] Vergegenwärtigt man sich, wie frisch diese Verankerung des Verhältnisses zum Judentum in der Kirchenverfassung ist, kann durchaus davon gesprochen werden, dass ein Umdenken im Verhältnis der Kirche zum Judentum eingesetzt hat, dem einzelne Theolog*innen wie Barth schon Jahrzehnte voraus waren. Auch innerhalb der katholischen Kirche finden sich entsprechende Überlegungen, nachdem das Zweite Vatikanische Konzil 1969 die Bedeutung Israels für die Katholische Kirche herausstellte, die sich auf den gemeinsamen Schriften, den jüdischen Wurzeln des Christentums und der Zugehörigkeit Jesu zum Judentum gründet.[1185]

7.2 Trinität und Monotheismus

Die Schüler*innen „vergleichen die trinitarische Gottesvorstellung mit dem jüdischen und islamischen Monotheismus."[1186] Die christliche **Trinitätslehre** habe ich bereits im Kapitel zu Jesus Christus entfaltet,[1187] sie dient als Ausgangspunkt des in diesem Kapitel angestrebten Vergleichs. Voneinander abzugrenzen sind die Begriffe Monotheismus, Monolatrie

[1181] Vgl. EVLKA (Hg.), KVerf, 6.
[1182] Vgl. EVLKA (Hg.), Kirche und Judentum, 1.
[1183] Ebd.
[1184] Vgl. ebd.
[1185] J.T. PAWLIKOWSKI, Judentum und Christentum, 392f.
[1186] NDS. KULTUSMINISTERIUM (Hg.), Kerncurriculum, 30.
[1187] Vgl. Kapitel 4.1.

und Polytheismus. Als **Monotheismus** wird ein Glaube bezeichnet, dem zufolge es nur einen Gott gibt.[1188] Die **Monolatrie** geht hingegen davon aus, dass es mehrere Götter gibt, von denen einer jedoch der stärkste ist und daher als einziger verehrt wird.[1189] Der **Polytheismus** steht diesen Konzepten gegenüber, indem in ihm mehrere Götter verehrt werden,[1190] wie es etwa in der griechischen Religion,[1191] ägyptischen Religion[1192] oder einigen afrikanischen Religionen der Fall war beziehungsweise ist.[1193]

Das **Judentum** ist eine monotheistische Religion.[1194] Das erste Gebot, mit seinem Wortlaut: „Du sollst keine anderen Götter haben neben mir" (Ex 20,3), kann bereits als Ausdruck des Monotheismus verstanden werden,[1195] zugleich finden sich aber auch Positionen, die in diesem noch eine Monolatrie vorliegen sehen, was damit begründet wird, dass die Aufforderung, der Gläubige solle keine anderen Götter haben, deren Existenz voraussetzt, während nur ihre Verehrung verboten wird.[1196] Im babylonischen Exil reifte bei den Israeliten jedoch spätestens die Erkenntnis, dass es nur einen einzigen Gott gibt, sodass von da an ein eindeutiger Monotheismus vorliegt, wie er im fünften Buch Mose ausgedrückt wird: „So sollst du nun heute wissen und zu Herzen nehmen, dass der HERR Gott ist oben im Himmel und unten auf Erden und sonst keiner" (Dtn 4,39).[1197] Auch im jüdischen Glaubensbekenntnis nimmt der Monotheismus eine Schlüsselrolle ein. Das zentrale jüdische Glaubensbekenntnis ist das ***Sch'ma Jisrael***, das sich mit „Höre, Israel" (Dtn 6,2) übersetzen lässt.[1198] Die Rolle des auch als Gebet verwendeten Glaubensbekenntnisses für das Judentum darf meines Erachtens als größer im Alltag des einzelnen Gläubigen vertreten eingeschätzt werden, als es das Apostolikum im Christentum ist, da das *Sch'ma Jisrael* sehr regelmäßig gesprochen wird: „[...] täglich im Morgen- und Abendgebet und im Ge-

---

1188 Vgl. Å.V. STRÖM, Monotheismus I. Religionsgeschichtlich, 233.
1189 Vgl. ebd.
1190 Vgl. U. BERNER, Polytheismus, 35.
1191 Vgl. a.a.O., 36f.
1192 Vgl. a.a.O., 37f.
1193 Vgl. a.a.O., 38.
1194 Vgl. Å.V. STRÖM, Monotheismus I. Religionsgeschichtlich, 236.
1195 Vgl. ebd.
1196 Vgl. B. HUSMANN/M. HÜLSMANN, Der unverfügbare und der erfahrbare Gott, 8.
1197 Vgl. ebd.
1198 Vgl. ebd.

betsteil des Sabbatgottesdienstes“[1199] sowie „beim Eintreten des Todes von allen Anwesenden zusammen mit dem Sterbenden“.[1200] Außerdem findet sich der Text neben anderen zentralen Stellen der Tora in Kapseln, die Teil des Tefillins, eines Gebetsriemens, und der Mesusa, die an Türpfosten befestigt wird, sind.[1201] Der Text des *Sch'ma Jisrael* lautet:

> „Höre, Israel, der HERR ist unser Gott, der HERR allein. Und du sollst den HERRN, deinen Gott, lieb haben von ganzem Herzen, von ganzer Seele und mit all deiner Kraft. Und diese Worte, die ich dir heute gebiete, sollst du zu Herzen nehmen und sollst sie deinen Kindern einschärfen und davon reden, wenn du in deinem Hause sitzt oder unterwegs bist, wenn du dich niederlegst oder aufstehst. Und du sollst sie binden zum Zeichen auf deine Hand, und sie sollen dir ein Merkzeichen zwischen deinen Augen sein, und du sollst sie schreiben auf die Pfosten deines Hauses und an die Tore“ (Dtn 6,4–9).

Es ist unmittelbar ersichtlich, dass der Glaube an einen einzigen Gott in diesem Glaubensbekenntnis zentral ist.[1202] Der achte und neunte Vers werden in Form des Tefillins und der Mesusa umgesetzt, der siebte Vers fordert zur häufigen Wiederholung des Glaubensbekenntnisses im alltäglichen Leben auf. Das Judentum kann auf Basis dieses Glaubensbekenntnisses folglich als eindeutig monotheistische Religion bezeichnet werden.

Auch der **Islam** ist eine monotheistische Religion, Åke Viktor Ström schätzt ihn sogar als „konsequentesten Monotheismus der religiösen Welt“[1203] ein, was er unter anderem mit der 112. Sure begründet, die besagt: „Sprich: er ist der eine Gott, Der ewige Gott; Er zeugt nicht und wird nicht gezeugt, Und keiner ist ihm gleich.“[1204] Die Wendung, Gott zeuge nicht, kann durchaus als Kritik am Christentum verstanden werden, das in Jesus Christus den von Gott gezeugten Sohn sieht.[1205] Auch im Glaubensbekenntnis des Islam, der ***Schahāda***, ist der Monotheismus fest verankert:[1206] „Es gibt keinen Gott außer Allah und Mohammed ist der Gesandte Allahs“.[1207] Diese absolute Formulierung verneint eindeutig die Existenz anderer Götter.

[1199] Ebd.
[1200] Ebd.
[1201] Vgl. a.a.O., 8f.
[1202] Vgl. a.a.O., 8.
[1203] Å.V. STRÖM, Monotheismus I. Religionsgeschichtlich, 236.
[1204] Ebd.
[1205] Vgl. a.a.O., 237; vgl. zum christlichen Verständnis Jesu als Sohn Gottes Kapitel 4.1.
[1206] Vgl. A. SCHALL, Islam, 328.
[1207] Ebd.

Indem die Trinitätslehre betont, dass Gottes Gestalten als Vater, Sohn und Heiliges Geist wesenseins sind,[1208] versteht das **Christentum** sich ebenfalls als monotheistische Religion. Da die Vorstellung von der Trinität für das Christentum zentral ist, wird diese ebenfalls in einem Glaubensbekenntnis verarbeitet. Es kann ihr unterstellt werden, das Grundgerüst des **Apostolischen Glaubensbekenntnisses** darzustellen, das auch als **Apostolikum** bezeichnet wird[1209] und den folgenden Text umfasst:

> „Ich glaube an Gott, den Vater, den Allmächtigen, den Schöpfer des Himmels und der Erde. Und an Jesus Christus, seinen eingeborenen Sohn, unsern Herrn, empfangen durch den Heiligen Geist, geboren von der Jungfrau Maria, gelitten unter Pontius Pilatus, gekreuzigt, gestorben und begraben, hinabgestiegen in das Reich des Todes, am dritten Tage auferstanden von den Toten, aufgefahren in den Himmel; er sitzt zur Rechten Gottes, des allmächtigen Vaters; von dort wird er kommen, zu richten die Lebenden und die Toten. Ich glaube an den Heiligen Geist, die heilige christliche Kirche, Gemeinschaft der Heiligen, Vergebung der Sünden, Auferstehung der Toten und das ewige Leben. Amen."[1210]

Das Glaubensbekenntnis drückt also eindeutig den Glauben an Gott in seinen drei wesensgleichen Gestalten als Vater, Sohn und Heiligen Geist aus. Das Apostolikum ist seit dem achten Jahrhundert nachweisbar und wurde für die westlichen Kirchen verbindlich.[1211] Es wird heute bei der Taufe und im Gottesdienst verwendet, um den christlichen Glauben zu bekennen.[1212]

Aus christlicher Perspektive wird dem Islam zugesprochen, ebenso wie das Christentum „an den einen Gott, der sich dem Menschen gnädig zuwendet,"[1213] zu glauben. Die christliche Trinitätslehre impliziert jedoch einen deutlichen Unterschied zwischen beiden Religionen. Während das Christentum selbst in dieser seinen Monotheismus gewahrt sieht, lehnt der Islam es eindeutig ab, neben Gott noch eine weitere Macht zu sehen, sodass Jesus nicht als Gottes Sohn aufgefasst werden kann.[1214] Die Trinitätslehre wird so als Tritheismus, also als Glaube an drei Götter, aufgefasst und damit abgelehnt,[1215] wie dies bereits die oben zitierte 112. Sure

---

[1208] Vgl. Kapitel 4.1.
[1209] Vgl. E. FAHLBUSCH, Bekenntnis, 156.
[1210] VELKD (Hg.), Unser Glaube, 25.
[1211] Vgl. E. FAHLBUSCH, Bekenntnis, 156.
[1212] Vgl. ebd.
[1213] J. LÄHNEMANN, Islam und Christentum, 354.
[1214] Vgl. a.a.O., 355.
[1215] Vgl. ebd.

unterstreicht. Für das Judentum gilt hier letztlich selbiges: Grundsätzlich ist die Wertschätzung des Judentums aus christlicher Perspektive hoch,[1216] doch in die andere Richtung muss das Judentum durch die Ablehnung der Gottessohnschaft Jesu Christi[1217] auch die christliche Trinitätslehre ablehnen. Es ist somit insgesamt festzustellen, dass sich zwar alle drei Religionen selbst als monotheistisch begreifen und auf den Gott Abrahams beziehen, was einen guten Anknüpfungspunkt für den interreligiösen Dialog zwischen ihnen eröffnet, das Verständnis des Monotheismus im Judentum und Islam und die Trinitätslehre des Christentums jedoch zugleich einen Punkt darstellen, in dem sich die Glaubenswahrheiten fundamental unterscheiden. Es ist hier anzuerkennen, dass die einzelnen Religionen eigene Überzeugungen besitzen, die nicht nivelliert werden dürfen, da andernfalls die jeweiligen Wahrheitsansprüche nicht ernst genommen werden würden.

7.3 Interreligiöse Verständigung

Die Schüler*innen „stellen anhand konkreter Beispiele Möglichkeiten und Grenzen der interreligiösen Verständigung dar.“[1218] In einer globalisierten Welt hat die Verständigung zwischen verschiedenen Religionen zunehmend an Bedeutung gewonnen.[1219] Es können dabei drei Modelle der Verständigung zwischen Religionen benannt werden: der Exklusivismus, der Inklusivismus und der Pluralismus.

Der **Exklusivismus** geht davon aus, dass es nur einen richtigen Glauben gibt.[1220] Die EKD definiert das Modell als Überzeugung, „es gibt nur eine wahre Religion unter Ausschluss aller anderen“.[1221] Heil ist ausschließlich innerhalb dieses Glaubens zu erlangen, nicht in anderen Glaubensrichtungen, da die jeweilige Glaubensrichtung als die einzige angesehen wird, die Wahrheiten besitzt.[1222] Es gibt folglich keine einzige andere

---

[1216] Vgl. Kapitel 7.1.

[1217] Vgl. J.T. PAWLIKOWSKI, Judentum und Christentum, 387; vgl. dazu auch die Ausführungen zum Judentum und Christentum in Kapitel 7.1.

[1218] NDS. KULTUSMINISTERIUM (Hg.), Kerncurriculum, 30.

[1219] Vgl. J.J. LIPNER, Theologie der Religionen, 317.

[1220] Vgl. a.a.O., 318.

[1221] EKD (Hg.), Christlicher Glaube und religiöse Vielfalt in evangelischer Perspektive, 35.

[1222] Vgl. J.J. LIPNER, Theologie der Religionen, 318; H. DAM, Das Denkmodell „Exklusivismus, Inklusivismus, Pluralismus“, 12.

Religion, der zugestanden wird, Heil vermitteln zu können.[1223] Als Stärke dieser Position darf angesehen werden, dass sie keine Kompromisse in Glaubenswahrheiten eingehen muss und die Weltgeschichte so weitgehend eindeutig deuten kann,[1224] ihre Schwäche besteht darin, dass sie kaum tolerant ist, indem sie allen anderen Religionen ihren Wahrheitsgehalt abspricht.[1225] Auch im Dialog mit anderen Religionen ist sie wenig fruchtbar,[1226] schließlich könnten sich exklusivistisch denkende Gläubige zwar die Glaubensgrundsätze anderer Religionen anhören, sie würde diese aber schlichtweg als falsch abtun. Schon vor über zwanzig Jahren merkte Julius J. Lipner an, dass der Exklusivismus in einer globalisierten Gesellschaft nicht zeitgemäß wirkt.[1227]

Der **Pluralismus** gesteht anderen Religionen zu, ebenfalls Heilswege zu besitzen, sodass Menschen Heil also vollkommen ohne Bezug zur eigenen Religion erlangen können.[1228] Die eigene Religion wird so nicht absolut gesetzt,[1229] sondern gleichberechtigt zwischen anderen Religionen eingeordnet. Es wird eingestanden, dass jede Religion ein menschliches Konstrukt und damit defizitär ist. Alle Religionen sind so Antworten auf Gottes Ansprache an die Menschen.[1230] In den Worten der EKD wird der Pluralismus knapp mit der Überzeugung, „es gibt mehrere wahre Religionen“,[1231] zusammengefasst. Das Modell wirkt sehr zeitgemäß,[1232] da es wunderbar den Dialog verschiedener Religionen ermöglicht, indem es ihnen zugesteht, gleichberechtigt zu sein. Zugleich wird an ihm kritisiert, dass es bei allem Streben nach Gleichberechtigung die besonderen Züge der einzelnen Religionen aufgibt. So werden alle Wahrheitsansprüche der Religionen relativiert und Kerngedanken von Religionen, wie etwa aus christlicher Perspektive die besondere Bedeutung Jesu Christi, nicht ernst genommen.[1233] Wichtig ist es auch zu berücksichtigen, dass der Pluralis-

---

1223 Vgl. H. DAM, Das Denkmodell „Exklusivismus, Inklusivismus, Pluralismus“, 12.
1224 Vgl. J.J. LIPNER, Theologie der Religionen, 319.
1225 Vgl. a.a.O., 320.
1226 Vgl. ebd.
1227 Vgl. a.a.O., 319.
1228 Vgl. a.a.O., 320.
1229 Vgl. ebd.
1230 Vgl. H. DAM, Das Denkmodell „Exklusivismus, Inklusivismus, Pluralismus“, 12.
1231 EKD (Hg.), Christlicher Glaube und religiöse Vielfalt in evangelischer Perspektive, 35.
1232 Vgl. J.J. LIPNER, Theologie der Religionen, 321.
1233 Vgl. ebd.

mus zwar einige andere Religionen als gleichberechtigte Heilswege neben der eigenen ansieht, dies sich jedoch natürlich nicht auf alle Religionen erstrecken kann. So gibt es neben weiteren Religionen, die gleichrangige Heilswege darstellen, auch Religionen, denen nur teilweise zugestanden wird, Heil zu vermitteln, und auch wiederum andere Religionen, denen dies vollständig abgesprochen wird.[1234] Problembehaftet kann es so etwa aus christlicher Perspektive sein, einer Religion einen gleichberechtigten Heilsweg zuzugestehen, die die Existenz jedweden Gottes kategorisch ablehnt.

Der **Inklusivismus** ist zwischen den beiden zuvor genannten Modellen einzuordnen. In ihm wird zwar einzig der eigene Glaube als vollständig richtiger Heilsweg angenommen, doch auch anderen Glaubensrichtungen zugesprochen, Teilwahrheiten zu besitzen.[1235] Die EKD definiert den Inklusivismus als Überzeugung, nach der „es [...] wenigstens eine wahre Religion, die die Teilwahrheiten aller anderen in sich schließt",[1236] gibt. Die anderen Religionen vermitteln so zwar ebenfalls Heil, es wird aber nur der eigenen Religion zugeschrieben, dies „als Bester und Höchster"[1237] zu tun. Andere Glaubenstraditionen werden so in die eigene Heilsgeschichte integriert.[1238] Im Gegensatz zum Exklusivismus sind sie so nicht vom Heil ausgeschlossen, sondern in dieses eingeschlossen.[1239] Kritisch wird daran gesehen, dass damit andere Glaubensrichtungen vereinnahmt und Differenzen zwischen den Religionen zu oberflächlich vernachlässigt werden, andererseits aber auch, dass nicht alle eigenen Wahrheitsansprüche in vollem Umfang ernst genommen werden.[1240] Natürlich bezieht sich das Einschließen wie beim Pluralismus nicht auf alle Religionen,[1241] auch hier kann es einzelne Religionen geben, zu denen aufgrund unvereinbarer Widersprüche eine Grenze gezogen wird.

Neben diesen drei Modellen besteht der **Atheismus**, der die Existenz jeder Gottheit, deren Verehrung und insgesamt die Existenz von religiö-

---

[1234] Vgl. H. DAM, Das Denkmodell „Exklusivismus, Inklusivismus, Pluralismus", 12.
[1235] Vgl. J.J. LIPNER, Theologie der Religionen, 322.
[1236] EKD (Hg.), Christlicher Glaube und religiöse Vielfalt in evangelischer Perspektive, 35.
[1237] H. DAM, Das Denkmodell „Exklusivismus, Inklusivismus, Pluralismus", 12.
[1238] Vgl. J.J. LIPNER, Theologie der Religionen, 322.
[1239] Vgl. H. DAM, Das Denkmodell „Exklusivismus, Inklusivismus, Pluralismus", 12.
[1240] Vgl. J.J. LIPNER, Theologie der Religionen, 322.
[1241] Vgl. H. DAM, Das Denkmodell „Exklusivismus, Inklusivismus, Pluralismus", 12.

sen Heilswegen ablehnt.[1242] Es ergibt sich unmittelbar, dass diese Denkweise keinen fruchtbaren Dialog mit den drei zuvor skizzierten Modellen zulässt, da diese jeweils die Existenz eines oder mehrerer Götter (oder zumindest von Heilswegen) voraussetzen, während der Atheismus diese vollständig verneint. Der Atheismus spricht so auch jeder Religion die Fähigkeit ab, Heil zu vermitteln.[1243]

Neben diesen theoretischen Modellen findet die Zusammenarbeit verschiedener Religionen naturgemäß praktisch auf viele unterschiedliche Weisen statt. Als ein Beispiel möchte ich hier das **Weltparlament der Religionen** vorstellen. Es wurde erstmals 1893 in Chicago veranstaltet, wobei die ursprüngliche Zielsetzung zum Teil aus christlicher Mission bestand, zum Teil aber auch darin, Redner*innen unterschiedlicher Religionen ein Podium zu geben, um ihre Religionen darzustellen, nach Einheit zu suchen und sich zu gesellschaftlichen Fragen zu äußern.[1244] So wurden etwa 200 Vorträge gehalten.[1245] Genau 100 Jahre später wurde 1993 in Chicago ein neues „Parlament der Weltreligionen“[1246] einberufen, an dem jedoch primär aus Chicago selbst stammende Vertreter*innen der dort ansässigen Religionen teilnahmen.[1247] Die Zielsetzung ähnelte dem ersten Weltparlament, indem das interreligiöse Verständnis gefördert und Fragestellungen des kommenden Jahrhunderts betrachtet werden sollten, wobei dieses Mal rund 700 Vorträge gehalten wurden.[1248] Ein bemerkenswertes Ergebnis ist die von Hans Küng federführend entworfene Erklärung eines Weltethos, „das auf gemeinsamen ethischen Grundlagen der Religionen beruhen soll.“[1249] Diese Erklärung wurde von vielen anwesenden Vertreter*innen unterschrieben.[1250]

Das **Projekt Weltethos** geht davon aus, dass ein Dialog zwischen den Religionen notwendig ist, um den Frieden zwischen ihnen zu wahren, da eingestanden wird, dass Religionen sowohl der Auslöser für politische

---

1242 Vgl. J. DANTINE/W. DANTINE, Atheismus, 120.
1243 Vgl. H. DAM, Das Denkmodell „Exklusivismus, Inklusivismus, Pluralismus“, 12.
1244 Vgl. D. LÜDDECKENS, Weltparlament der Religionen, 618.
1245 Vgl. ebd.
1246 A.a.O., 619.
1247 Vgl. ebd.
1248 Vgl. ebd.
1249 A.a.O., 620.
1250 Vgl. ebd.

Konflikte sein, wie auch für diese instrumentalisiert werden können.[1251] Es soll so keine Einheit der Religionen erzielt werden, sondern ein Dialog zwischen ihnen, da anerkannt wird, dass die jeweiligen Traditionsstränge auf unterschiedlichen, nicht zu vereinbarenden Überzeugungen fußen.[1252] Die eigenen Überzeugungen der Religionen sollen damit ernst genommen werden, während nach gemeinsamen ethischen Normen gesucht wird.[1253] Eine besondere Rolle spielt dabei die Goldene Regel als Aufruf zu einem menschlichen Umgang mit allen Mitmenschen.[1254] Als Konsequenzen werden so die „Ehrfurcht vor allem Leben",[1255] „Solidarität und eine gerechte Wirtschafsordnung",[1256] „Toleranz und ein Leben in Wahrhaftigkeit"[1257] sowie „Gleichberechtigung und […] Partnerschaft von Mann und Frau"[1258] abgeleitet.

1999 kam es zu einem weiteren Treffen des Weltparlaments, welches dieses Mal in Kapstadt stattfand und bei dessen etwa 800 Veranstaltungen erneut der Fokus darauf lag, aktuelle Fragestellungen zu thematisieren und interreligiöse Zusammenarbeit zu fördern, wobei erneut ein Weltethos angestrebt wurde.[1259] Es handelte sich also um Weiterentwicklungen der Ergebnisse von 1993, deren Fokus auf ökologischen Herausforderungen und Nachhaltigkeit lag.[1260] Es folgten weitere Veranstaltungen 2004 in Barcelona, 2009 in Melbourne, 2015 in Salt Lake City, 2018 in Toronto, eine virtuelle Veranstaltung 2021[1261] und 2023 eine Veranstaltung in Chicago.[1262] In den Richtlinien, mit denen das Parlament der Weltreligionen die eigene Arbeit vorstellt, wird anerkannt, dass Einheit nicht mehr das vorrangige Ziel der Bemühungen sein kann, sondern Harmonie diesem überzuordnen ist.[1263] Es werden so die Wahrheitsan-

---

1251 Vgl. H. Küng, Wider den Zusammenprall der Kulturen: Das Projekt Weltethos, 124f.
1252 Vgl. a.a.O., 126.
1253 Vgl. ebd.
1254 Vgl. A. Riklin, Von der Ringparabel zum Projekt Weltethos, 206.
1255 Ebd.
1256 Ebd.
1257 Ebd.
1258 Ebd.
1259 Vgl. D. Lüddeckens, Weltparlament der Religionen, 620.
1260 Vgl. A. Riklin, Von der Ringparabel zum Projekt Weltethos, 212.
1261 Vgl. Parliament of the World's Religions (Hg.), Our History, 1.
1262 Vgl. Parliament of the World's Religions (Hg.), Defending Freedom & Human Rights, 1.
1263 Vgl. Parliament of the World's Religions (Hg.), Our Work, 1.

sprüche der einzelnen Religionen ernst genommen und es wird um Verständnis geworben.[1264] Gemeinsam sollen so Probleme der aktuellen Zeit angegangen werden, wobei Frieden und Nachhaltigkeit als weitere Ziele benannt werden.[1265] Die Suche nach einer gemeinsamen globalen Ethik liegt den Bestrebungen zugrunde.[1266] Es liegt hier also ein Beispiel dafür vor, wie verschiedene Religionen sich interreligiös verständigen, um Probleme unserer Zeit zu diskutieren und Lösungsvorschläge zu erarbeiten, die aus gemeinsamen ethischen Maßstäben generiert werden.

Eine Position, die die interreligiöse Verständigung deutlich erschwert, stellt der **Fundamentalismus** dar. Fundamentalismus meint eine wörtliche Auslegung heiliger Schriften, im christlichen Bereich also, von einer „absoluten Irrtumslosigkeit der Bibel“[1267] auszugehen. Oft sind fundamentalistische Positionen damit sehr konservativ.[1268] Vertreter*innen des christlichen Fundamentalismus finden sich insbesondere in den USA innerhalb unterschiedlicher Konfessionen.[1269] Ursprünglich bezeichnete der Begriff Fundamentalismus nur diesen christlichen Fundamentalismus, heute wird der Begriff auch für Strömungen in anderen Religionen verwendet, die ihre heiligen Schriften ebenfalls wortwörtlich auslegen und damit in der Regel ebenfalls sehr konservative Haltungen innerhalb ihrer Religion besitzen.[1270] Im Rahmen der wortwörtlichen christlichen Bibelauslegung lassen sich die folgenden feststehenden Glaubenswahrheiten folgern: „die Trinität; die wahre Gottheit Jesu Christi; seine jungfräuliche Geburt; die Versöhnung durch sein Blut; seine leibliche Auferstehung; seine ebenso leibhaftig zu erwartende Wiederkunft auf diese Erde zum Gericht und zur Aufrichtung des Reiches Gottes.“[1271] Hier zeigen sich viele Aspekte, die auch in der nicht-fundamentalistischen christlichen Theologie einen Kern des Glaubens darstellen, dort aber nicht unbedingt wortwörtlich verstanden werden. Begründet wird die wörtliche Auslegung im Fundamentalismus mit der Annahme, der Heilige Geist habe den menschlichen Autoren die biblischen Worte vorgegeben. Die biblischen

---

[1264] Vgl. ebd.
[1265] Vgl. ebd.
[1266] Vgl. ebd.
[1267] W. JOEST, Fundamentalismus, 732.
[1268] Vgl. ebd.
[1269] Vgl. ebd.
[1270] Vgl. M. MARQUARDT, Fundamentalismus, 131.
[1271] W. JOEST, Fundamentalismus, 734.

Erzählungen werden also nicht, wie im evangelischen Verständnis, als von Gott inspirierte menschliche Worte aufgefasst, sondern als Gottes (direkte) Worte.[1272] Daraus folgt, dass diese Worte als vollkommen richtig angesehen werden: „Diese Irrtumsfreiheit wird nicht etwa nur für den theologischen Gehalt der biblischen Aussagen behauptet, sondern ausdrücklich auch für alle faktischen Angaben über Ereignisse, Zahlen, chronologische Bestimmungen, geographische Örtlichkeiten usw., bis hin zu den Verfasserangaben biblischer Bücher."[1273] Natürlich gibt es auch innerhalb des fundamentalistischen Christentums ein gewisses Spektrum. So zeigt etwa Wilfried Joest auf, dass fundamentalistische Christ*innen, die anerkennen, dass die Erde nicht allein in sieben Tagen entstanden ist, argumentieren, dass die in der ersten Schöpfungserzählung genannten Tage nicht den heutigen Tagen entsprechen müssen, sondern auch längere Zeitspannen meinen können.[1274] Gewahrt bleiben muss für Fundamentalist*innen jedoch stets, dass jedes Detail der biblischen Aussagen wahr ist – dem Verfasser der Schöpfungserzählung wird folglich unterstellt, er habe genau diese längeren Zeitspannen im Sinn gehabt, als er schreib, es habe sich um Tage gehandelt.[1275] Klare Widersprüche innerhalb der Bibel werden dann damit erklärt, dass diese Widersprüche durch fehlerhafte Abschriften der ursprünglichen Texte – die vollständig richtig waren – entstanden sein müssen. Diese These kann nicht widerlegt werden, da uns die ersten Fassungen der biblischen Texte nicht mehr erhalten sind.[1276] Durch die wörtliche Auslegung ist ein Dialog mit Andersgläubigen für Fundamentalist*innen sehr erschwert, Manfred Marquardt stellt sogar fest, dass ihnen ein „Argwohn gegenüber andersdenkenden Christen"[1277] zu eigen wäre. Wenn damit sogar innerhalb des Christentums ein Dialog schwierig ist,[1278] ist es naheliegend, dass der Dialog mit anderen Religionen von diesem Ansatz her kaum möglich ist. Der Fundamentalismus wird insgesamt aus evangelischer Perspektive deshalb[1279] und auch aufgrund der Schwierigkeiten, die etwa Widersprüche innerhalb der Bibel mit sich bringen, kritisch gesehen. So fasst etwa Joest zusammen, dass

---

[1272] Vgl. a.a.O., 735.
[1273] Ebd.
[1274] Vgl. a.a.O., 736.
[1275] Vgl. ebd.
[1276] Vgl. ebd.
[1277] M. MARQUARDT, Fundamentalismus, 133.
[1278] Vgl. ebd.
[1279] Vgl. ebd.

> „eine jedes Detail auch ihrer historischen, kosmologischen und sonstigen Angaben umschließende Irrtumslosigkeit der Bibel einfach nicht mehr behauptet werden kann, ohne entweder vor offenkundigen Tatsachen krampfhaft die Augen zu verschließen oder an den biblischen Texten ebenso krampfhafte Deutungsmanipulationen vorzunehmen, um sie in dem gewünschten Sinn ‚stimmig' zu machen."[1280]

Im Zentrum des christlichen Glaubens muss nach evangelischem Verständnis Jesus Christus stehen, und die Bibel erzählt in Geschichten von ihm und der Geschichte Gottes mit dem Volk Israel, womit sich die Heilsgeschichte uns auch heute offenbart[1281] – aber nicht als wortwörtliches Wort Gottes, sondern als Erzählungen, die uns die Begegnung mit Jesus Christus und damit mit Gott in diesen von Menschen (mit all ihrer Fehlerhaftigkeit) festgehaltenen Worten eröffnen.

7.4 LK: „Wahrheit" nach der Aufklärung

Die Schüler*innen „erläutern die tiefgreifende Relativierung der Frage nach verbindlicher Wahrheit in der Folge der Aufklärung."[1282] Die Frage nach der Wahrheit ist theologisch relevant, da die christliche Theologie, genau wie jede andere Theologie auch, einen „**Wahrheitsanspruch**"[1283] besitzt. Im Glauben wird davon ausgegangen, dass dieser und die Aussagen, auf die er sich bezieht, wahr sind. Schwierig wird dieser Anspruch im Dialog zwischen den christlichen Konfessionen und mit anderen Religionen,[1284] wenn Widersprüche zwischen den einzelnen Wahrheitsansprüchen offenbar werden. Christoph Schwöbel stellt in diesem Sinne fest, dass „der allgemeine Wahrheitsanspruch des christlichen Glaubens nicht allgemeiner Erkenntnis zugänglich ist, sondern nur in der besonderen Erfahrung Gottes durch den Geist in Jesus Christus erschlossen wird."[1285] Es wird also zugleich angenommen, dass die Aussagen, die sich dem Gläubigen erschließen, wirklich „wahr" sind, dies aber nicht von Nicht-Gläubigen erkannt oder für diese bewiesen werden kann. Schwöbel erinnert in diesem Zusammenhang auch an den eschatologischen Vorbehalt,[1286] in dem anerkannt wird, dass das Reich Gottes zwar

---

[1280] W. JOEST, Fundamentalismus, 737.
[1281] Vgl. ebd.
[1282] NDS. KULTUSMINISTERIUM (Hg.), Kerncurriculum, 30.
[1283] CH. SCHWÖBEL, Wahrheit, 286.
[1284] Vgl. ebd.
[1285] A.a.O., 288.
[1286] Vgl. Kapitel 4.3.

bereits besteht – genau wie der christliche Wahrheitsanspruch – aber noch nicht vollendet ist – wie auch die Wahrheit des christlichen Glaubens, der von Gottes Heil für die Welt spricht, „noch nicht für alle offenbar geworden ist".[1287] Es liegt auf der Hand, dass ein solcher Ansatz das Problem der Frage nach verbindlichen Wahrheiten zwar aus christlicher Perspektive löst, im Dialog mit anderen Religionen aber eine unangemessene Überheblichkeit voraussetzt, die den Dialog erschwert.

Den „Klassiker" unter den Antworten auf die Wahrheitsfrage stellt Gotthold Ephraim Lessings **Ringparabel** dar. Küng bezeichnet Lessing selbst als „Aufklärer",[1288] die Ideen der Aufklärung haben also deutlich in sein Werk Einzug genommen.[1289] Die Ringparabel wird in Lessings „Nathan der Weise" erzählt: Der muslimische Sultan Saladin geht in diesem von der These aus, nur eine der drei Religionen Judentum, Christentum und Islam könne wahr sein.[1290] Er stellt dem Juden Nathan,[1291] dem vom Volk Weisheit zugesprochen wird,[1292] die Aufgabe, ihm zu erläutern, welche der drei genannten Religionen wahr sei.[1293] Nathan antwortet Saladin mit einer Geschichte,[1294] in der er von einem Mann erzählt, der einen Ring unschätzbaren Wertes, der „die geheime Kraft, vor Gott [u]nd Menschen angenehm zu machen, wer [i]n dieser Zuversicht ihn trug",[1295] besessen habe. Dieser Ring solle unter den Nachfahren des Mannes stets an den dem jeweiligen Nachfahren liebsten Sohn weitergegeben worden sein, bis ein Nachfahre drei Söhne gehabt habe, unter denen er sich nicht habe entscheiden können, welcher ihm der liebste wäre.[1296] Der Vater habe sich so entschieden, einen Künstler zu beauftragen, zwei Duplikate des Ringes zu erstellen, die er selbst schließlich nicht vom Original zu unterscheiden vermocht habe.[1297] Diese Ringe habe er dann jeweils in Einzelgesprächen unter seinen Söhnen verteilt, die nach dem Tod des Vaters somit alle davon ausgegangen wären, den echten Ring des Vaters zu be-

[1287] CH. SCHWÖBEL, Wahrheit, 288.
[1288] H. KÜNG, Theologische Einbettung der Ringparabel von Lessing, 31.
[1289] Vgl. a.a.O., 31–34.
[1290] Vgl. G.E. LESSING, Nathan der Weise, 11.
[1291] Vgl. ebd.
[1292] Vgl. a.a.O., 9.
[1293] Vgl. a.a.O., 11.
[1294] Vgl. a.a.O., 13.
[1295] A.a.O., 13f.
[1296] Vgl. a.a.O., 14.
[1297] Vgl. a.a.O., 14f.

sitzen und sich damit zum Fürst des Hauses ernennen zu können.[1298] Es sollen so Untersuchungen und Streitigkeiten resultiert haben, an deren Ende nicht feststellbar gewesen sei, welcher Ring der echte wäre.[1299] Dem Sultan wird ein Einwand in dem Mund gelegt, nach dem die Religionen im Gegensatz zu den Ringen in der Geschichte sehr wohl deutlich voneinander zu unterscheiden wären,[1300] worauf Nathan entgegnet, dass jeder Gläubige sich auf die ihm von seinen Vorfahren überlieferten Geschichten berufe.[1301] Es offenbart sich so eine Entsprechung zu den Ringen, deren Erben sich ebenfalls darauf berufen, der Vater habe ihnen erzählt, dass ihr Ring der echte sei.[1302] Daraufhin setzt Nathan die Erzählung seiner Geschichte fort, indem die Söhne vor einem Richter geklagt und die Echtheit ihres Ringes beteuert hätten.[1303] Der Richter habe letztlich darauf verwiesen, dass der wahre Ring laut Aussage der Söhne die Kraft besessen hätte, beliebt zu machen, weshalb er die Söhne gefragt habe, welchen unter ihnen die zwei anderen am meisten liebten.[1304] Durch das folgende Schweigen habe jeder Sohn laut der Einschätzung des Richters offenbart, sich selbst der Nächste zu sein, sodass der Richter gemutmaßt habe, der echte Ring sei verloren gegangen und alle drei Ringe seien Kopien.[1305] Schließlich habe der Richter den Söhnen den Rat gegeben, dass der Vater sie wohl alle gleich geliebt hätte und jeder von ihnen danach streben solle, die Kraft seines Ringes zu erwecken, indem er sich in „Sanftmut, […] Verträglichkeit, […] Wohltun […; und] Ergebenheit in Gott“[1306] übe. Schließlich habe der Richter prophezeit, dass die Kräfte des wahren Rings in zukünftigen Generationen wieder zutage kommen würden, sodass in mehreren tausend Jahren „ein weisrer [sic!] Mann auf diesem Stuhl“,[1307] dem Richterstuhl, sitzen könnte, um zu entscheiden, welcher Ring der wahre sei. Nathans Suggestivfrage, ob Sultan Saladin dieser weisere Mann sei, kann dieser offensichtlich nur verneinen.[1308]

1298 Vgl. a.a.O., 15.
1299 Vgl. ebd.
1300 Vgl. ebd.
1301 Vgl. a.a.O., 15f.
1302 Vgl. a.a.O., 16.
1303 Vgl. ebd.
1304 Vgl. a.a.O., 17.
1305 Vgl. ebd.
1306 Ebd.
1307 A.a.O., 18.
1308 Vgl. ebd.

Der Streit unter den drei Söhnen innerhalb der Parabel ist repräsentativ für die Konflikte zwischen den drei **abrahamitischen Religionen** Judentum, Christentum und Islam (die Bezeichnung abrahamitisch verweist darauf, dass die Erzählungen von Abraham und seinen Nachfahren zu den heiligen Schriften aller drei Religionen gehören), die es zu Lessings Zeit genauso gab, wie es sie noch heute gibt.[1309] Angelika Overath resümiert, dass die Erzählung kaum für die alltägliche Praxis der interreligiösen Verständigung tauglich ist, sondern eher den Charakter einer Verheißung für eine friedlichere Zukunft zwischen den drei Religionen aufweist.[1310] Küng sieht den Kern der Geschichte hingegen in der Antwort auf die Frage nach der wahren Religion, die er zusammenfasst mit: „Nur die praktische Bewährung zählt."[1311] Er konkretisiert so: „Jede Religion ist echt, ist wahr, insofern sie faktisch und praktisch die ‚Wunderkraft' beweist, ‚vor Gott und Menschen angenehm' zu machen."[1312] Es soll so keineswegs ausgesagt werden, dass alle Religionen gleich wären, ihre jeweilige Existenz als eigene Glaubensrichtung wird anerkannt.[1313] Ein „**Relativismus**",[1314] der die Wahrheitsansprüche aller Religionen so stark relativiert, bis die einzelnen Glaubensrichtungen kaum noch erfasst werden (etwa: „Alle Religionen glauben im Kern doch an dasselbe"), ist nicht in Lessings Sinne.[1315] Zugleich verdeutlicht Lessing in seiner Erzählung, dass nach der Aufklärung auch ein „**theologischer Absolutismus**",[1316] dem zufolge nur die eigene Religion wahr ist, nicht mehr haltbar ist.[1317] Karl-Josef Kuschel betont in seiner Auslegung der Ringparabel, dass deren Aussagen durchaus auch problematisch sind: Der Vater täuscht seine Söhne, indem er ihnen suggeriert, ihnen den wahren Ring zu geben.[1318] Möchte man also Gott unterstellen, die Gläubigen mindestens zweier Religionen bewusst zu täuschen? Kuschel weist auch auf die Möglichkeit hin, der Schmied könne den wahren Ring behalten haben,

---

1309 Vgl. A. RIKLIN, Von der Ringparabel zum Projekt Weltethos, 195.

1310 Vgl. A. OVERATH, Toleranz, 30f.

1311 H. KÜNG, Theologische Einbettung der Ringparabel von Lessing, 43.

1312 Ebd.

1313 Vgl. a.a.O., 44.

1314 A.a.O., 46.

1315 Vgl. ebd.

1316 Ebd.

1317 Vgl. ebd.

1318 Vgl. K.-J. KUSCHEL, Die Ringparabeln und der religiöse Wahrheits- und Heilsanspruch, 101.

schließlich war es nicht einmal dem Vater möglich, die Duplikate vom Original zu unterscheiden.[1319] Sollte dies also heißen, dass eine ganz andere Religion wahr wäre? Ich möchte ergänzen: Darf Gott, als Vater in der Erzählung, unterstellt werden, die duplizierten Ringe nicht vom Original unterscheiden zu können – also nicht mehr zu wissen, welche Religion die wahre ist? Wir sehen, dass diese Thesen theologisch nicht haltbar sind. Kuschel folgert, dass der wahre Ring noch existieren muss, da Gott schließlich nicht als Betrüger dastehen kann, der die Religionen (als seine Söhne) bewusst täuscht.[1320] Das wiederum würde bedeuten, dass doch eine der Religionen wahr ist – sie hat ja schließlich den Ring des Vaters, ohne ihn zweifelsfrei zu erkennen.[1321] Kuschel zufolge waren jedoch all diese Denkkategorien für Lessing irrelevant, sein Fokus lag darauf, die Religionen als grundsätzlich gleichberechtigt darzustellen, wobei er sie ermuntern wollte, in einen „Wettstreit um das Gute"[1322] zu treten, wie es die Söhne in der Erzählung tun sollen, um die Kraft des Ringes zu entfesseln.[1323] Kuschel folgert, dass so die Religionen bewusst nicht aufgelöst oder vereinheitlicht werden sollen, sondern ihre je eigenen Traditionen zu respektieren sind.[1324] Außerdem wird so Gottes Offenbarung in allen Traditionssträngen gesehen: „Für Lessing gilt vielmehr: Wo unter Menschen, welcher Religion auch immer, geliebt wird, da ist dies Ausdruck von Gottes Liebe."[1325] Diese Botschaft lässt sich ohne Frage gut mit einem pluralistischen Denken vereinen, bezüglich der Frage nach der Wahrheit muss jedoch auch anerkannt werden, dass die Ringparabel Schwächen in Form der oben gestellten Fragen beinhaltet. Auch Alois Riklin schätzt Lessings Lösung als „nicht hinreichend"[1326] ein, indem er auf die Gefahr verweist, dass der interreligiöse Dialog so „zum Wettstreit verkommen kann, wenn jeder der Bessere, Frömmere, Gottergebenere, Gottgefälligere, Auserwählte sein will, auch wenn das nicht der Intention Lessings entsprach."[1327] Diese Auflistung mag in Bezug auf den einzelnen Gläubigen an die Werkgerechtigkeit erinnern, die Luther mit seiner

---

[1319] Vgl. ebd.
[1320] Vgl. ebd.
[1321] Vgl. ebd.
[1322] A.a.O., 103.
[1323] Vgl. ebd.
[1324] Vgl. a.a.O., 103f.
[1325] A.a.O., 104.
[1326] A. RIKLIN, Von der Ringparabel zum Projekt Weltethos, 201.
[1327] Ebd.

Rechtfertigungslehre überwinden konnte.[1328] Riklin sieht an dieser Stelle im Gegensatz zu einem Wettbewerb zwischen den Religionen und zugunsten der interreligiösen Verständigung die Notwendigkeit zusätzlicher Impulse wie jener von Küngs Projekt Weltethos[1329] als „Rahmenbedingungen".[1330]

Eine aktuelle Position zur Wahrheitsfrage aus evangelischer Perspektive findet sich in dem 2015 erschienenen Grundlagentext der EKD, der den Titel **„Christlicher Glaube und religiöse Vielfalt in evangelischer Perspektive"**[1331] trägt. Schon im Vorwort der Denkschrift wird erläutert, dass die EKD sich mit diesem innerhalb des Pluralismus positionieren möchte.[1332] Religiöse Vielfalt, als deren Ursachen Zuwanderung, Entkirchlichung und individuelle Selbstentfaltung benannt werden, wird explizit als „Normalfall unser[es] Leben[s]"[1333] anerkannt und festgestellt, dass diese zunimmt.[1334] Es wird darauf verwiesen, dass auch der evangelische Glaube keinesfalls einheitlich ist, sondern auch innerhalb der Konfession eine große Vielfalt vorliegt.[1335] Die Begründung der Anerkennung des Pluralismus lautet wie folgt: „Die Gewissheit im Glauben an Christus schließt auch das Bewusstsein dafür ein, dass Gottes Möglichkeiten, sich den Menschen bekannt zu machen, keine Grenzen haben. Damit ist der Weg gewiesen von einer bloßen Duldung anderer Glaubensüberzeugungen zu einer von Wertschätzung geprägten Toleranz."[1336] Der Grundgedanke ist hier somit, dass auch wenn unterschiedliche Religionen oder Konfessionen für uns aus menschlicher Perspektive unvereinbare Gegensätze aufweisen mögen, die EKD davon ausgeht, dass es sich auch in der fremden Überzeugung um eine von Gott offenbarte Wahrheit handeln kann. So werden Fremdreligionen nicht nur toleriert, sondern der interreligiöse Dialog mit ihnen wird spannend, da in ihm danach gefragt werden kann, welche Facetten Gott der anderen Religion offenbart hat, die unser Wissen über ihn bereichern können. Die EKD erinnert dabei daran, dass Gott

---

[1328] Vgl. Kapitel 2.3.
[1329] Vgl. Kapitel 7.3.
[1330] A. RIKLIN, Von der Ringparabel zum Projekt Weltethos, 201.
[1331] EKD (Hg.), Christlicher Glaube und religiöse Vielfalt in evangelischer Perspektive.
[1332] Vgl. a.a.O., 9.
[1333] A.a.O., 13.
[1334] Vgl. a.a.O., 14; a.a.O., 18–20.
[1335] Vgl. a.a.O., 21.
[1336] A.a.O., 9f.

zwar der Gott der ganzen Welt ist, aber niemanden zum Glauben zwingt – was er weder zur Zeit von Jesu irdischem Auftreten vor 2000 Jahren getan hat noch heute tut.[1337] Dieses Vorbild kann als Orientierung im Dialog mit Fremdreligionen dienen.

Von einem Ansatz, der im Alltag oft Einzug hält und dem Motto: „Irgendwie glauben doch alle an dasselbe", folgt, grenzt die EKD sich explizit ab, wenn sie formuliert: „Unterschiede zwischen den Religionen werden nicht kleingeredet. Christlicher Glaube respektiert die Fremdheit des anderen; zugleich ist er sich seiner eigenen Besonderheit bewusst."[1338] Es soll so explizit nicht nach dem „kleinsten gemeinsamen Nenner"[1339] gesucht werden, da dieser das jeweils Besondere der einzelnen Glaubensüberzeugungen nicht ernst nehmen würde.[1340] Im Dialog ist es also wichtig, unterschiedliche Glaubenswahrheiten explizit anzusprechen und nicht zu oberflächlich kleinzureden.[1341] Im Umgang mit anderen ist daher eine „**Theologie der Religionen**"[1342] zu entwickeln, die nicht nur Elemente anderer Religionen anerkennt, die mit dem eigenen Glauben übereinstimmen, sondern die andere Religionen in all ihren Überzeugungen im Dialog ernst nimmt.[1343] In diesem Sinne wird gedeutet, dass religiöser Pluralismus nur darin bestehen kann, anzuerkennen, dass jede Religion ihren Gott als den alleinigen Gott verehrt, was damit begründet wird, dass eine Haltung, in der dies nicht anerkannt wird, die jeweiligen Religionen nicht ernst nimmt und somit die Religionsfreiheit nicht wahrt.[1344] Der tolerant wirkende Ansatz: „[…] alle glauben im Grunde doch dasselbe",[1345] stellt somit das Gegenteil von Toleranz dar und ist entsprechend abzulehnen.

Das angenommene Zusammenspiel von eigener Überzeugung der Wahrheit der eigenen Religion bei Anerkennung der Wahrheitsansprüche anderer Religionen verleitet die EKD dazu, die Wahrheitsfrage als zu komplex zu bezeichnen, als dass man sich auf eines der drei Denkmodelle

---

[1337] Vgl. a.a.O., 21.
[1338] A.a.O., 10.
[1339] A.a.O., 22.
[1340] Vgl. ebd.
[1341] Vgl. a.a.O., 15.
[1342] A.a.O., 23.
[1343] Vgl. ebd.
[1344] Vgl. a.a.O., 29.
[1345] A.a.O., 31.

Exklusivismus, Inklusivismus und Pluralismus des interreligiösen Dialogs festlegen könnte.[1346]

Als konkrete Konsequenzen der vorgestellten Position unterstützt die EKD die **Religionsfreiheit**, die sowohl das Deutsche Grundgesetz (Artikel 4, Absatz 1 und 2), die Europäische Menschenrechtskonvention (Artikel 9, Absatz 1 und 2) wie auch die Carta der Europäischen Grundrechte (Artikel 10, Absatz 1) garantieren, und mahnt dazu, diese stets für alle Religionen, auch neu aufkommende, anzuerkennen.[1347] Selbiges gilt für die öffentliche Religionsausübung (Grundgesetz Artikel 4 und 140) in allen Facetten, die nicht die Freiheit einzelner Personen einschränken.[1348] Darüber hinaus bejaht die Kirche einen religionsneutralen Staat,[1349] in den sie sich durch die Möglichkeiten der Mitgestaltung der Religionsgemeinschaften im öffentlichen Raum einbringen möchte. Als Beispiele dafür werden die Diakonie, der Religionsunterricht, Kindergärten und Schulen in kirchlicher Trägerschaft genannt.[1350] Es wird die Forderung erhoben, in Deutschland auch anderen Religionsgemeinschaften die Möglichkeit zur freien Entfaltung zu geben, wobei insbesondere das Judentum und der Islam namentlich genannt werden und für letzteren etwa der Bau von Moscheen als konkretes Beispiel gefordert wird.[1351] In Bezug auf Begegnungen mit anderen Religionsgemeinschaften wird festgestellt, dass die Kirchen für alle offen sind und gerne Gastgeber für Menschen aller Glaubensrichtungen sein möchten,[1352] während daran erinnert wird, dass Christ*innen selbst ebenfalls als gute Gäste auftreten sollen, wozu es auch gehören darf, beim Besuch der Gotteshäuser anderer Glaubensgemeinschaften deren Brauchtum zu respektieren und etwa Kopfbedeckungen zu tragen oder sich an getrennte Sitzordnungen für Männer und Frauen zu halten.[1353] In diesem Sinne wird es sogar als legitim angesehen, an einem Gebet im Rahmen des Besuchs einer anderen Religionsgemein-

---

[1346] Vgl. a.a.O., 35. Vgl. zu den drei Denkmodellen die Ausführungen in Kapitel 7.3.
[1347] Vgl. EKD (Hg.), Christlicher Glaube und religiöse Vielfalt in evangelischer Perspektive, 38.
[1348] Vgl. a.a.O., 39f.
[1349] Vgl. a.a.O., 42.
[1350] Vgl. a.a.O., 41.
[1351] Vgl. a.a.O., 43.
[1352] Vgl. a.a.O., 50.
[1353] Vgl. a.a.O., 51.

schaft „Anteil zu nehmen [, denn dies] heißt nicht: fremde Götter anzurufen“.[1354]

Innerhalb des Grundlagentextes wird auch die verbreitete Ansicht, Judentum, Christentum und Islam würden an denselben Gott glauben, thematisiert. Diesbezüglich werden die Unterschiede der jeweiligen Gottesbilder offen benannt, etwa der muslimische Vorwurf an das Christentum, den Monotheismus nicht konsequent zu denken, sondern im Rahmen der Trinität an drei Götter zu glauben.[1355] Es wird auch benannt, dass es aus christlicher Perspektive elegant erscheinen mag, den beiden Fremdreligionen zu unterstellen, sie würden an denselben Gott glauben, hätten aber Jesus Christus nicht erkannt,[1356] doch auf Basis der vorangegangenen Argumentation kann die EKD nur zu dem Schluss kommen, dass derartige Unterstellungen den Wahrheitsansprüchen der jeweiligen Religionen – vom Verständnis der Trinität als Monotheismus im Christentum bis hin zur Ablehnung des Gottessohnschaft Jesu Christi in Judentum und Islam – nicht gerecht werden würde.[1357] Die Position, es handele sich um denselben Gott, muss entsprechend abgelehnt werden, um einen ehrlichen Dialog zu ermöglichen.[1358] Dabei bleibt im Dialog mit dem Judentum die Haltung bestehen, dass dieses eine besondere Rolle für das Christentum einnimmt und das Judentum nicht rein als Fremdreligion aufgefasst werden kann,[1359] sondern die bleibende Erwählung des Volkes Israel anzuerkennen ist.[1360]

1354 A.a.O., 52.
1355 Vgl. a.a.O., 64.
1356 Vgl. a.a.O., 65.
1357 Vgl. ebd.
1358 Vgl. ebd.
1359 Vgl. Kapitel 7.1.
1360 Vgl. EKD (Hg.), Christlicher Glaube und religiöse Vielfalt in evangelischer Perspektive, 72.

8. Exemplarische mündliche Prüfungen

Zum Abschluss möchte ich an dieser Stelle die Entwürfe exemplarischer mündlicher Prüfungen präsentieren. Viele Schüler*innen entscheiden sich, Evangelische Religion als mündliches Prüfungsfach im Abitur zu wählen. Das stellt einerseits Lehrer*innen vor die Herausforderung, (im Gegensatz zu den zentral gestellten schriftlichen Klausuren) selbst Prüfungen entwerfen zu müssen. Gerade für junge Kolleg*innen mag dieses Kapitel also eine Orientierung geben, wie ein Prüfungsentwurf aussehen kann, aber nicht notwendigerweise muss, da hier jede Schule eigene formale Vorgaben entwickelt. Andererseits kann dieses Kapitel auch für Schüler*innen eine Hilfestellung bieten, die in ihrer Prüfung natürlich nicht den kompletten Entwurf vorgelegt bekommen, anhand der hier präsentierten Beispiele jedoch ein Gespür für den Aufbau einer Prüfung entwickeln können, das ihnen bei der Abiturvorbereitung helfen mag.

Abiturprüfungen sind stets nach einem gleichbleibenden Schema aufgebaut, das von der Kultusministerkonferenz vorgegeben wird: „Die mündliche Prüfung besteht aus zwei zeitlich in etwa gleichen Teilen, dem selbstständigen Prüfungsvortrag und dem Prüfungsgespräch."[1361] Die oder der zu Prüfende beginnt seine Prüfung, indem sie oder er ein Material mit dazugehörigen Aufgaben vorgelegt bekommt und dieses in etwa 20 Minuten bearbeitet.[1362] Welche Materialien zulässig sind, wird konkret vorgegeben: „ein Text (in der Regel 200 bis 300 Wörter, maximal 350 Wörter)",[1363] „ein Bild oder eine Karikatur",[1364] „ein Medienprodukt (z.B. Videoclip, Tonaufnahme, Werbespot) von angemessener Länge (bis 3 Minuten)",[1365] „eine Statistik oder eine graphische Darstellung."[1366] Auch eine Kombination verschiedener Materialien aus diesen Kategorien ist zulässig.[1367] Aufgrund der schulorganisatorischen Voraussetzungen im

---

[1361] KULTUSMINISTERKONFERENZ (Hg.), Einheitliche Prüfungsanforderungen in der Abiturprüfung Evangelische Religionslehre, 21.

[1362] Die Einheitlichen Prüfungsanforderungen setzen 20–30 Minuten Vorbereitungszeit an (vgl. a.a.O., 22), das niedersächsische Kultusministerium konkretisiert diese Angabe in ergänzenden Bestimmungen mit der Formulierung: „in der Regel 20 Minuten" (NIEDERSÄCHSISCHES KULTUSMINISTERIUM (Hg.), EB-AVO-GOBAK, 10.4).

[1363] KULTUSMINISTERKONFERENZ (Hg.), Einheitliche Prüfungsanforderungen in der Abiturprüfung Evangelische Religionslehre, 22.

[1364] Ebd.

[1365] Ebd.

[1366] Ebd.

[1367] Vgl. ebd.

Hinblick auf die Vorbereitungszeit der Prüfung, bei der sich in der Regel zu Prüfende unterschiedlicher Fächer im selben Raum unter Beaufsichtigung einer Lehrkraft auf ihre Prüfungen vorbereiten, bietet sich ein Medienprodukt in der Regel nicht an. Meist wird hier klassisch ein Text gewählt, manchmal ergänzt durch eine Grafik. Nach der Vorbereitungszeit präsentiert die oder der zu Prüfende im oben genannten Prüfungsvortrag die erarbeiteten Ergebnisse, wobei der Vortrag „in der Regel ohne Eingreifen der Fachprüfungskommission“[1368] gehalten wird, also ohne, dass die betreuenden Lehrkräfte Rückfragen stellen. Dieser Vortrag nimmt 10 bis 15 Minuten in Anspruch. Anschließend folgt ein Gespräch im gleichen zeitlichen Umfang. Zu beachten ist, dass mindestens die Themen zweier Semester behandelt werden müssen,[1369] was sich beispielsweise umsetzen lässt, indem sich der Prüfungsvortrag auf die Inhalte eines Semesters fokussiert, das Prüfungsgespräch auf die Inhalte eines anderen. Hierbei sind aber auch andere Möglichkeiten zulässig, solange die Inhalte mindestens zweier Semester behandelt werden.

Die folgenden exemplarischen Entwürfe bestehen aus drei Teilen. Zunächst beinhalten sie einen Hinweis auf einen möglichen Prüfungstext mit den dazugehörigen Prüfungsaufgaben, die einer oder einem zu Prüfenden vorgelegt werden könnten. Um inhaltliche Doppelungen zum Erwartungshorizont zu vermeiden, verzichte ich an dieser Stelle auf einen Abdruck des verwendeten Materials, sondern verweise konkret auf die jeweiligen Quellen. Anstelle des so leicht nachzuschlagenden Wortlauts der Quellentexte möchte ich an dieser Stelle die Prüfungsaufgaben, so wie ich sie stellen würde, sowie Empfehlungen für exemplarische Einordnungen oder zu ergänzende Erklärungen, die den zu Prüfenden meines Erachtens als Hilfestellung gegeben werden sollten, angeben. Eine Inhaltszusammenfassung der Texte folgt dann im auf die Hinweise zur Prüfungsaufgabe folgenden Erwartungshorizont, der abbildet, welche inhaltlichen Ergebnisse im Rahmen eines Prüfungsvortrags zu erwarten wären. Der dritte Teil der Entwürfe beinhaltet mögliche Impulse für das anschließende Prüfungsgespräch. In einer Prüfung sei es der oder dem Prüfenden empfohlen, an die von den zu Prüfenden im Prüfungsvortrag vorgestellten Inhalte anzuknüpfen, also nicht rein einen Fragenkatalog abzuhandeln, sondern auf „Angebote“ eines zu Prüfenden einzugehen,

[1368] A.a.O., 21.
[1369] Vgl. a.a.O., 22.

der in seinem Vortrag selbst Bezüge zu anderen im Unterricht behandelten Themengebieten aufzeigt. Es darf hier also deutlich vom Entwurf abgewichen werden. Dieses Vorgehen dient dazu, den angedachten Gesprächscharakter des Prüfungsgespräches aufrechtzuerhalten. Es bietet sich im schulischen Kontext an, Erwartungshorizonte in Stichpunkten zu notieren, um in der Prüfungssituation eine übersichtlichere Darstellung vorliegen zu haben, daher werde ich die hier abgedruckten Erwartungshorizonte ebenfalls weitgehend in Stichpunkten verfassen. Die Form der Darstellung entspricht somit vollständig jener, die ich auch selbst in Entwürfen zu von mir durchgeführten Prüfungen wähle.

8.1 Erstes Beispiel: Dietrich Bonhoeffers Kirchenverständnis

8.1.1 Prüfungsaufgabe

Als Material wird den zu Prüfenden ein gekürzter Auszug zu Dietrich Bonhoeffers Kirchenverständnis vorgelegt, der sich in D. BONHOEFFER, Widerstand und Ergebung, 560f. findet. Dabei können Kürzungen vorgenommen werden, etwa der sprachlich anspruchsvolle Satz Bonhoeffers zu „den Wurzeln allen Übels“[1370] sollte meines Erachtens gelöscht werden, da der Gedankengang auch ohne diesen verständlich ist. Es empfiehlt sich, den Text in einer kurzen Einleitung einzuordnen, etwa:

Die folgenden Zeilen über sein Verständnis der Kirche schrieb der evangelische Theologe Dietrich Bonhoeffer, als er zur Zeit des „Dritten Reiches“ von den Nationalsozialisten inhaftiert wurde,[1371] weil er sich gegen dieses Regime engagierte.[1372]

Zum Textauszug werden die folgenden Aufgaben gestellt:

1. Geben Sie Bonhoeffers Forderungen an die Kirche wieder.
2. Erläutern Sie die historische Entwicklung des Verhältnisses von Kirche und Staat.
3. Bonhoeffer schreibt: „Ich hoffe damit, für die Zukunft der Kirche einen Dienst tun zu können.“[1373] Er bezog seine Beurteilung der Kirche also nicht nur auf seine Zeit, sondern auch auf seine Zukunft, in

[1370] D. BONHOEFFER, Widerstand und Ergebung, 560.
[1371] Vgl. G. KRAUSE, Bonhoeffer, 62.
[1372] Vgl. a.a.O., 56f.
[1373] D. BONHOEFFER, Widerstand und Ergebung, 561.

der wir leben. Bewerten Sie, inwiefern Bonhoeffers Kirchenverständnis heute zeitgemäß ist.

8.1.2 Erwartungshorizont zum Prüfungsvortrag

Zu Teilaufgabe 1 (AFB I)

Bonhoeffers Kerngedanken sind in Grundzügen wiederzugeben:

- Die Kirche müsse für andere da sein.[1374]
- Die Kirche müsse ihr Eigentum Bedürftigen schenken.[1375]
- Pfarrer könnten dann nur durch Spenden finanziert werden und müssten gegebenenfalls selbst einen weiteren Beruf ausüben.[1376]
- Die Kirche müsse bei weltlichen Problemen helfen.[1377]
- Der Verkündigungsauftrag der Kirche bestehe weiterhin.[1378]
- Sie müsse gegen die eigene Überheblichkeit und Neid vorgehen.[1379]
- Sie müsse ein Vorbild sein, wie Jesus eines war.[1380]
- Bonhoeffer gesteht ein, dass seine Ausführungen sehr oberflächlich und ihre Umsetzbarkeit schwierig seien.[1381]

Zu Teilaufhabe 2 (AFB II)

Erwartet werden Grundpfeiler des historischen Verhältnisses von Kirche und Staat zueinander. Die hier zusammengestellten erwarteten Aspekte ergeben sich aus den Ergebnissen von Kapitel 6.4, in dem das Verhältnis von Kirche und Staat zueinander thematisiert wird. Für eine weitergehende Erläuterung der hier stichpunktartig festgehaltenen Aspekte sowie für präzise Quellenangaben sei daher auf Kapitel 6.4 verwiesen.

- Die urchristlichen Gemeinden wurden als jüdische Sekte im Römischen Reich unterdrückt, verboten und verfolgt.

1374 Vgl. a.a.O., 560.
1375 Vgl. ebd.
1376 Vgl. ebd.
1377 Vgl. ebd.
1378 Vgl. ebd.
1379 Vgl. ebd.
1380 Vgl. a.a.O., 560f.
1381 Vgl. a.a.O., 561.

- Mit der Konstantinischen Wende 313 n. Chr. wurde das Christentum, nachdem Kaiser Konstantin Rom eroberte, zur Staatsreligion im Römischen Reich. Andere Religionen waren zwar ebenfalls zugelassen, allerdings gab es deutliche Bevorzugungen zum Beispiel bei der Besetzung von Beamtenstellen oder indem Kaiser Konstantin andere Heiligtümer plündern ließ, um prunkvolle Kirchen zu bauen.
- Luther stellte 1523 in seiner Zwei-Regimenter-Lehre fest, dass staatliche Ordnungen, die seines Erachtens von Gott eingesetzt werden, notwendig sind, um das Böse zu bekämpfen.
- In der Barmer Theologischen Erklärung wurde 1934 festgestellt, dass es nicht sinnvoll ist, Staat und Kirche als vollkommen voneinander getrennte Reiche anzusehen. Sie besitzen jeweils eigene Aufgaben, die sich ergänzen und die nicht von der jeweils anderen Institution übernommen werden können.
- In der weiteren Geschichte und heute treten verschiedene Formen auf: Volkskirche (Angehörige des Volkes werden in der Regel ohne bewusste eigene Entscheidung getauft und damit zu Kirchenmitgliedern), Staatskirche (mit dem Staat eng verbundene Kirche, die Vorrechte genießt) und Freikirche (vollkommene Unabhängigkeit).
- Heute engagiert sich die EKD gesellschaftlich, zum Beispiel in Form der Diakonie oder mit dem Verfassen von Denkschriften, mit denen soziale Missstände angemahnt werden.

Zu Teilaufgabe 3 (AFB III)

Die Aufgabe zielt darauf ab, dass die zu Prüfenden eine eigene Position zu Bonhoeffers Forderungen einnehmen, bei der ein Bezug zur Gegenwart hergestellt wird. Bewertungen, die skizziert werden könnten, sind:

- Der Ansatz kommt der Struktur der urchristlichen Gemeinden nah.
- Bonhoeffers Idee würde sich sehr an Jesus als Vorbild orientieren, der ebenfalls in Armut lebte und auf die Menschen zuging, um diesen zu helfen.
- Es ist schwierig, Kirchengebäude, Personal und Hilfsprojekte rein aus Spenden zu finanzieren.
- Weltweit betrachtet sind heute allerdings viele Kirchen als Freikirchen strukturiert und können durch Spenden überleben, es gibt also nur in einigen Ländern eine Kirchensteuer.

Es sind diverse weitere Beurteilungspunkte denkbar. Entscheidend ist nicht die Quantität der genannten Argumente, sondern eine qualitative Auseinandersetzung, die auch die Realisierbarkeit im Blick behält.

8.1.3 Mögliche Impulse für das Prüfungsgespräch

Das Prüfungsgespräch soll flexibel gestaltet werden. Der Prüfende kann sich dabei umso stärker zurücknehmen, je mehr es dem oder der zu Prüfenden gelingt, seinen oder ihren Vortrag selbständig zu strukturieren. Als mögliche Gesprächsverläufe bieten sich aufgrund des politischen Kontextes von Bonhoeffers Ausführungen Bezüge zur Theodizee-Frage und zu möglichen Antworten auf diese an. Die hier zusammengestellten Impulse und erwarteten Aspekte ergeben sich aus den Ergebnissen von Kapitel 3.4, in dem die Theodizee-Frage und mögliche Antworten auf diese thematisiert werden. Für eine weitergehende Erläuterung der hier stichpunktartig festgehaltenen Aspekte sowie für präzise Quellenangaben sei daher auf Kapitel 3.4 verwiesen. Durch die benutzten Operatoren werden die Impulse den Anforderungsbereichen (AFB) zugeordnet.

AFB	Möglicher Impuls	Erwartete Aspekte
Thema: Leibniz‘ Theodizee		
I	Skizzieren Sie Leibniz‘ Theodizee-Frage.	Es handelt sich um die Frage, inwiefern Gott als gerecht bezeichnet werden kann, wenn er Leid zulässt, obwohl er die drei Attribute Güte, Allwissenheit und Allmacht besitzt, da er mit diesen in der Lage sein sollte, jedes Leid zu verhindern.
II	Entfalten Sie Leibniz‘ Position zur Theodizee-Frage.	Im Leid scheinen jeweils zwei Attribute das dritte auszuschließen. Leibniz hält an ihnen fest und geht insgesamt davon aus, dass wir in der besten aller möglichen Welten leben.
III	Nehmen Sie Stellung zu Leibniz‘ Position zur Theodizee-Frage.	Es wird eine individuelle Stellungnahme erwartet: Die Theodizee-Frage ist nicht auflösbar. Den von Leibniz identifizierten vermeintlichen Widerspruch kann nur Gott erklären. Die Aussage, wir würden in der besten aller möglichen Welten leben, scheint in Einzelschicksalen schwierig zu sein.

Thema: Theodizee		
I	Benennen Sie Erklärungen für die Existenz von Leid, während Gott regiert.	Gott kann es nicht verhindern, er beschäftigt sich weniger mit einzelnen Menschen als mit globalen Problemen, er hat die Welt uns überlassen, er handelt verborgen (→ möglicher Bezug zum *Deus absconditus*).
II	Entfalten Sie Hans Jonas' Antwort auf die Theodizee-Frage.	Es können nur zwei der drei Gottesattribute (nach Jonas: Güte, Verstehbarkeit und Allmacht) bestehen. Gemäß der Offenbarung müssen es Güte und Verstehbarkeit sein, also ist Gott nicht allmächtig.
II	Entfalten Sie Richard Swinburnes Antwort auf die Theodizee-Frage.	Der Mensch ist ein freies Wesen. Er hätte keine Freiheit und Verantwortung, wenn er nur zwischen Gutem entscheiden könnte. Wir dürfen folglich Sünden begehen, das löst Leid aus.
III	Nehmen Sie Stellung zu Jonas'/Swinburnes Position.	Erwartet wird eine individuelle Positionierung. Zu Jonas' Position könnte argumentiert werden, dass unser Gottesbild auf allen drei Attributen fußt (bzw. christlich in der Regel Allwissenheit anstelle von Verstehbarkeit benannt wird) und wir schlichtweg nicht verstehen, wie Leid existieren kann, auch wenn Gott die ihm zugeschriebenen Attribute besitzt. Zu Swinburnes Position könnte angeführt werden, dass Gott zugetraut werden muss, uns unendlich viel Freiheit in Grenzen zu geben, die für uns positiv sind (→ möglicher Bezug zu Gottes Allmacht).
III	Epikur vertritt die These, nicht an zukünftiges Leid zu denken, mache uns glücklicher.[1382] Beurteilen Sie diese Position.	Einerseits hat Epikur Recht damit, dass lähmende Zukunftsängste belastend sind, andererseits kann auch vorausschauendes Denken hilfreich sein, um Leid abzuwenden oder sich auf dieses vorzubereiten.

[1382] Vgl. EPIKUR, Von der Überwindung der Furcht, 45.

Thema: Hiob		
I	Fassen Sie den Inhalt der biblischen Hiobserzählung zusammen.	Hiob ist ein guter Mensch. Gott und der Teufel wetten darüber, ob er im Leid am Glauben festhalten würde. Es folgen verschiedene Prüfungen, in denen Hiob alles verliert. Seine Freunde präsentieren ihm Erklärungen für sein Leid, indem sie die Schuld bei ihm suchen, von einer Kollektivstrafe ausgehen (da alle Menschen schlecht seien) oder mutmaßen, Gott wolle Hiob zurechtweisen. Hiob hält am Glauben fest und wird am Ende belohnt. Gott tritt in der Erzählung selbst auf und entfaltet, dass die Erklärungsversuche der Freunde falsch sind.
II	Erläutern Sie die theologischen Aussagen zum Umgang mit Leid in der biblischen Hiobserzählung.	Die Suche nach Erklärungen und der Verantwortung für Leid ist nicht hilfreich. Die Erzählung betont, dass Gott sich nicht rechtfertigen muss. Wir können die Ursache nicht verstehen.
III	Am Ende der Hiobserzählung bekommt Hiob „Ersatz“ für seine Verluste wie eine neue Familie. Setzen Sie sich mit der Frage auseinander, inwiefern ein Vertrösten auf eine bessere Zukunft im Leid hilfreich ist.	Erwartet wird eine differenzierte Argumentation mit persönlicher Positionierung zwischen den Polen: „Wie bei Hiob Ersatz für die Familie zu erhalten, ist weder hinreichend noch zeitgemäß“, und: „Im Leid kann die Hoffnung hilfreich sein, gemäß des damaligen Denkens wurde Hiob am Ende hinreichend entschädigt“.
Thema: Jesu Antwort auf die Frage nach dem Leid		
I	In Lk 13 wird Jesus mit Leidsituationen konfrontiert: Beim Einsturz des Turms von Siloah wurden 18 Menschen getötet, außerdem hat Pilatus Galiläer töten lassen (vgl. Lk 13,1.4). Beschreiben Sie Jesu Umgang mit diesem Leid.	Jesus spricht sich in Lk 13 eindeutig gegen die Suche nach den Ursachen des Leids aus und plädiert stattdessen für eine Anteilnahme mit den Leidenden. Er stellt klar, dass Leid keine Strafe ist.

II	Entgegen einer Suche nach Ursachen plädiert Jesus in beiden Situationen für die persönliche Anteilnahme mit den Opfern sowie das Tun von Buße (vgl. Lk 13,3.5). Setzen Sie diese Aussage in eine Beziehung zum Verhalten von Hiobs Freunden und Gottes Antwort darauf.	Hiobs Freunde suchen nach Ursachen. Jesus sagt, dass dies nicht zielführend ist. Diese Aussage passt dazu, dass auch Gott in der Hiobserzählung das Vorgehen der Freunde verurteilt. Stattdessen hätten die Freunde eher ihren Fokus auf die Frage legen sollen, wie sie Hiob helfen können. Auch im Angesicht des Leids ihr eigenes Verhalten insgesamt zu hinterfragen, ist sinnvoll (→ Aufforderung zum Buße tun).
III	Entwickeln Sie Konsequenzen aus Jesu Umgang mit dem Leid für unseren Umgang mit der Corona-Pandemie.	Es sollte kein Fokus auf der Suche nach Erklärungen liegen, um aus diesen Schuldzuweisungen abzuleiten (zum Beispiel anhand der Frage, warum einzelne Regionen schwerer betroffen sind). Stattdessen ist im Rahmen der eigenen Möglichkeiten zu einem Engagement für die Leidenden angehalten, das sehr unterschiedlich aussehen kann. Dabei ist an ein Spektrum von mentalem Beistand für vereinsamende Menschen bis zum körperlichen Engagement des Pflegepersonals zu denken.

8.2 Zweites Beispiel: Simone Horstmanns Position zur Tierethik

8.2.1 Prüfungsaufgabe

Als Material wird den zu Prüfenden ein gekürzter Auszug aus Simone Horstmanns Position zur Tierethik vorgelegt. Dieser findet sich in S. HORSTMANN, Mehr als „Verantwortung“ und „Mitgeschöpflichkeit“, 8. Der Auszug beinhaltet nur eine von drei Fragen, die Horstmann in ihrem Artikel diskutiert, um einen der Kürze der Prüfungssituation angemessenen Umfang zu erhalten. Es empfiehlt sich, den zu Prüfenden als Hilfestellung drei Begriffe in Fußnoten zu erklären: So sollte der Begriff „Lackmustest“[1383] in einer Anmerkung zum Beispiel als „Test, aus dem konkrete Rückschlüsse gezogen werden können“, der Begriff „Paradig-

[1383] S. HORSTMANN, Mehr als „Verantwortung“ und „Mitgeschöpflichkeit“, 8.

ma“[1384] etwa als „Beispiel oder Muster“ und der Begriff „Scholastik“[1385] als „Philosophie und Theologie des Mittelalters (etwa 9.–14. Jahrhundert)“ erklärt werden. Kürzungen bieten sich je nach unterrichtlichen Schwerpunkten an, die im weiteren Prüfungsverlauf aufgegriffen werden.

Zum Textauszug werden die folgenden Aufgaben gestellt:

1. Fassen Sie die Kernaussagen von Horstmanns Position zusammen.
2. Erklären Sie den Horstmanns Argumentation zugrunde liegenden Zusammenhang zwischen dem Herrschaftsauftrag in Gen 1,28 und der Gottesebenbildlichkeit des Menschen in Gen 1,27.[1386]
3. Entwickeln Sie Perspektiven für einen Umgang mit Tieren, der dem Herrschaftsauftrag in Gen 1,28 entspricht.

8.2.2 Erwartungshorizont zum Prüfungsvortrag

Zu Teilaufgabe 1 (AFB I)

Horstmanns Kerngedanken sind in Grundzügen zusammenzufassen:

- Der Herrschaftsauftrag in Gen 1,28 werde oft missverstanden. Dies zeige sich allein daran, dass oft versucht werde, ihn zu relativieren beziehungsweise seine friedliche Intention zu unterstreichen.[1387]
- Alle Religionen würden Gewalt gegenüber Tieren bejahen.[1388]
- Eine Ursache bestehe im Missverständnis, Gottes Macht müsse unterstrichen werden, indem seine Überlegenheit gegenüber anderen betont wird (→ theistische Allmachtsvorstellung).[1389]
- Setzen Menschen dieses Missverständnis voraus, könnten sie als Resultat aus ihrer Gottesebenbildlichkeit ableiten, dass auch sie ihre Überlegenheit gegenüber anderen Geschöpfen zeigen sollten.[1390]
- Damit werde Gen 1 vollkommen missverstanden.[1391]

1384 Ebd.
1385 Ebd.
1386 Vgl. ebd.
1387 Vgl. ebd.
1388 Vgl. ebd.
1389 Vgl. ebd.
1390 Vgl. ebd.
1391 Vgl. ebd.

- Gen 1 betone, dass Gottes Macht nicht seine Überlegenheit sei, sondern seine Schöpfungstätigkeit. Diese eröffne anderen die Möglichkeit, sich selbst zu entfalten, ohne dass diese Selbstentfaltung Gottes Macht verringern würde.[1392]
- Dieses Verständnis von Gottes Macht sei in Zukunft als Aspekt der theologischen Tierethik zu vermitteln.[1393]

Zu Teilaufhabe 2 (AFB II)

Erwartet werden exegetische Kenntnisse zu möglichen Deutungen des Herrschaftsauftrages und der Gottesebenbildlichkeit. Die hier zusammengestellten erwarteten Aspekte ergeben sich aus den Ergebnissen von Kapitel 2.1, in dem betrachtet wird, was es bedeutet, den Menschen als Geschöpf und Ebenbild Gottes zu verstehen. Für eine weitergehende Erläuterung der hier stichpunktartig festgehaltenen Aspekte sowie für präzise Quellenangaben sei daher auf Kapitel 2.1 verwiesen.

- Beide entstammen dem Buch Genesis und stellen Versuche dar, Grundfragen der Menschen zu beantworten. Die Erzählungen, in denen sie sich finden, sind als Mythen nicht wörtlich zu nehmen.
- Gemäß dem ersten Schöpfungsbericht wird der Mensch zum Ebenbild Gottes geschaffen. Diese Ebenbildlichkeit spricht uns Menschen zunächst eine Würde zu, die unabhängig von unseren Taten besteht, da sie von Gott geschenkt ist.
- Als Gottes Ebenbilder sind wir Menschen angehalten, uns der Ebenbildlichkeit gemäß zu verhalten, was im konkreten Umgang mit unserer Umwelt bedeutet, dass wir andere Lebewesen als Mitgeschöpfe wahrnehmen, denen von Gott ebenso eine Würde zugesprochen wird, die wir ihnen nicht absprechen dürfen.
- Gott gibt uns den Herrschaftsauftrag. Als seine Stellvertreter (→ Gottesebenbildlichkeit) dürfen wir „Herrschaft" allerdings nicht als Ausbeutung verstehen, sondern als Auftrag, die Erde zu bewahren.

Zu Teilaufgabe 3 (AFB III)

Die Aufgabe zielt darauf ab, dass die oder der zu Prüfende Schlussfolgerungen für den Umgang mit Tieren auf Basis des Herrschaftsauftrages

---

[1392] Vgl. ebd.

[1393] Vgl. ebd.

entwickelt, der als Bewahrungsauftrag aufzufassen ist. Mögliche Konsequenzen, die skizziert werden könnten, sind:

- Die Artenvielfalt ist zu schützen, da es einen Aspekt der Bewahrung darstellt, einzelne Arten zu erhalten.
- Die Massentierhaltung ist abzulehnen oder differenziert zu betrachten. Einerseits kann diese grundsätzlich gestattet sein, da die Menschen im Rahmen des Herrschaftsauftrages (vgl. Gen 1,28) die Tiere beherrschen und folglich sie zur Erhaltung ihres eigenen Lebens nutzen dürfen. Wäre die Massentierhaltung notwendig, um das eigene Überleben zu ermöglichen, wäre sie daher tragbar. Wird allerdings betrachtet, dass die Herrschaft auch Verantwortung gegenüber den Tieren mit sich bringt, ist mindestens zu hinterfragen, inwiefern die Massentierhaltung wirklich eine Notwendigkeit darstellt.
- Im Rahmen des Bewahrungsauftrages kann die beziehungsweise der zu Prüfende folgern, dass das Töten von Tieren grundsätzlich abzulehnen ist. Als Anknüpfungspunkt kann hierzu die im Unterricht behandelte Position von Albert Schweitzer dienen.
- Als eine Konsequenz, die einen Semesterübergriff darstellen würde, kann gefolgert werden, dass in Horstmanns Sinne ein klares Engagement der Kirche zugunsten des Tierschutzes geboten ist, indem diese ihren Auftrag wahrnimmt, politische Mahnungen auf Basis von Erkenntnissen auszusprechen, die sie aus der biblischen Verkündigung gewinnt.

Es sind diverse weitere mögliche Konsequenzen denkbar. Wichtiger als die Anzahl der genannten Aspekte ist die Durchdringungstiefe der Argumentation, sodass quantitativ die Angabe von zwei Konsequenzen hinreichend ist, solange diese ausreichend begründet werden. Entscheidend ist es, einen Bezug zum Herrschaftsauftrag in Gen 1,28 herzustellen.

8.2.3 Mögliche Impulse für das Prüfungsgespräch

Das Prüfungsgespräch soll flexibel gestaltet werden. Der Prüfende kann sich dabei umso stärker zurücknehmen, je mehr es der oder dem zu Prüfenden gelingt, ihren beziehungsweise seinen Vortrag selbständig zu strukturieren. Als mögliche Gesprächsverläufe bieten sich Bezüge zu Deutungen von Jesu Tod und Auferstehung sowie zur Unterscheidung zwischen historischem Jesus und kerygmatischem Christus an. Die hier zusammengestellten Impulse und erwarteten Aspekte ergeben sich aus den Ergebnissen von Kapitel 4.1, in dem die Unterscheidung zwischen historischem Jesus und kerygmatischem Christus vorgestellt wird, sowie aus den Ergebnissen von Kapitel 4.5 und 4.6, in denen Deutungen zu Jesu Tod und Auferstehung präsentiert werden. Für eine weitergehende Erläuterung der hier stichpunktartig festgehaltenen Aspekte sowie für präzise Quellenangaben sei daher auf die Kapitel 4.1, 4.5 und 4.6 verwiesen.

AFB	Möglicher Impuls	Erwartete Aspekte
Thema: Jesu Kreuzigung		
I	Geben Sie unser historisches Wissen über Jesu Kreuzigung wieder.	Jesus wurde vermutlich rund 30 n. Chr. gekreuzigt, was die übliche Tötungsart für politische Straftäter*innen im Römischen Reich darstellte. Jesu Anklageschrift lautete vermutlich *INRI* (→ Jesus von Nazareth, König der Juden). Er wurde verhaftet, gekreuzigt und begraben.
II	Begründen Sie, warum wir davon ausgehen können, dass die Kreuzigung einen historischen Kern besitzt.	Diese ist essenziell für unseren Glauben, es war aber für die ersten Christ*innen schwierig, ihren Gott als Schwachen und Sterbenden zu sehen. Daher ist es sehr unwahrscheinlich, dass die Kreuzigung literarisch konstruiert wurde.
III	Nehmen Sie Stellung zu Anselm von Canterburys Satisfaktionslehre.	Jesus ist laut Anselm von Canterbury für die Sünden der Menschen gestorben. Die Lehre ist ein mögliches Verständnis (mit Anknüpfung an das Sündenbock-Verständnis im AT), daneben gibt es aber auch andere Traditionsstränge, die zu anderen Deutungen führen. Heute wird der Fokus oftmals eher darauf gelegt, dass Gott sich in Jesus Christus solidarisch mit leidenden Menschen zeigte. Die zu Prüfenden dürfen aber auch persönlich zustimmen.
Thema: Jesu Auferstehung		
I	Benennen Sie die biblischen Belege für Jesu Auferstehung.	Diese ist der zentrale Inhalt aller Evangelien. Auch in Paulus‘ Briefen wird sie vorausgesetzt und auf sie Bezug genommen.

II	Vergleichen Sie verschiedene Deutungen von Jesu Tod und Auferstehung.	Die oder der zu Prüfende greift auf zwei Deutungen zurück. Mögliche, im Unterricht behandelte Deutungen könnten sein: Der leidende Gottesknecht (leidet stellvertretend für Menschen; Jes 53), der Sündenbock (für unsere Sünden gestorben; Lev 16), das Passahlamm (Befreiung von gottfeindlichen Mächten; Ex 12), der vom Vater gegebene Sohn (zeigt Gottes Liebe; Gen 22), die Besiegelung des Bundes („alter" Bund aus Ex 24 erweitert).
III	Beurteilen Sie die Bedeutung von Jesu Auferstehung für das heutige Christentum.	Ohne die Auferstehung wäre Jesus nur ein „weiser Mensch". Wir Christ*innen glauben aber, dass er mehr als das ist und erkennen in ihm Gott. Die Auferstehung gibt uns eine Hoffnung auf die Überwindung des Todes und Jesu Christi Geschichte zeigt uns, wie Gott auf uns zukommt. Persönliche Bezüge sind in der Positionierung denkbar.
Thema: Historischer Jesus und kerygmatischer Christus		
I	Beschreiben Sie den Unterschied zwischen dem historischen Jesus und dem kerygmatischen Christus.	Über den historischer Jesus wissen wir wenig, vermutlich war er ein Wanderprediger. Die Berichte in den Evangelien stellen den kerygmatischen Christus vor. Wahrscheinlich hat Jesus einige Wunder vollbracht und auch der Kern einiger Erzählungen – insbesondere von Gleichnissen – wird historisch sein, aber in der Form, in der sie uns vorliegen, sind sie kerygmatisch erweitert und teilweise überhöht worden.
II	Erklären Sie, warum wir nicht davon ausgehen können, dass die Evangelien Tatsachenberichte sind.	Die Evangelisten hatten kein biographisches, sondern ein theologisches Interesse an Jesus. Das Markusevangelium wurde erst rund 40 Jahre nach Jesu Tod und Auferstehung geschrieben, die anderen Evangelien noch später. So gab es zuvor primär mündliche Überlieferungen, die eine für Steigerungen anfällige Form der Weitergabe darstellen. Manche Wunder können auch als Überbie-

		tungen von Wundergeschichten gedeutet werden, die anderen damaligen Gottheiten zugeschrieben wurden, wie zum Beispiel Jesu Verwandlung von Wasser zu Wein (vgl. Joh 2,6–10).
III	Nehmen Sie einen begründeten Standpunkt zu der Frage ein, welche Bedeutung Jesu Historizität für uns heute besitzt.	Eine schlüssige Positionierung wird erwartet. Es könnte zum Beispiel genannt werden, dass wir einerseits nur den kerygmatischen Christus kennen, es uns aber andererseits in unserem Glauben bestärken kann, zu wissen, dass es wahrscheinlich oft einen historischen Kern hinter den Erzählungen der Bibel gibt.

8.3 Drittes Beispiel: Joseph Ratzingers Verständnis der Botschaft vom Reich Gottes

8.3.1 Prüfungsaufgabe

Als Material wird den zu Prüfenden ein gekürzter Auszug vorgelegt, in dem Joseph Ratzinger (später Papst Benedikt XVI.) verschiedene Möglichkeiten präsentiert, Jesu Botschaft vom Reich Gottes zu verstehen und sich selbst zwischen diesen positioniert. Der Textauszug findet sich in J. RATZINGER, Jesus von Nazareth, 89f. Kürzungen sind hier ebenfalls sinnvoll. Um Missverständnisse zu vermeiden, sollte den zu Prüfenden meines Erachtens der von Ratzinger verwendete Begriffe „physisch“[1394] als „körperlich“ in einer Fußnote erklärt werden und in einer weiteren Fußnote klar gemacht werden, dass Ratzinger sich mit der „auf die Schrift zu entfaltenden Weise“[1395] auf die Bibel bezieht. Je nach Kurszusammensetzung kann es auch sinnvoll sein, in einer Einleitung anzumerken, dass es sich um eine katholische Position handelt.

Zum Textauszug werden die folgenden Aufgaben gestellt:

1. Stellen Sie dar, wie die Rede Jesu vom Reich Gottes für Ratzinger zu verstehen ist.
2. Entfalten Sie Jesu Botschaft vom Reich Gottes anhand selbst gewählter Gleichnisse.

[1394] J. RATZINGER, Jesus von Nazareth, 89.

[1395] A.a.O., 90.

3. Nehmen Sie einen begründeten Standpunkt zu den von Ratzinger aufgezeigten Möglichkeiten ein, Jesu Botschaft von der Nähe des Reiches Gottes zu verstehen.

8.3.2 Erwartungshorizont zum Prüfungsvortrag

Zu Teilaufgabe 1 (AFB I)

Ratzingers Argumentation ist in Grundzügen darzustellen:

- Jesus spreche in Lk 17,20f. davon, dass das Reich Gottes bereits präsent sei. Es gebe mehrere Möglichkeiten, diese These auszulegen:[1396]
  - Idealistisch: Das Reich Gottes existiere nur im Inneren des Menschen.[1397]
  - Naherwartung: Das Reich Gottes werde plötzlich erscheinen.[1398]
  - Jesus Christus sehe sich selbst als das Reich Gottes, werde von den Menschen aber nicht als solches erkannt.[1399] Zu diesem Verständnis neige die aktuelle Theologie zunehmend.[1400]
- Auch Lk 11,20 deute darauf hin, dass sich in Jesu Taten zeige, dass das Reich Gottes schon in ihm präsent sei.[1401]
- Das Reich Gottes sei nah, weil Gott in Jesus Christus auf uns zugegangen wäre und so seine Liebe gezeigt habe.[1402]

Zu Teilaufhabe 2 (AFB II)

Erwartet wird eine Skizzierung der Botschaft Jesu vom Reich Gottes. Dabei sind Gleichnisse als Belege anzuführen. Die hier zusammengestellten erwarteten Aspekte ergeben sich aus den Ergebnissen von Kapitel 4.3, auf das für eine weitergehende Erläuterung der hier stichpunktartig festgehaltenen Aspekte sowie für präzise Quellenangaben verwiesen sei.

- Viele Gleichnisse berichten von Prozessen, die langsam beginnen, dann aber zu etwas Großem werden.

[1396] Vgl. a.a.O., 89.
[1397] Vgl. ebd.
[1398] Vgl. ebd.
[1399] Vgl. a.a.O., 90.
[1400] Vgl. ebd.
[1401] Vgl. ebd.
[1402] Vgl. ebd.

    - Bsp.: Sauerteig (vgl. Mt 13,33; Lk 13,20f.), Senfkorn (vgl. Mt 13,31f.; Lk 13,18f.).
- Andere Gleichnisse berichten davon, dass es sich lohnt, für das Reich Gottes alles aufzugeben. Sie haben also einen Aufruf-Charakter.
    - Bsp.: Schatz im Acker (vgl. Mt 13,44), Frage nach dem höchsten Gebot (vgl. Mk 12,28–31; Mt 22,34–40; Lk 10,25–28).
- Die Gleichnisse skizzieren insgesamt eine Welt, in der ein neuer Umgang miteinander herrscht. Einerseits besteht eine Nähe zu Gott, die in unserer Welt nicht gegeben ist. Andererseits verändert sich dadurch auch der Umgang der Menschen miteinander, indem dieser von Nächstenliebe geprägt wird.
    - Bsp.: der verlorene Sohn (Nähe zu Gott als Vater und Versöhnung der Brüder; vgl. Lk 15,11–32), die bösen Winzer (Nähe der neu Hinzugestoßenen zu Gott; vgl. Mk 12,1–9; Mt 21,33–41; Lk 20,9–16), Arbeiter im Weinberg (alle erhalten denselben Lohn; vgl. Mt 20,1–16).

Insgesamt ist nicht die Quantität der angeführten Gleichnisse für die Bewertung entscheidend, sondern eine qualitativ gelungene Erläuterung der genannten Aspekte, in die an ausgewählten Stellen exemplarische Gleichnisse einbezogen werden. Anstelle der genannten dürfen auch andere neutestamentliche Gleichnisse angeführt werden.

Zu Teilaufgabe 3 (AFB III)

Die Aufgabe zielt darauf ab, einen begründeten Standpunkt zwischen den von Ratzinger aufgezeigten Möglichkeiten, die Nähe des Reiches Gottes zu verstehen, einzunehmen. Dabei ist auch denkbar, alle drei Alternativen zu verwerfen und eine andere Deutung (oder auch eine Kombination der skizzierten Möglichkeiten) anzubieten, solange diese auf einem biblischen Fundament begründet werden kann. Mögliche Argumente zur Diskussion der drei von Ratzinger vorgestellten Deutungsmöglichkeiten sind:

- Idealistisch (das Reich Gottes existiert nur im Inneren des Menschen): Diese Vorstellung wirkt zeitgemäß, viele Menschen vertrösten in Glaubensfragen auf die Innerlichkeit des Menschen. Gott wird so als inspirierende Kraft für das eigene Leben gesehen. Allerdings erzählen diverse biblische Geschichten von einem aktiven Handeln Gottes und bezeichnen ihn als aktiven Herrscher, was einem rein idealistischen Verständnis widerspricht.

- Naherwartung (das Reich Gottes wird plötzlich erscheinen): Diese Vorstellung wirkt fast 2000 Jahre später unrealistisch, kann aber ebenfalls nicht ausgeschlossen werden.
- Jesus Christus sieht sich selbst als das Reich Gottes: In Jesus Christus ist Gott in der Tat in die Welt gekommen, sodass diese Möglichkeit plausibel wirkt. Ihr entgegen könnte angeführt werden, dass im Alten Testament primär eine politische Herrschaft erwartet wurde, und im Neuen Testament diverse Gleichnisse davon erzählen, dass das Reich Gottes noch nicht vollendet ist (→ Prozesscharakter), wobei Jesu Christi Heilsgeschichte bereits als in der Auferstehung vollendet (wenn auch nicht abgeschlossen!) angesehen werden kann.

Es können alternativ diverse weitere Argumente angeführt werden. Wichtiger als die Anzahl der genannten Aspekte ist die persönliche Positionierung zu den möglichen Deutungen.

8.3.3 Mögliche Impulse für das Prüfungsgespräch

Als geplanter Gesprächsverlauf wird zur Überleitung das folgende, 1902 von dem katholischen Theologen Alfred Loisy formulierte Zitat präsentiert: „Jesus hat das Reich Gottes verkündet; gekommen ist die Kirche."[1403] Ausgehend von diesem Zitat wird zu dessen Beurteilung, die die Prüfung abschließen soll, mit einer Auswahl der folgenden Impulse hingeführt, mit denen der Prüfende das Prüfungsgespräch flexibel gestaltet. Er kann sich dabei umso stärker zurücknehmen, je mehr es der oder dem zu Prüfenden gelingt, ihren beziehungsweise seinen Vortrag selbständig zu strukturieren. Die hier zusammengestellten Impulse und erwarteten Aspekte ergeben sich aus den Ergebnissen von Kapitel 6.1, in dem das evangelische Kirchenverständnis erläutert und damit auch auf das Urchristentum eingegangen wird, sowie aus den Ergebnissen von Kapitel 6.4, in dem die historische Entwicklung des Verhältnisses von Kirche und Staat zueinander skizziert wird, wobei auch verschiedene Formen des Verhältnisses betrachtet werden. Für eine weitergehende Erläuterung der hier stichpunktartig festgehaltenen Aspekte sowie für präzise Quellenangaben sei daher auf die Kapitel 6.1 und 6.4 verwiesen.

[1403] Im französischen Original: „Jésus annonçait le royaume, et c'est l'Église qui est venue" (A. LOISY, L'évangile et l'église, 155).

AFB	Möglicher Impuls	Erwartete Antwort
Thema: Urchristentum und Kirche im Neuen Testament		
I	Skizzieren Sie, was unter dem Urchristentum zu verstehen ist.	Dies sind die ersten christlichen Gemeinden, die als Sekten aus dem Judentum heraus in den ersten Jahrhunderten entstanden sind.
II	Vergleichen Sie die Situation des Urchristentums mit jener, in der sich heutigen Kirchen befinden.	Individuelle Vergleichspunkte können identifiziert werden, zum Beispiel Massentaufen damals und eher individuelle Taufen heute; häufige Erwachsenentaufen damals, die heute seltener sind; eine höhere Bedeutung der Gemeinschaft in der damaligen Zeit; als Gemeinsamkeit die Feier des Abendmahls; damals oft geheime Treffen in Privathäusern und Kirchengebäude heute; die urchristliche Gütergemeinschaft und das heutige Gemeinschaftsverständnis; Spenden als Gemeinsamkeit mit Unterschieden in der Ausführung; tägliche Mahlgemeinschaften damals und heute oft höchstens ein Gottesdienst pro Woche sowie die damalige Naherwartung.
III	Laut der Apostelgeschichte zeichneten die Urgemeinde unter anderem die Merkmale gemeinsames Lernen, Beten, Essen und eine intensive Gemeinschaft aus (vgl. Apg 2,40–46). Beurteilen Sie, ob Sie sich eines dieser Merkmale in der heutigen Kirche stärker oder schwächer wünschen würden.	Es wird eine persönliche Positionierung erwartet. Das Gütekriterium zur Beurteilung der Antwort des beziehungsweise der zu Prüfenden sind angemessene Begründungen (etwa einen Bezug zu den vier Grundvollzügen aufzuzeigen oder ein Fokus auf den ausgeprägten Gemeinschaftsgedanken).
Thema: Kirche		
I	Benennen Sie die Grundvollzüge der Kirche.	Liturgie/Feier, Gemeinschaft, Diakonie/Fürsorge, Zeugnis/Verkündigung

II	Erläutern Sie die vier Grundvollzüge anhand von Beispielen.	Eine Feier stellen beispielsweise das Weihnachtsfest sowie auch Feste im Lebenslauf des Menschen wie seine Taufe dar. Die Gemeinschaft zeigt sich beispielsweise im Abendmahl oder Gemeindeangeboten. Die Diakonie engagiert sich zum Beispiel in der Seelsorge oder durch die Unterstützung hilfsbedürftiger Personen. Das Zeugnis liegt besonders in der Predigt im Gottesdienst vor, aber auch Elemente wie der Konfirmandenunterricht gehören hierzu.
III	Paulus bezeichnet die Kirche im Korintherbrief als einen Leib mit vielen Gliedern (vgl. 1. Kor 12,12–31). Nehmen Sie Stellung zu dieser Vorstellung.	Alle Mitglieder haben eigene Aufgaben, mit denen sich jedes Gemeindemitglied so einbringen kann, wie es dies für richtig erachtet. Dennoch ist die Gemeinde auf die Verschiedenheit ihrer Mitglieder angewiesen, sodass alle dieselbe Bedeutung besitzen. Das ist positiv, da es so keineswegs verwerflich ist, wenn ein Mensch zum Beispiel einige Angebote der Kirche für sich nicht als passend erachtet. Nicht an jedem Projekt müssen alle Christ*innen teilnehmen.
Thema: Staatskirche, Volkskirche und Freikirche		
I	Benennen Sie die drei gängigen Möglichkeiten des Verhältnisses von Kirche und Staat.	Staatskirche, Volkskirche, Freikirche
II	Vergleichen Sie die Stellung der Kirche zum Staat in den drei Modellen Staatskirche, Volkskirche und Freikirche.	Bei der Volkskirche handelt es sich um eine Kirche, in der der Einzelne in der Regel durch seine Volkszugehörigkeit und Taufe ohne eigene Entscheidung Mitglied wird. Die Staatskirche ist eine mit dem Staat eng verbundene Kirche, die gegenüber anderen Religionsgemeinschaften Vorrechte genießt. Die Freikirche ist vom Staat unabhängig. In der Freikirche liegt eine vollkommene Trennung vor, in der Staatskirche die stärks-

		te Verbindung, indem die Kirche den Staat auch unterstützen soll. Die Volkskirche kann für den Staat hilfreich sein, indem sie identitätsstiftend für die Gläubigen ist und so Zusammenhalt im Staat erzeugen kann.
III	Entwickeln Sie Perspektiven für ein zukunftsfähiges Verhältnis zwischen Kirche und Staat.	Erwartet wird eine individuelle Positionierung, bei der entweder auf den Mitgliederschwund in Deutschland oder auf die weltweite Verbreitung des Christentums eingegangen werden sollte. Es könnte so beispielsweise die freikirchliche Form als zukunftsfähig bezeichnet, im weltweiten Kontext aber auch auf Volkskirchen Bezug genommen werden.

Zum Abschluss der Prüfung beurteilt die oder der zu Prüfende das Loisy-Zitat,[1404] das bereits im Übergang vom Prüfungsvortrag zum Prüfungsgespräch präsentiert wurde, auf Basis ihrer beziehungsweise seiner vorherigen Überlegungen. Als Impuls eignet sich dafür: „Nehmen Sie zu dieser 1902 von dem katholischen Theologen Alfred Loisy aufgestellten These Stellung."

Dabei sind folgende Inhalte zu erwarten (AFB III):

- Das Reich Gottes ist in der Tat noch nicht vollendet.
- Die Kirche entstand in der Tat im Anschluss an Jesu Verkündigung.
- Loisys Zitat kann als Religionskritik in dem Sinne verstanden werden, dass die Kirche sich stärker an Jesu Christi Botschaft vom Reich Gottes orientieren soll.
- Alternativ kann das Zitat auch als Bestätigung der Institution Kirche verstanden werden, die die Menschheit auf ihrem Weg zum Reich Gottes unterstützen kann.

Auf dieser Grundlage ist eine eigene Stellungnahme zur Funktion der Kirche zu erzielen, die aus den im Prüfungsgespräch benannten Aspekten generiert werden kann.

[1404] Vgl. A. LOISY, L'évangile et l'église, 155.

Literaturverzeichnis

Hinweis zum Zitationsverfahren

In den Fußnoten gebe ich nicht die vollständige Literaturangabe, sondern nur die Autor*innen, Kurztitel und Seitenzahlen an. Die Kurztitel wähle ich dabei so, dass sie eine eindeutige bibliographische Identifikation anhand des Literaturverzeichnisses ermöglichen. Auslassungen innerhalb eines Zitates mache ich durch drei Punkte in eckigen Klammern ([...]) kenntlich, Ergänzungen und Erläuterungen innerhalb eines Zitates setze ich ebenfalls in eckige Klammern ([ ]). Diese Änderungen gehen, wenn nicht im jeweiligen Zitat anders vermerkt, auf mich zurück.

Hinweise zum Gebrauch von Abkürzungen im Literaturverzeichnis

Die in diesem Literaturverzeichnis verwendeten Abkürzungen richten sich nach dem Abkürzungsverzeichnis der „Theologischen Realenzyklopädie" (TRE); vgl. Schwertner, Siegfried M.: Theologische Realenzyklopädie Abkürzungsverzeichnis, Berlin/New York ²1994. Zusätzlich verwende ich: BPW (Beiträge zur politischen Wissenschaft), BThS (Biblisch-theologische Schwerpunkte) sowie GuL (Glaube und Lernen).

Verwendete Quellen

- Albertz, Rainer: Art. Mensch II. Altes Testament, in: TRE Bd. 22, Berlin/New York 1992, 464–474.
- Avemarie, Friedrich: Jedem das Seine? Allen das Volle! (Von den Arbeitern im Weinberg). Mt 20,1–16, in: Zimmermann, Ruben (Hg.): Kompendium der Gleichnisse Jesu, Gütersloh ²2015, 461–472.
- Barth, Karl: Christengemeinde und Bürgergemeinde, in: Ders.: Rechtfertigung und Recht. Christengemeinde und Bürgergemeinde [Sammlung], ThSt(B) 104, Zürich ²1979, 49–82.
- Barth, Karl: Die Kirche und die politische Frage von heute. Vortrag, gehalten an der Versammlung des Schweizerischen Evangelischen Hilfswerks für die Bekennende Kirche in Deutschland im Kirchgemeindehaus Wipkingen, am 5. Dezember 1938, in: Ders.: Eine Schweizer Stimme 1938–1945, Zollikon-Zürich 1945, 69–107.
- Barth, Karl: Die Kirchliche Dogmatik. Die Lehre von der Schöpfung III,2. Die Lehre von der Schöpfung 2. Teil, Zürich 1948.

- Barth, Karl: Die Kirchliche Dogmatik. Studienausgabe Bd. 17. Die Lehre von der Schöpfung III,3 §§ 48–49. Der Schöpfer und sein Geschöpf 1. Teil, Zürich 1992.
- Barth, Karl: Verheißung und Verantwortung der christlichen Gemeinde im heutigen Zeitgeschehen. Vortrag, gehalten am kirchlichen Bezirksfest Oberaargau. Sonntag, den 23. Juli 1944, in der Kirche Dürrenroth, in: Ders.: Eine Schweizer Stimme 1938–1945, Zollikon-Zürich 1945, 307–333.
- Bartsch, Hans-Werner: Art. Freiheit I. Altes Testament, in: TRE Bd. 11, Berlin/New York 1983, 497f.
- Bauer, Dieter: Befreiende Rede auf dem Berg, in: Wieland, Wolfgang (Hg.): Jetzt verstehe ich die Bergpredigt, Stuttgart 2009, 13–21.
- Bayer, Oswald: Art. Theodizee, in: TRT Bd. 5, Göttingen ^{4}1983, 161–164.
- Bechert, Heinz: Art. Buddhismus, in: TRT Bd. 1, Göttingen ^{4}1983, 202–218.
- Becker, Ulrich: Vom Wort zur Schrift. Über die Entstehung der neutestamentlichen Schriften und des Kanons, in: Becker, Ulrich/Johannsen, Friedrich/Noormann, Harry (Hg.): Neutestamentliches Arbeitsbuch für Religionspädagogen, Stuttgart ^{3}2005, 13–22.
- Becker, Ulrich: Wenn ihr betet. Das Vaterunser, in: Becker, Ulrich/Johannsen, Friedrich/Noormann, Harry (Hg.): Neutestamentliches Arbeitsbuch für Religionspädagogen, Stuttgart ^{3}2005, 97–108.
- Becker, Ulrich: Wir haben heute unglaubliche Dinge gesehen. Wundertaten und Wundererzählungen, in: Becker, Ulrich/Johannsen, Friedrich/Noormann, Harry (Hg.): Neutestamentliches Arbeitsbuch für Religionspädagogen, Stuttgart ^{3}2005, 71–83.
- Berger, Klaus: Kommentar zum Neuen Testament, Gütersloh 2011.
- Berner, Ulrich: Art. Polytheismus, in: TRE Bd. 27, Berlin/New York 1997, 35–39.
- Billerbeck, Paul/Strack, Hermann L.: Das Evangelium nach Matthäus erläutert aus Talmud und Midrasch, Kommentar zum Neuen Testament aus Talmud und Midrasch Bd. 1, München ^{10}1994.

- Bode, Maximilian/Schlicht, Christopher: Kirche, wie wir sie brauchen, in: Loccumer Pelikan 31 (4/2021), 26f.
- Bonhoeffer, Dietrich: Widerstand und Ergebung. Briefe und Aufzeichnungen aus der Haft hg. von Eberhard Bethge, Dietrich Bonhoeffer Werke Bd. 8, Berlin 1977.
- Bovon, Francois: Das Evangelium nach Lukas. 1. Teilbd. (Lk 1,1–9,50), EKK Bd. 3/1, Zürich 1989.
- Böhler, Dieter: Ausgesondert zum Dienst. Vom Priestertum im Alten Testament zum christlichen Amt, in: Herder Korrespondenz Spezial 14 (1/2018), 40–42.
- Braun, Herbert Wilhelm: Art. Utilitarismus, in: RGG Bd. 6, Tübingen ^{4}2003, 1216f.
- Brummer, Andreas/Kießig, Manfred/Rothgangel, Martin (Hg.): Evangelischer Erwachsenenkatechismus. suchen – glauben – leben, Gütersloh ^{8}2010.
- Bull, Klaus-Michael: Bibelkunde des Neuen Testaments. Die kanonischen Schriften und die Apostolischen Väter, Göttingen ^{8}2019.
- Bultmann, Rudolf: Neues Testament und Mythologie, in: Bartsch, Hans-Werner (Hg.): Kerygma und Mythos. Ein theologisches Gespräch, Hamburg ^{4}1960, 15–48.
- Burgsmüller, Alfred/Weth, Rudolf (Hg.): Die Beschlüsse zur Theologischen Erklärung von Barmen, in: Dies. (Hg.): Die Barmer Theologische Erklärung. Einführung und Dokumentation, Neukirchen-Vluyn 1984, 27–58.
- Busch, Eberhard: Der eine Gnadenbund Gottes. Karl Barths neue Föderaltheologie, in: ThQ 176 (1996), 341–354.
- Busch, Eberhard: Unter dem Bogen des einen Bundes. Karl Barth und die Juden 1933–1945, Neukirchen-Vluyn 1996.
- Dam, Harmjan: Das Denkmodell „Exklusivismus, Inklusivismus, Pluralismus“, in: Schönberger Hefte 28 (3/1998), 12.
- Dam, Harmjan/Kunter, Katharina: Kirchengeschichte des 20. Jahrhunderts im Religionsunterricht. Basiswissen und Bausteine für die Klassen 8–13, RUpraktisch sekundar, Göttingen 2019.

- Dantine, Johannes/Dantine, Wilhelm: Art. Atheismus, in: TRT Bd. 1, Göttingen [4]1983, 120–124.
- Der Heidelberger Katechismus, hg. von der Evangelisch-reformierten Kirche, von der Lippischen Landeskirche und dem Reformierten Bund, Neukirchen-Vluyn [5]2012.
- Deutsche Bibelgesellschaft (Hg.): Die Bibel. Nach der Übersetzung Martin Luthers mit Apokryphen, revidierte Fassung von 1984, Stuttgart 2006.
- Dexinger, Ferdinand: Art. Judentum, in: TRE Bd. 17, Berlin/New York 1988, 331–377.
- Dierk, Heidrun: Die „Konstantinische Wende“, in: Noormann, Harry (Hg.): Arbeitsbuch Religion und Geschichte, Das Christentum im interkulturellen Gedächtnis Bd. 1, Stuttgart 2009, 83–108.
- Dietz, Alexander: Theologische Wirtschaftsethik als Ideologiekritik, in: Manzeschke, Arne (Hg.): Evangelische Wirtschaftsethik – wohin?, Berlin 2018, 83–116.
- Dohmen, Christoph: Das Bilderverbot. Seine Entstehung und seine Entwicklung im Alten Testament, Bonner Biblische Beiträge Bd. 62, Bonn 1985.
- dos Santos da Silva, Jorgiano: Füllet die Erde und macht sie euch untertan! (Gen 1,28). Strukturen einer alttestamentlich begründeten Schöpfungstheologie und deren Konsequenzen für eine biblisch orientierte Umweltethik, Bibel und Ethik Bd. 6, Berlin 2018.
- Düsing, Edith: Einleitung. Problemskizze zu „Geist und Psyche“ in der Antike, Christentum und Neuzeit, in: Düsing, Edith/Klein, Hans-Dieter (Hg.): Geist und Psyche. Klassische Modelle von Platon bis Freund und Damasio, Würzburg 2008, 7–16.
- Eichhorn, Mathias: Es wird regiert! Der Staat im Denken Karl Barths und Carl Schmitts in den Jahren 1919 bis 1938, BPW Bd. 78, Berlin 1994.
- EKD (Hg.): „Und unsern kranken Nachbarn auch!“. Aktuelle Herausforderungen der Gesundheitspolitik, eine Denkschrift des Rates der EKD, Gütersloh 2011.

- EKD (Hg.): Christlicher Glaube und religiöse Vielfalt in evangelischer Perspektive. Ein Grundlagentext des Rates der Evangelischen Kirche in Deutschland (EKD), Gütersloh 2015.
- EKD (Hg.): Denkschrift, in: https://www.ekd.de/Denkschrift-11058.htm [Stand: 9.3.2022].
- EKD (Hg.): Die Kirchen als gesellschaftspolitischer Dialogpartner. 48. Essener Gespräche (2013), in: https://www.ekd.de/27208.htm [Stand: 16.5.2023].
- EKD (Hg.): Priestertum aller Gläubigen, in: https://www.ekd.de/Priestertum-aller-Glaeubigen-11246.htm [Stand: 16.3.2023].
- EKD (Hg.): Sünde, in: https://www.ekd.de/Sunde-11267.htm [Stand: 14.11.2022].
- EKD (Hg.): Sünde, Schuld und Vergebung aus Sicht evangelischer Anthropologie. Ein Grundlagentext des Rates der Evangelischen Kirche in Deutschland, Leipzig 2020.
- EKD (Hg.): Umkehr zum Leben. Nachhaltige Entwicklung im Zeichen des Klimawandels, eine Denkschrift des Rates der EKD, Gütersloh 2009.
- Epikur: Von der Überwindung der Furcht. Katechismus – Lehrbriefe – Spruchsammlung – Fragmente. Eingeleitet und übertragen von Olof Gigon, Zürich 1949.
- Ernst, Josef: Das Evangelium nach Lukas, RNT Bd. 3, Regensburg ^{6}1993.
- EVLKA (Hg.): Kirche und Judentum, in: https://www.landeskirche-hannovers.de/evlka-de/positionen/kirche_judentum [Stand: 9.2.2023].
- EVLKA (Hg.): Verfassung der Evangelisch-lutherischen Landeskirche Hannovers vom 16. Mai 2019, in: https://kirchenrecht-evlka.de/pdf/44991.pdf [Stand: 9.2.2023].
- Fahlbusch, Erwin: Art. Bekenntnis, in: TRT Bd. 1, Göttingen ^{4}1983, 154–161.
- Feuerbach, Ludwig: Theogonie nach den Quellen des classischen, hebraischen und christlichen Alterthums, Ludwig Feuerbachs sämmtliche Werke Bd. 9, Leipzig 1857.

- Finze-Michaelsen, Holger: Vater unser – Unser Vater. Entdeckungen im Gebet Jesu, BThS Bd. 24, Göttingen 2004.
- Foerster, Werner: Art. Herodes und seine Nachfolger, in: RGG Bd. 3, Tübingen ^{3}1959, 266–269.
- Frank, Karl Suso: Art. Nachfolge Jesu II. Alte Kirche und Mittelalter, in: TRE Bd. 23, Berlin/New York 1994, 686–691.
- Fritzsch, Harald: Vom Urknall zum Zerfall. Die Welt zwischen Anfang und Ende, München ^{2}1983.
- Fuller, Reginald H.: Die Wunder Jesu in Exegese und Verkündigung, Düsseldorf ^{3}1969.
- Gäbel, Georg: Mehr Hoffnung wagen (Vom Senfkorn). Mk 4,30–32 (Q 13,18f./Mt 13,31f./Lk 13,18f./EvThom 20), in: Zimmermann, Ruben (Hg.): Kompendium der Gleichnisse Jesu, Gütersloh ^{2}2015, 327–336.
- Geyer, Carl-Friedrich: Art. Theodizee VI. Philosophisch, in: TRE Bd. 33, Berlin/New York 2002, 231–237.
- Gräßer, Erich: Art. Schweitzer, Albert, in: TRE Bd. 30, Berlin/New York 1999, 675–682.
- Hampe, Michael: Art. Anthropologie, in: RGG Bd. 1, Tübingen ^{4}1998, 521–524.
- Hasenfratz, Hans-Peter: Art. Seelenwanderung I. Religionsgeschichte, in: TRE Bd. 31, Berlin/New York 2000, 1–4.
- Hauschildt, Eberhardt: Art. Seelsorge II. Praktisch-theologisch, in: TRE Bd. 31, Berlin/New York 2000, 31–54.
- Härle, Wilfried: Art. Rechtfertigung, in: TRT Bd. 4, Göttingen ^{4}1983, 200–209.
- Härle, Wilfried: Ethik, Berlin/New York 2011.
- Hermelink, Jan: Evangelische Kirche zwischen heute und morgen. Vielfältige Initiative, institutionell grundiert, in: Loccumer Pelikan 30 (1/2020), 9–14.
- Herrmann, Wolfram: Theologie des Alten Testaments. Geschichte und Bedeutung des israelisch-jüdischen Glaubens, Stuttgart 2004.

- Hirsch, Walter: Art. Mensch X. Philosophisch, in: TRE Bd. 22, Berlin/New York 1992, 567–577.
- Hoffmann, Paul: Art. Auferstehung Christi II/1. Neues Testament, in: TRE Bd. 4, Berlin/New York 1979, 478–513.
- Holtz, Traugott: Die Offenbarung des Johannes, Das Neue Testament Deutsch Bd. 11, Göttingen 2008.
- Honecker, Martin: Grundriß der Sozialethik, Berlin 1995.
- Horstmann, Simone: Mehr als „Verantwortung" und „Mitgeschöpflichkeit". Überlegungen zu den Tiefendimensionen einer theologischen Tierethik jenseits der schönen Phrasen, in: Loccumer Pelikan 29 (4/2019), 4–9.
- Hödl, Ludwig: Art. Anselm von Canterbury, in: TRE Bd. 2, Berlin/New York 1978, 759–778.
- Huber, Wolfgang: Art. Volkskirche I. Systematisch-theologisch, in: TRE Bd. 35, Berlin/New York 2003, 249–254.
- Hunze, Guido: Die Entdeckung der Welt als Schöpfung. Religiöses Lernen in naturwissenschaftlich geprägten Lebenswelten, Praktische Theologie heute Bd. 84, Stuttgart 2007.
- Husmann, Bärbel/Hülsmann, Matthias (Hg.): Der Glaube an Jesus Christus. Oberstufe, Stuttgart 2011.
- Husmann, Bärbel/Hülsmann, Matthias (Hg.): Der unverfügbare und der erfahrbare Gott. Oberstufe, Stuttgart 2012.
- Hülsmann, Matthias: Konfession: evangelisch. Basiswissen, Gütersloh 2018.
- Hülsmann, Matthias: Moment mal! Grundbegriffe und biblische Basistexte, Stuttgart 2013.
- Hülsmann, Matthias: Was hat das Christentum dem Judentum zu verdanken?, in: Heidemann, Imke u.a. (Hg.): Moment mal! Evangelische Religion Oberstufe (Qualifikationsphase), Stuttgart 2015, 84f.
- Jackelén, Antje: Art. Naturwissenschaften V. Naturwissenschaften und Religion, in: RGG Bd. 6, Tübingen [4]2003, 150–152.
- Jaklitsch, Alexander: Kirche in ihrem Anspruch und Auftrag, fragen. wissen. glauben., Stuttgart 2015.

- Jeromin, André: „Es wird regiert …“ Gottes Weltregierung als Teil der *providentia Dei* nach Karl Barth, Studien zur Systematischen Theologie und Ethik Bd. 70, Berlin/Münster 2021.
- Jeromin, André: „Es wird regiert!“ – und dann kam Corona? Das Coronavirus als theologische Anfechtung von Karl Barths Verständnis der Weltregierung Gottes, in: Eberhardt, Kai-Ole/Hofheinz, Marco (Hg.): Römerbrief und Tageszeitung! Politik in der Theologie Karl Barths als Herausforderung für die Gegenwart, Zürich 2021, 79–102.
- Joest, Wilfried: Art. Fundamentalismus, in: TRE Bd. 11, Berlin/New York 1983, 732–738.
- Johannsen, Friedrich: Alttestamentliches Arbeitsbuch für Religionspädagogen, Stuttgart [4]2010.
- Johannsen, Friedrich: Das Wort vom Kreuz ist eine Torheit. Die Deutung der Passion Jesu, in: Becker, Ulrich/Johannsen, Friedrich/Noormann, Harry (Hg.): Neutestamentliches Arbeitsbuch für Religionspädagogen, Stuttgart [3]2005, 157–171.
- Johannsen, Friedrich: Und er redete zu ihnen vieles in Gleichnissen (Mt 13,3). Die Gegenwart des Reiches Gottes in den Gleichnissen Jesu, in: Becker, Ulrich/Johannsen, Friedrich/Noormann, Harry (Hg.): Neutestamentliches Arbeitsbuch für Religionspädagogen, Stuttgart [3]2005, 55–69.
- Jonas, Hans: Der Gottesbegriff nach Auschwitz. Eine jüdische Stimme, Frankfurt am Main 1987.
- Jüngel, Eberhardt: Art. Rechtfertigung IV. Dogmatisch, in: RGG Bd. 7, Tübingen [4]2004, 111–117.
- Kamphausen, Thomas: Kirche – wohin? Die Kirchen zu Beginn des 21. Jahrhunderts, in: Religion betrifft uns 27 (2/2016), 1.
- Kant, Immanuel: Grundlegung zur Metaphysik der Sitten, hg. von Theodor Valentiner, Reclams Universal-Bibliothek Bd. 4507, Stuttgart 1984.
- Kirchenamt der Evangelischen Kirche/Sekretariat der Deutschen Bischofskonferenz (Hg.): Verantwortung wahrnehmen für die Schöpfung, Gütersloh 1985.
- Klein, Wassilios: Art. Propheten/Prophetie I. Religionsgeschichtlich, in: TRE Bd. 27, New York/Berlin 1997, 473–476.

- Kliemann, Peter: Glauben ist menschlich. Argumente für die Torheit vom gekreuzigten Gott, Stuttgart [17]2016.
- Klimkeit, Hans-Joachim: Art. Reinkarnation, in: TRT Bd. 4, Göttingen [4]1983, 225–229.
- Kollmann, Bernd: Neutestamentliche Wundergeschichten. Biblisch-theologische Zugänge und Impulse für die Praxis, Stuttgart [2]2007.
- Körtner, Ulrich H. J.: Der handelnde Gott. Zum Verständnis der absoluten Metapher vom Handeln Gottes bei Karl Barth, in: NZSTh 31 (1989), 18–40.
- Kratz, Reinhard G./Spieckermann, Hermann: Art. Schöpfer/Schöpfung II. Altes Testament, in: TRE Bd. 30, Berlin/New York 1999, 258–283.
- Krause, Gerhard: Art. Bonhoeffer, Dietrich, in: TRE Bd. 7, Berlin/New York 1981, 55–66.
- Kruhöffer, Gerald: Grundlinien des Glaubens. Ein biblisch-theologischer Leitfaden, BThS Bd. 1, Göttingen [3]2002.
- Kubik, Andreas: Warum ist Religionskritik gut für Religion?, in: Loccumer Pelikan 30 (3/2020), 12–17.
- Kultusministerkonferenz (Hg.): Einheitliche Prüfungsanforderungen in der Abiturprüfung Evangelische Religionslehre. Beschluss der Kultusministerkonferenz vom 01.12.1989 i. d. F. vom 16.11.2006; online einsehbar in: https://www.kmk.org/fileadmin/veroeffentlichungen_beschluesse/1989/1989_12_01-EPA-Ev-Religion.pdf [Stand: 13.4.2023].
- Kuschel, Karl-Josef: Die Ringparabeln und der religiöse Wahrheits- und Heilsanspruch, in: Küng, Hans/Kuschel, Karl-Josef/Riklin, Alois (Hg.): Die Ringparabel und das Projekt Weltethos, Kleine politische Schriften Bd. 17, Göttingen [2]2010, 73–112.
- Kühn, Ulrich: Art. Kirche VI. Protestantische Kirchen, in: TRE Bd. 18, Berlin/New York 1989, 262–277.
- Küng, Hans: Theologische Einbettung der Ringparabel von Lessing, in: Küng, Hans/Kuschel, Karl-Josef/Riklin, Alois (Hg.): Die Ringparabel und das Projekt Weltethos, Kleine politische Schriften Bd. 17, Göttingen [2]2010, 27–49.

- Küng, Hans: Wider den Zusammenprall der Kulturen: Das Projekt Weltethos, in: Küng, Hans/Kuschel, Karl-Josef/Riklin, Alois (Hg.): Die Ringparabel und das Projekt Weltethos, Kleine politische Schriften Bd. 17, Göttingen ^{2}2010, 115–133.
- Lähnemann, Johannes: Art. Islam II./2 Islam und Christentum 20. Jahrhundert, in: TRE Bd. 16, Berlin/New York 1987, 349–358.
- Leppin, Volker: Grenzen und Möglichkeiten der Obrigkeit – Zu Entstehung und Kontext von Luthers Zwei-Reiche-Lehre, in: Dingel, I-rene/Tietz, Christiane (Hg.): Die politische Aufgabe von Religion. Perspektiven der drei monotheistischen Religionen, VIEG Bd. 87, Göttingen 2011, 247–258.
- Lessing, Gotthold Ephraim: Nathan der Weise, Dramatisches Gedicht. Dritter Aufzug, Vierter bis Siebender Auftritt, in: Overath, Angelika/Kermani, Navid/Schindel, Robert (Hg.): Toleranz. Drei Lesarten zu Lessings Märchen vom Ring im Jahre 2003, Göttingen ^{4}2015, 7–20.
- Lindemann, Andreas: Art. Herrschaft Gottes/Reich Gottes IV. Neues Testament und spätantikes Judentum, in: TRE Bd. 15, Berlin/New York 1986, 196–218.
- Link, Christian: Art. Staatsreligion/Staatskirche II. Im Christentum, in: TRE Bd. 32, Berlin/New York 2001, 66–73.
- Lipner, Julius J.: Art. Theologie, Christliche II./5.4 Theologie der Religionen, in: TRE Bd. 33, Berlin/New York 2002, 317–323.
- Lochman, Jan Milič: „Was verstehst du unter der Vorsehung Gottes?“ Referat vor der Hauptversammlung des Reformierten Bundes am 16. Oktober in Hanau, in: RKZ 135 (1991), 373–381.
- Lohse, Eduard: Die Offenbarung des Johannes, Das Neue Testament Deutsch Bd. 11, Göttingen ^{15}1993.
- Lohse, Eduard: Vater unser. Das Gebet der Christen, Darmstadt 2011.
- Loichinger, Alexander: Die Frage nach Gott angesichts menschlichen Leids, in: Religionsunterricht heute. Informationen des Dezernates Schulen und Hochschulen im Bischöflichen Ordinariat Mainz 39 (1/2011), 4–8.
- Loisy, Alfred: L’évangile et l’église, Bellevue ^{3}1904.

- Long, Burke O.: Art. Berufung I. Altes Testament, in: TRE Bd. 5, Berlin/New York 1980, 676–684.
- Louth, Andrew: Art. Paradies IV. Theologiegeschichtlich, in: TRE Bd. 25, Berlin/New York 1995, 714–719.
- Luther, Martin: Der große Katechismus, in: Lutherisches Kirchenamt (Hg.): Unser Glaube. Die Bekenntnisschriften der evangelisch-lutherischen Kirche. Ausgabe für die Gemeinde. Im Auftrag der Kirchenleitung der Vereinigten Evangelisch-Lutherischen Kirche Deutschlands (VELKD) herausgegeben vom Lutherischen Kirchenamt. Bearbeitet von Horst Georg Pöhlmann, Gütersloh [4]2000, 583–770.
- Luther, Martin: WA 6. D. Martin Luthers Werke. Kritische Gesamtausgabe 6. Bd., Weimar 1888.
- Luther, Martin: WA 7. D. Martin Luthers Werke. Kritische Gesamtausgabe 7. Bd., Weimar 1897.
- Luther, Martin: WA 11. D. Martin Luthers Werke. Kritische Gesamtausgabe 11. Bd., Weimar 1900.
- Luther, Martin: WA 18. D. Martin Luthers Werke. Kritische Gesamtausgabe 18. Bd., Weimar 1908.
- Luz, Ulrich: Art. Nachfolge Jesu I. Neues Testament, in: TRE Bd. 23, Berlin/New York 1994, 678–686.
- Lüddeckens, Dorothea: Art. Weltparlament der Religionen, in: TRE Bd. 35, Berlin/New York 2003, 618–620.
- Malter, Rudolf: Art. Kant/Neukantianismus I. Kant, in: TRE Bd. 17, Berlin/New York 1988, 570–581.
- Marquardt, Manfred: Art. Fundamentalismus, in: TRT Bd. 2, Göttingen [4]1983, 131–133.
- Marx, Karl: Die Verhandlungen des 6. rheinischen Landtags. Von einem Rheinländer, in: Marx, Karl/Engels, Friedrich: Werke Bd. 1, Berlin 1981, 28–77.
- Marx, Karl: Zur Kritik an der Hegelschen Rechtsphilosophie, in: Marx, Karl/Engels, Friedrich: Werke Bd. 1, Berlin 1981, 378–391.
- Mehl, Roger: Art. Freiheit V. Ethisch, in: TRE Bd. 11, Berlin/New York 1983, 511–533.

- Melanchton, Philipp: Confessio Augustana, Augsburg 1530; online einsehbar in: https://www.ekd.de/Augsburger-Bekenntnis-Confessio-Augustana-13450.htm [Stand: 14.3.2023].
- Metz, Johann Baptist/Sölle, Dorothee: Welches Christentum hat Zukunft? Dorothee Sölle und Johann Baptist Metz im Gespräch mit Karl-Josef Kuschel, Stuttgart 1990.
- Moltmann, Jürgen: Gott und Auferstehung. Auferstehungsglaube im Forum der Theodizeefrage, in: Ders. (Hg.): Perspektiven der Theologie. Gesammelte Aufsätze, München/Mainz 1968, 36–56.
- Moltmann, Jürgen: Politische Theologie – Politische Ethik, FThS Bd. 9, München/Mainz 1984.
- Münch, Christian: Der Hirt wird sie scheiden (Von den Schafen und Böcken). Mt 25.32f., in: Zimmermann, Ruben (Hg.): Kompendium der Gleichnisse Jesu, Gütersloh 2007, 504–509.
- Natiesta, Heinrich: Eine verdrängte Erfolgsgeschichte. Das Christentum, Wien ^{2}2022.
- Niedersächsischen Kultusministerium (Hg.): Kerncurriculum für das Gymnasium – gymnasiale Oberstufe, die Gesamtschule – gymnasiale Oberstufe, das Berufliche Gymnasium, das Abendgymnasium, das Kolleg. Evangelische Religion, Hannover 2017.
- Niedersächsischen Kultusministerium (Hg.): Ergänzende Bestimmungen zur Verordnung über die Abschlüsse in der gymnasialen Oberstufe, im Beruflichen Gymnasium, im Abendgymnasium und im Kolleg (EB-AVO-GOBAK) in der Fassung ab 1.8.2018, online einsehbar in: https://voris.wolterskluwer-online.de/browse/document/4707aa80-7ed4-3bb7-9340-10d33c5277e5 [Stand: 1.2.2024].
- Noormann, Harry: „So gebt dem Kaiser, was dem Kaiser zusteht, und Gott, was Gott zusteht!“. Ethische Maßstäbe im Neuen Testament, in: Becker, Ulrich/Johannsen, Friedrich/Noormann, Harry (Hg.): Neutestamentliches Arbeitsbuch für Religionspädagogen, Stuttgart ^{3}2005, 213–233.
- Noormann, Harry: Kirchengeschichte, calwer Taschenbibliothek Bd. 95, Stuttgart 2006.

- Ostmeyer, Karl-Heinrich: Dabeisein ist alles (Der verlorene Sohn). Lk 15,11–32, in: Zimmermann, Ruben (Hg.): Kompendium der Gleichnisse Jesu, Gütersloh 2007, 618–633.
- Ostmeyer, Karl-Heinrich: Gott knetet nicht (Vom Sauerteig). Q 13,20f. (Mt 13,33/Lk 13,20f./Ev Thom 96), in: Zimmermann, Ruben (Hg.): Kompendium der Gleichnisse Jesu, Gütersloh [2]2015, 185–192.
- Overath, Angelika: [ohne Titel], in: Overath, Angelika/Kermani, Navid/Schindel, Robert (Hg.): Toleranz. Drei Lesarten zu Lessings Märchen vom Ring im Jahre 2003, Göttingen [4]2015, 21–31.
- Parliament of the World's Religions (Hg.), A Call to Conscience: Defending Freedom & Human Rights, in: https://parliamentofreligions.org/parliament/2023-chicago-2/ [Stand: 22.9.2023].
- Parliament of the World's Religions (Hg.), Our History, in: https://parliamentofreligions.org/history/ [Stand: 14.2.2023].
- Parliament of the World's Religions (Hg.), Our Work, in: https://parliamentofreligions.org/our-work/ [Stand: 14.2.2023].
- Pawlikowski, John T.: Art. Judentum und Christentum, in: TRE Bd. 17, Berlin/New York 1988, 386–403.
- Philippi, Paul: Art. Diakonie I. Geschichte der Diakonie, in: TRE Bd. 8, Berlin/New York 1981, 621–644.
- Poser, Hans: Art. Leibniz, Gottfried Wilhelm, in: TRE Bd. 20, Berlin/New York 1990, 649–665.
- Presler, Gerd: Art. Paradies V. Praktisch-theologisch, in: TRE Bd. 25, Berlin/New York 1995, 719–721.
- Ratzinger, Joseph (Benedikt XVI.): Jesus von Nazareth. Erster Teil von der Taufe im Jordan bis zur Verklärung, Freiburg im Breisgau [2]2007.
- Reck, Norbert: Theologie nach Auschwitz. Das Aufkommen der Frage und die Antwortversuche von Juden und Christen, in: Münchener theologische Zeitschrift 46 (4/1995), 474–477.
- Rendtorff, Rolf.: Art. Tora, in: RGG Bd. 6, Tübingen [3]1962, 950f.
- Reuter, Hans-Richard: Grundfragen und Methoden der Ethik, in: Huber, Wolfgang/Meireis, Torsten/Reuter, Hans-Richard (Hg.): Handbuch der Evangelischen Ethik, München 2015, 9–123.

- Riches, John K.: Art. Nachfolge Jesu III. Von der Reformation bis zur Gegenwart, in: TRE Bd. 23, Berlin/New York 1994, 691–701.
- Riches, John K.: Art. Nachfolge Jesu IV. Ethik, in: TRE Bd. 23, Berlin/New York 1994, 702–710.
- Riklin, Alois: Von der Ringparabel zum Projekt Weltethos, in: Küng, Hans/Kuschel, Karl-Josef/Riklin, Alois (Hg.): Die Ringparabel und das Projekt Weltethos, Kleine politische Schriften Bd. 17, Göttingen [2]2010, 187–247.
- Rohde, Joachim: Der Brief des Paulus an die Galater, Theologischer Handkommentar zum Neuen Testament Bd. 9, Berlin 1989.
- Roloff, Jürgen: Die Apostelgeschichte. Das Neue Testament Deutsch Bd. 5, Göttingen [18]1988.
- Rosenau, Hartmut: Art. Theodizee IV. Dogmatisch, in: TRE Bd. 33, Berlin/New York 2002, 222–229.
- Sauter, Gerhard: Art. Rechtfertigung IV. Das 16. Jahrhundert, in: TRE Bd. 28, Berlin/New York 1997, 315–328.
- Schall, Anton: Art. Islam I. Religionsgeschichtlich, in: TRE Bd. 16, Berlin/New York 1987, 315–336.
- Schäufele, Wolf-Friedrich: Kirchengeschichte II: Vom Spätmittelalter bis zur Gegenwart, Lehrwerk Evangelische Theologie Bd. 4, Leipzig 2021.
- Schepers, Heinrich: Art. Leibniz, Gottfried Wilhelm, in: RGG Bd. 4, Tübingen [3]1960, 291–294.
- Schleiermacher, Friedrich Daniel Ernst: Ethik (1812/13) mit späteren Fassungen der Einleitung, Güterlehre und Pflichtenlehre. Auf der Grundlage der Ausgabe von Otto Braun herausgegeben und eingeleitet von Hans-Joachim Birkner, Hamburg 1981.
- Schloemann, Martin: Art. Luther, in: TRT Bd. 3, Göttingen [4]1983, 202–207.
- Schmid, Konrad: Die Welt als Schöpfung, in: Ders. (Hg.): Schöpfung, Themen der Theologie Bd. 4, Tübingen 2012, 325–346.
- Schmidt, Günter R.: Art. Rousseau, Jean-Jacques, in: TRE Bd. 29, Berlin/New York 1998, 441–446.

- Schmidt, Werner H.: Art. Was ist der Mensch? Anthropologische Einsichten des Alten Testaments, GuL 4 (1989), 111–129.
- Schröer, Hennning: Art. Denkschriften, kirchliche, in: TRE Bd. 8, Berlin/New York 1981, 493–499.
- Schröter, Jens: Jesus im Judentum seiner Zeit, in: MThZ 64 (2013), 157–173.
- Schürmann, Heinz: Das Lukasevangelium. Erster Teil. Kommentar zu Kap. 1,1–9,50, HThKNT Bd. 3/1, Freiburg im Breisgau 1969.
- Schwan, Alexander: Art. Hobbes, Thomas, in: TRE Bd. 15, Berlin/New York 1986, 404–412.
- Schwarz, Hans: Art. Freikirche, in: TRE Bd. 11, Berlin/New York 1983, 550–563.
- Schweitzer, Albert: Aus meinem Leben und Denken, Stuttgart 1931.
- Schweitzer, Albert: Ehrfurcht vor den Tieren, hg. von Erich Gräßer, München ^{3}2022.
- Schweizer, Eduard: Das Evangelium nach Lukas, Das Neue Testament Deutsch Bd. 3, Göttingen ^{3}1993.
- Schwöbel, Christoph: Art. Wahrheit, in: TRT Bd. 5, Göttingen ^{4}1983, 283–289.
- Seybold, Klaus: Art. Psalmen/Psalmenbuch I. Altes Testament, in: TRE Bd. 27, Berlin/New York 1997, 610–624.
- Smit, Dirk Jacobus: Art. Südafrika, in: TRE Bd. 32, Berlin/New York 2001, 322–332.
- Sölle, Dorothe: Leiden, Stuttgart/Berlin ^{5}1980.
- Steiger, Johann Anselm: Art. Seelsorge I. Kirchengeschichtlich, in: TRE Bd. 31, Berlin/New York 2000, 7–31.
- Stemberger, Günter: Art. Tanach, in: TRE Bd. 32, Berlin/New York 2001, 636–639.
- Stolz, Fritz: Art. Paradies I. Religionsgeschichtlich, in: TRE Bd. 25, Berlin/New York 1995, 705–708.
- Stolz, Fritz: Art. Paradies II. Biblisch, in: TRE Bd. 25, Berlin/New York 1995, 708–711.

- Ström, Åke V.: Art. Monotheismus I. Religionsgeschichtlich, in: TRE Bd. 23, Berlin/New York 1994, 233–237.
- Süßmann, Georg: Art. Naturwissenschaft III. Naturwissenschaft und Christentum, in: RGG Bd. 4, Tübingen [3]1960, 1377–1382.
- Tillich, Paul: Systematische Theologie Bd. 1, Berlin [8]1987.
- Tödt, Heinz Eduard: Art. Freiheit, in: TRT Bd. 2, Göttingen [4]1983, 108–114.
- Tutu, Desmond: Versöhnung ist unteilbar. Biblische Interpretationen zur Schwarzen Theologie. Mit einer Selbstdarstellung des Autors, Wuppertal 1984.
- Tück, Jan-Heiner: Werden wir wiederkommen? Warum christlicher Auferstehungsglaube und Reinkarnationsvorstellung nicht vereinbar sind, in: zur debatte 45 (2/2015), 11f.
- van Oyen, Hendrik: Art. Gesinnungsethik, in: RGG Bd. 2, Tübingen [3]1958, 1537f.
- Vereinigte Evangelisch-Lutherische Kirche Deutschlands (VELKD; Hg.): Unser Glaube. Die Bekenntnisschriften der evangelisch-lutherischen Kirche. Redaktionell betreut von Johannes Hund und Hans-Otto Schneider, Gütersloh [6]2013.
- Volp, Ulrich: Die Würde des Menschen. Ein Beitrag zur Anthropologie in der Alten Kirche, Supplements to Vigiliae Christianae Bd. 81, Leiden 2006.
- von Hase, Hans Christoph: Art. Diakonie IV. Arbeitsfelder heutiger Diakonie, in: TRE Bd. 8, Berlin/New York 1981, 660–679.
- Vouga, François: Art. Urchristentum, in: TRE Bd. 34, Berlin/New York 2002, 411–436.
- Wagensommer, Georg: How to teach the Holocaust. Didaktische Leitlinien und empirische Forschung zur Religionspädagogik nach Auschwitz, Übergänge – Studien zur Ev. und Kath. Theologie/Religionspädagogik Bd. 12, Frankfurt am Main 2009.
- Weber, Max: Politik als Beruf, in: Ders.: Gesammelte politische Schriften, hg. von Johannes Winckelmann, Tübingen [5]1985, 505–560.

- Weiss, Bernhard: Das Matthäus-Evangelium, H. A. W. Meyer‘s Kritisch exegetischer Kommentar über das Neue Testament Bd. I/1, Göttingen [8]1980.
- Westermann, Claus: Genesis. 1. Teilbd. Genesis 1–11, Biblischer Kommentar Altes Testament Bd. I/1, Neukirchen-Vluyn [2]1976.
- Westermann, Claus: Theologie des Alten Testaments in Grundzügen, Grundrisse zum Alten Testament Bd. 6, Göttingen 1978.
- Wiesel, Elie: Die Nacht, Gütersloher Taschenbücher Siebenstern Bd. 347, Gütersloh 1980.
- Wischnath, Rolf: Wenn ihr nicht umkehrt. Ist Corona eine Gottesgeißel?, in: https://www.reformiert-info.de/Wenn_Ihr_nicht_umkehrt-26061-0-56-2.html [Stand: 9.4.2020].
- Wittram, Heinrich: Art. Volkskirche, in: TRT Bd. 5, Göttingen [4]1983, 278f.
- Wittwer, Héctor: Art. Verantwortung I. Philosophisch-ethisch, in: TRE Bd. 34, Berlin/New York 2002, 574–577.
- Wölfel, Eberhardt: Art. Naturwissenschaft I. Wissenschaftsgeschichtlich, in: TRE Bd. 24, Berlin/New York 1994, 189–213.
- Wyller, Egil A.: Art. Plato/Platonismus I. Plato, in: TRE Bd. 26, Berlin/New York 1996, 677–693.
- Zenger, Erich: Das Buch Exodus, Geistliche Schriftlesung Bd. 7, Düsseldorf [2]1982.
- zur Mühlen, Karl-Heinz: Art. Luther II. Theologie, in: TRE Bd. 21, Berlin/New York 1991, 530–567.
- Zimmermann, Ruben: Kompendium der frühchristlichen Wundererzählungen. Bd. 1: Die Wunder Jesu, Gütersloh 2013.

Stichwortverzeichnis

H

I

J

K

L

M

T

U

V

W

Z